A ARMADILHA

BERTILLE BAYART
EMMANUEL EGLOFF

A ARMADILHA
Investigação sobre a queda de Carlos Ghosn

Tradução:
Teresa Dias Carneiro

GRYPHUS

Rio de Janeiro

Copyright © Bertille Bayart e Emmanuel Egloff

Título original:
Le Piège
Enquête sur la chute de Carlos Ghosn

Revisão
Maria Helena da Silva
Ligia Pereira Pinto

Editoração eletrônica
Rejane Megale

Capa
Carmen Torras – gabinetedeartes.com.br

Foto de capa
Ludovic Marin / AFP via Getty Images

Adequado ao novo acordo ortográfico da língua portuguesa

CIP-BRASIL. CATALOGAÇÃO-NA-PUBLICAÇÃO
SINDICATO NACIONAL DOS EDITORES DE LIVROS, RJ

B345a

Bayart, Bertille
   A armadilha : investigação sobre a queda de Carlos Ghosn / Bertille Bayart, Emmanuel Egloff ; tradução Teresa Dias Carneiro. - 1. ed. - Rio de Janeiro : Gryphus, 2020.
   334 p. ; 21 cm.

   Tradução de : Le piège
   ISBN 978-65-86061-12-3

   Ghosn, Carlos, 1954-. 2. Empresários - Biografia. 3. Indústria automobilística. I. Egloff, Emmanuel. II. Carneiro, Teresa Dias. III. Título

20-66362   CDD: 926.292
                                                                         CDU: 929:629.3

Gryphus Editora
Rua Major Rubens Vaz, 456 – Gávea – 22470-070
Rio de Janeiro – RJ – Tel: +55 21 2533-2508 / 2533-0952
www.gryphus.com.br– e-mail: gryphus@gryphus.com.br

A Didier,
essa outra história de vinte anos.

À minha mãe,
que sempre disse que eu ia acabar
escrevendo um livro.

Salvo menção em contrário, todas as citações provêm de entrevistas realizadas pelos autores.

SUMÁRIO

PRÓLOGO 13
17 de novembro de 2018, Beirute

PRIMEIRA PARTE
AS PLACAS TECTÔNICAS

O AUSENTE 17
Um ano antes: 17 de novembro de 2017, Tóquio

OPERAÇÃO PACÍFICO 23
10 de março de 1999, Genebra

O HOMEM LIVRE 31
13 de outubro de 2017, Paris

GHOSN-SAN 38
18 de outubro de 1999, Tóquio

O GOSTO PELA FESTA 49
11 de fevereiro de 2018, Rio de Janeiro

UMA ESTRELA 56
15 de maio de 2006, Nashville

"INDESEMARANHAMENTO" 69
15 de fevereiro de 2018, Paris

PRIMEIRA HUMILHAÇÃO 78
Março de 2002, Paris-Yokohama

ORGULHO JAPONÊS 88
9 de abril de 2018, Paris

O GOLPE DE MACRON 101
7 de abril de 2015, Paris

O DELATOR 114
10 de maio de 2018, Cannes

O INSACIÁVEL 121
26 de abril de 2016, Paris

O BAILE DOS TRAIDORES 129
25 de junho de 2018, Tóquio

O ERRO 137
14 de março de 2011, Paris

A CEGUEIRA 147
Outubro de 2018, Paris

Sumário   11

SEGUNDA PARTE
A QUEDA

O LAÇO 161
O FOSSO 171
A PRISÃO 182
O DOSSIÊ 191
O DINHEIRO 202
A CORTE DO REI 212

TERCEIRA PARTE
JOGO DUPLO

O DESAPARECIMENTO 227
AS ROTAS DO ORIENTE MÉDIO 239
O GRUPO LARANJA 252
A "DEMISSÃO" 260
O DIPLOMATA 270
A QUEDA DE BRAÇO 281
A CARNIFICINA 290
O ITALIANO 300
O EFEITO BORBOLETA 318

EPÍLOGO 329

POSFÁCIO 331
   8 de janeiro de 2020, Beirute

PRÓLOGO

17 de novembro de 2018, Beirute

"Olhe para mim! Perdi seis quilos!" Carlos Ghosn se levanta diante do amigo e dá uma volta, orgulhoso. "Tenho 64 anos, preciso viver! Preciso aproveitar os dez anos que tenho pela frente." Ghosn está radiante. Ele é como um livro aberto. Seu rosto, de uma extraordinária plasticidade, deixa expressar seu humor. Em um instante, sua expressão é concentrada, determinada; no instante seguinte, é amarga, hostil; pouco depois, é entusiasmada, exaltada. Sempre intenso. Aqui, no Líbano, suas feições ficam relaxadas. Respira fundo, como quando se entra em casa.

Ele experimenta agora esse sentimento, novo para um homem que sempre adorou viver uma vida nômade em escala planetária, da qual, aliás, não desistiria por nada neste mundo. Mas Beirute não é mais apenas a cidade de sua infância. É a sua casa. Carole e ele conseguiram se instalar antes do verão na grande casa rosa do bairro cristão, cuja reforma tardou vários anos. Ficou esplêndida. Desde então, ele vem sempre que possível. Neste outono, já fez a viagem sete ou oito vezes. Logo terá um escritório aqui. Beirute será sua base durante um mês por ano.

Amanhã, vai embarcar de novo no seu Gulfstream e passar a noite no avião. Rumo a Tóquio, o destino natural de quem dirige a Nissan há quase vinte anos. Marcou com Maya, sua filha caçula, de jantar em um de seus restaurantes de sushi favoritos. Ela vai apresentar o namorado ao pai.

À hora marcada, no dia 19 de novembro, Maya espera o pai no apartamento onde cresceu. Mas não é Carlos Ghosn que entra pela porta. É a polícia japonesa.

PRIMEIRA PARTE
AS PLACAS TECTÔNICAS

O AUSENTE

Um ano antes: 17 de novembro de 2017, Tóquio

Hiroto Saikawa faz uma profunda reverência. Olhar voltado para o chão, maxilares cerrados, costas retas. Os braços deslizam ao longo das coxas, o tronco curvado passa da marca dos 45 graus. Ele se mantém na pose, alguns segundos, em silêncio. Clique, clique, clique. Os flashes espocam. No Japão, os fotógrafos não ficam de frente para a cena, mas ligeiramente de lado. Dessa posição, podem perceber a inclinação do corpo do orador e fixar sobre a película seu grau de contrição.

Hiroto Saikawa se dobrou, no sentido literal do termo, à tradição. Desculpou-se. E é a segunda vez nesse outono que foi forçado a esse exercício público de humilhação. Mau começo: não faz nem oito meses que assumiu o cargo de diretor-geral da Nissan e passa o tempo todo prestando contas aos investidores, aos clientes, ao país inteiro. Desde o verão, a Nissan, a segunda maior empresa do setor automobilístico japonês, perdendo apenas para a Toyota, está imersa em escândalos.

Em julho, a fabricante de automóveis tinha revelado um problema nos procedimentos de certificação dos veículos saídos das linhas de montagem japonesas. Uma ninharia de 1.205 unidades. Para a Nissan, no final de setembro, o caso está encerrado. Porém, está só começando. Os inspetores do Ministério dos Transportes que inspecionaram as fábricas do grupo descobriram um segredo. Na Nissan, não se dá muita atenção à certificação, ao *kanken*. O ministério descobriu que os empregados subalternos se utilizam de *hanko*, carimbos oficiais, a princípio reservados a funcionários devidamente habilitados; ou que os candidatos ao exame para inspetor na linha de controle de qualidade conhecem, de antemão, as respostas às perguntas que lhes são feitas. Pior, os relatórios entregues à administração foram falsificados para que esse esquema de violação das regras pudesse continuar. Durante anos, até mesmo décadas. Uma vergonha.

No país da indústria "defeito zero", a comoção é imensa. No início de outubro, a Nissan deve fazer o *recall* de um milhão de veículos, isto é, todos que foram vendidos no arquipélago desde 2014. Uma semana depois, a empresa tomou a decisão mais dolorosa possível para uma fabricante de automóveis: parar todas as fábricas durante quinze dias. Isso vai custar caro.

Hiroto Saikawa come o pão que o diabo amassou. Ele traz pessoalmente para o ministro dos Transportes um dossiê de investigação volumoso que conta em detalhes as ilegalidades industriais da Nissan. Como diretor-geral, assume toda a responsabilidade. O que significa que sua remuneração do ano será cortada, como afirma diante da imprensa nesse 17 de novembro. "Peço encarecidamente que aceitem

O ausente 19

as minhas desculpas por ter traído a confiança do público", acrescenta ele.

O que ele está pensando de verdade? Diante das câmeras, a máscara de Hiroto Saikawa é impenetrável. Nesse dia como em todos os outros. Na Nissan, o diretor-geral foi, há muito tempo, apelidado de *Ciborgue*. Trabalhador compulsivo e impessoal. Seus colegas mais próximos são incapazes de dizer se ele tem família — de fato, é casado e tem três filhos — ou o que ele faz como lazer, se é que ele tem lazer. Saikawa-san é japonês até a raiz dos cabelos. Rígido. Indecifrável. Corpo magro e rosto liso. O olhar eternamente surpreso por trás das finas lentes dos óculos sem armação. Aos 65 anos é, contudo, um dos executivos da Nissan com maior experiência internacional: dirigiu as operações nos Estados Unidos e em Paris. A aliança entre a Renault e a Nissan foi sua grande oportunidade. Ele "cresceu" com ela, diz ele. Foi o primeiro a se surpreender quando, em 2001, lhe confiaram — a ele e não a um francês — a responsabilidade de reunir as compras dos dois grupos. Uma missão determinante para auferir os primeiros benefícios da Aliança. Mas, nesse outono de 2017, sua legitimidade de diretor-geral da Nissan ainda está para ser construída. O caso do *kanken* dá a seus detratores a prova de que Hiroto Saikawa atingiu seu teto de competência. Na Renault, assim como na Nissan, "ele não é amado", observa um antigo membro do grupo, "tende a ser inflexível, autoritário. Principalmente com os japoneses". Parece capaz de se exaltar em reuniões, expressando sua contrariedade com um comportamento que beira o capricho. As pessoas mais próximas afirmam que sua rigidez é a contrapartida de sua integridade. "Tudo bem, ele fez a École Nationale d'Administration (ENA),[1] a Universidade de Tóquio, ele tem um bom pedigree", reconhece um veterano da Aliança, "ele fez a melhor carreira possível para um cara que não é engenheiro". No dia 1º de abril de 2017, Carlos Ghosn, todo-poderoso da Nissan e da Renault, faz dele o número dois na hierarquia. Uma posição que escapara a Saikawa dez anos antes, quando Ghosn preferiu seu rival Toshiyuki Shiga, e o nomeou então diretor-geral adjunto. Shiga foi rapidamente rebaixado para o limbo do organograma, Ghosn tinha parado de fingir promover seu braço direito.

A promoção de Saikawa em 2017 foi um acontecimento. Pela primeira vez em quase vinte anos, o grupo japonês tinha um diretor-geral, um CEO,[2] que não era Ghosn. Essa escolha não foi uma unanimidade: "Era uma grande besteira, e eu lhe disse isso", dirá mais tarde um indivíduo próximo do ex-CEO. No dia da nomeação, Ghosn respondia se esquivando, convencido da lealdade de seu diretor-geral: "O que ele pensa, eu penso. O que ele diz, eu digo". Uma pessoa próxima relata a seguinte intenção de Ghosn: "Saikawa não é um cara muito inteligente, ele não tem visão estratégica. Mas conhece bem as operações. Tem um lado obstinado, autoritário. Ora, eu precisava de um sujeito assim para fazer os japoneses funcionarem".

Nas equipes da Aliança, as pessoas se lembram das reuniões em que os japoneses pulavam no microfone para

---

1. Escola Nacional de Administração – uma das mais prestigiosas escolas francesas.
2. *Chief executive officer.*

tomar a palavra e repetir o que Ghosn acabara de dizer. Segundo um especialista em golpes baixos, "Hiroto Saikawa é um traiçoeiro, um manipulador. Ele não deixa transparecer, mas todos que o subestimaram estão mortos. Ele é o próprio Frank Underwood". A comparação com o herói maquiavélico e amoral da série *House of Cards* é ousada! Porém, se essa análise tem um fundo de verdade, imagina-se o quanto o diretor-geral da Nissan deve ter detestado esse 17 de novembro de 2017, que fez com que passasse vergonha diante do país inteiro. A ferida no orgulho é profunda. Hiroto Saikawa não é Osamu Masuko, o diretor-geral da Mitsubishi, que, depois de ter atravessado sua própria tempestade de escândalos com as emissões de CO_2 foi, em seguida, capaz de rir do fato "de ter passado o ano se desculpando", sacrificando-se no ritual japonês.

Carlos Ghosn conta que, na sua chegada ao Japão, preparando-se para a primeira assembleia ordinária da Nissan, "ficou treinando se inclinar a trinta e a sessenta graus".[3] De fato, em quase vinte anos, nunca ultrapassou em público a barreira dos trinta graus, a da marca do respeito. Ghosn nunca se desculpou. E, nesse outono de 2017, ele não está em Tóquio para prestar contas desse escândalo. Está fora, como sempre. Em algum lugar entre Paris, Nova York e Beirute.

Pressionado pelos jornalistas, Hiroto Saikawa desobriga aquele que continua presidente da Nissan. Era, no entanto, este último que detinha todos os poderes na empresa quan-

---

3. GHOSN, C. *Carlos Ghosn (11) Open minds and enthusiasm: Early days in Tokyo*. My personal history Carlos Ghosn. Nikkei, 2017. Série autobiográfica publicada em janeiro de 2017.

do os fatos ocorreram. A utilização arriscada dos *kanko* nas linhas da Nissan é uma prática manifestamente muito antiga. Porém, Saikawa leva a culpa sozinho. Ou melhor, ele absolve Ghosn. O escândalo que a Nissan atravessa é ainda mais surpreendente, como ele alega, porque justamente Ghosn estimulou uma cultura da transparência dentro do grupo. Um ano mais tarde, essa frase se revelará particularmente saborosa. Mas, nesse mês de novembro de 2017, a Nissan não está pronta para queimar seu ídolo. Ainda não.

OPERAÇÃO PACÍFICO

10 de março de 1999, Genebra

"É um milagre!" Em alguns segundos, em pleno Salão do Automóvel de Genebra, um dos grandes encontros marcados do setor automobilístico mundial, tudo oscila em favor de Louis Schweitzer. Seu diretor de comunicações, Patrick Bessy, acaba de trazer ao CEO da Renault um comunicado inesperado: Jürgen Schrempp, diretor da Daimler, anuncia que está suspendendo as negociações com a Nissan. Para o francês, isso quer dizer que o caminho está livre. E, sim, é um milagre, porque, diante da gigante alemã, a Renault não tinha quase nenhuma chance de convencer os japoneses. "Eu estava louco de alegria e completamente incrédulo. Estava achando espantosa a desistência da Daimler: eles estavam cheios de dinheiro, enquanto que eu estava arriscando metade dos recursos da empresa!",[1] conta Louis Schweitzer.

---

1. Stéphane Lauer, *Renault: une révolution française*, JC Lattès, 2005.

Em seguida, tudo acontece muito rápido. Apenas três dias após a desistência de Jürgen Schrempp, em um desses salões privados do aeroporto de Roissy onde se negociam tantas operações entre dirigentes de multinacionais apressados, Louis Schweitzer sela com Yoshikazu Hanawa, o presidente da Nissan, o acordo entre os dois grupos. No dia 27 de março de 1999, os dois assinam a certidão de nascimento da Aliança Renault-Nissan sob o olhar de trezentos jornalistas espremidos na sede do Keidanren, a Federação Japonesa de Organizações Econômicas. O lugar por si só pede cautela. Quanto à Aliança, trata-se de um salvamento. O Japão, mergulhado em uma crise bancária e econômica profunda, termina sua *lost decade*, sua década perdida. E a Nissan está exangue. A empresa se desencaminhou em uma corrida absurda para tentar alcançar a líder, Toyota. Os carros que fabrica são de grande qualidade, mas 90% deles são vendidos abaixo do custo. Com déficit em sete anos em um período de oito, a Nissan desmorona sob 20 bilhões de dólares de dívidas. Em alguns dias, não conseguirá mais honrar suas contas. E, no Japão, ninguém mais pode ajudá-la. A organização tradicional do capitalismo japonês em torno dos *keiretsu*, grupos de empresas ligadas entre si pela lealdade, pelas relações de negócios e participações societárias, se tornou inoperante. Os bancos, que eram os centros de gravidade desses grupos, estão despedaçados pelas consequências da ruptura da bolha financeira no início da década. A Nissan não pode mais contar com o apoio do banco IBJ. O poderoso ministério japonês da Indústria, o METI,[2] opta

---

2. *Ministry of Economy, Trade and Industry*.

pelo inevitável: a Nissan vai ter que sofrer uma reestruturação violenta e buscar ajuda no exterior.

Então a salvadora será a Renault. A empresa investe 5 bilhões de euros no negócio e adquire 36,8% da Nissan. O cavaleiro branco francês não se encaixa no perfil de santo. É verdade que a empresa vende tantos carros quanto o grupo japonês — 2,5 milhões de unidades cada um — mas, no Japão, ninguém nunca viu um carro com a marca da Losango. Na Nissan, um executivo se pergunta em voz alta: "Temos dificuldade de entender como uma empresa que não sabe fabricar carros pode nos comprar...". Carlos Ghosn teria respondido: "E eu tenho dificuldade de entender como uma empresa que faz carros tão bonitos pode perder tanto dinheiro!".

A Renault é uma fabricante francesa... muito francesa. A antiga Régie continua a ser uma empresa 44% pública. Ela parece condenada a ver suas concorrentes pegarem o trem da globalização, mas ela própria continua parada na estação. Sete anos antes, o casamento com a Volvo, desejado por Louis Schweitzer e concebido por seu predecessor Raymond Levy, foi suspenso. O fracasso foi doloroso e pode ser posto na conta do Estado acionista que, por ser invasivo e exigente demais, espantou os suecos. A Renault, que também se deu mal nos Estados Unidos, é uma empresa politraumatizada por suas aventuras internacionais.

Com a Nissan, enfim atinge o mar aberto. Na sede de Boulogne-Billancourt, a transação foi negociada sob a senha *Operação Pacífico*. Todo um programa. Enfim, a Renault pode entrar na corrida no patamar em que estão todas as demais fabricantes internacionais. Um ano antes, o casamento da alemã Daimler com a americana Chrysler inaugurou grandes manobras. Um "verdadeiro eletrochoque", como descreveu na época Carlos Ghosn, que data dessa operação espetacular — e que acabará em fiasco — o "início de [sua] viagem ao Japão".[3] Se a Renault é a boia de salvação da Nissan, o contrário tampouco está longe de ser verdadeiro. À margem da nota interna que detalha a transação, o diretor do Tesouro Jean Lemierre rabisca com ironia: "Muito boa essa operação de salvação da Renault pela Nissan!". O governo de Lionel Jospin em 1999 não é o de Édith Cresson em 1992. Com Dominique Strauss-Kahn em Bercy, nome do Ministério da Economia e das Finanças na França, a esquerda aplaude a odisseia japonesa da Renault.

Em Tóquio, o toque de Louis Schweitzer faz maravilhas. O diretor da Renault teve a inteligência de não forçar sua vantagem quando a fabricante japonesa se viu órfã de seu possível casamento com a Daimler. Schweitzer não mudou nada nos termos da proposta que discutia há meses com a Nissan. Mais prudente após sua batalha sueca perdida com a Volvo, ele mostra todas as possibilidades, dá todas as garantias para que a Nissan faça sua adesão ao que ele apresenta como uma aliança autêntica em vez de uma tomada de controle, como a criação de um grupo realmente binacional, respeitoso das identidades de cada uma das empresas. Mais do que a uma negociação, Schweitzer se entregou, como ele mesmo diz, "a alguma coisa que se parece mais a uma dança de sedução".[4] O Japão, cujo orgulho nacional sofre com a derrocada da Nissan, aprecia.

---

3. GHOSN, C. Nikkei, op. cit.
4. Stéphane Lauer, *Renault: une révolution française*, op. cit.

Operação Pacífico 27

A Nissan é um símbolo no país do Sol Nascente, com o qual ela compartilha a história do século XX, para o bem e para o mal. O grupo encontra suas raízes no Manchukuo, Estado conquistado ao território chinês e símbolo do imperialismo brutal do Japão no período entre guerras. Quando a Nissan foi então criada, Manchukuo era administrado por Nobusuke Kishi, figura controversa da história do Império e avô do futuro primeiro-ministro Shinzō Abe. A fabricante é também um ícone do novo expansionismo japonês, o do pós-guerra, desenvolvido no campo econômico. A partir dos anos 1970, a indústria nipônica de eletrônicos de massa e de automóveis fez parte da conquista do mundo. E a Nissan foi uma de suas pontas de lança, e uma das mais prestigiosas já que conseguiu se impor aos Estados Unidos.

Para a Renault, a aposta na Operação Pacífico é um pouco louca. O grupo francês não está longe de ter raspado o tacho para reunir os 5 bilhões de euros necessários. A empresa juntou o que poderia se permitir perder. E mais ainda. Adquirir apenas 36,8% do capital do grupo japonês lhe convém, afinal de contas. Se tivesse ficado com mais de 50%, como normalmente acontece nas transações desse tipo para garantir o controle da empresa meta, teria que, em termos contábeis, ter assumido a dívida da Nissan. Impensável. Os índices financeiros da Renault não teriam resistido.

Sim, a aposta é louca para a fabricante francesa, peso médio da indústria automobilística europeia e com volumes desprezíveis nas grandes negociações internacionais. Ei-la então no comando de um grande navio japonês, transportando 140 mil funcionários assalariados. A concorrência se diverte. Os grandes senhores da indústria automobilística estão rindo demais. O presidente do grupo Volkswagen, Ferdinand Piëch, declara com desdém "que não é cruzando duas mulas que se faz um cavalo de corrida". Na General Motors, Bob Lutz graceja: "É o mesmo que pôr 5 bilhões em um navio de carga e afundá-lo". E cada um se lembra do veredito declarado há vários meses em relação à Nissan por Jacques Nasser, presidente icônico da Ford: "Não iremos desperdiçar dinheiro ganho com sofrimento no pagamento de dívidas contraídas na negligência".

Schweitzer assumiu o risco. E o fez porque pensa ter um trunfo na manga: Carlos Ghosn, seu futuro sucessor. Os dois têm a mesma lembrança da discussão travada no dia 12 de março de 1999. Foi nesse dia, no escritório do CEO da Renault, que a partida de Ghosn para Tóquio ficou decidida. "Só há uma pessoa que pode ir ao Japão para fazer esse trabalho, e esta pessoa é você. Se você não for, eu não assino",[5] conta Louis Schweitzer. "Eu sabia que ninguém estava mais preparado para essa tarefa do que eu", disse Ghosn.[6]

Que dupla estranha essa formada por Schweitzer e Ghosn. Não se pode imaginar dois homens mais diferentes. O primeiro é tão pálido quanto o segundo é moreno, tão alto e magro quanto o segundo é baixo e atarracado. Um tem maneiras pudicas de protestante bem-nascido e o desembaraço de quem frequenta os salões parisienses. O outro, cristão maronita, exibe uma forma de loquacidade oriental e de expansividade tirada de suas raízes líbano-brasileiras

---

5. *Ibid.*
6. Carlos Ghosn e Philippe Riès, *Citoyen du monde*, Grasset, 2003.

heterogêneas e postura de industrial bronco. Schweitzer é um tecnocrata que se tornou estrategista, um arquétipo da elite francesa. Sobrinho-neto de Albert Schweitzer, primo em terceiro grau de Jean-Paul Sartre, obviamente ex-aluno da prestigiosa ENA, é claro, inspetor de finanças e ex-chefe de gabinete de Laurent Fabius em Bercy e em Matignon, sede do governo. Ghosn veio do Líbano para frequentar as melhores escolas francesas, a Politécnica e a Escola de Minas — onde, segundo um ex-colega que também virou diretor do CAC 40, ele se revelou "incontestavelmente o mais impressionante entre nós" —, depois entrou na Michelin, que lhe obrigou a fazer a volta ao mundo.

Por mais que encarne o elitismo à francesa, Schweitzer não tem medo de quebrar os códigos. Por tê-lo feito quando foi chefe de gabinete em Matignon (residência do primeiro-ministro), ele sabe como são nomeados os presidentes da Renault: um presidente de empresa pública é escolhido geralmente em algum lugar entre Bercy, Matignon e o Palácio do Eliseu, residência do presidente, ao sabor das alternâncias políticas e das recomendações das grandes instituições, e com frequência em cima da hora. Schweitzer transgride. "Eu queria um jovem com uma carreira internacional. Mas era preciso também que fosse francófono, que nunca tivesse sido funcionário público nem tivesse trabalhado sob as asas do Estado",[7] dirá ele. O CEO da Renault faz então tudo ao contrário. Um, ele antecipa sua sucessão. Dois, apela para um *headhunter* internacional, Egon Zehnder. Três, escolhe Carlos Ghosn. Um desconhecido no batalhão de Paris, que

---

7. *Le Nouvel Observateur*, 3 de outubro de 1996.

Egon Zehnder desencavou folheando o anuário da Politécnica. Quando desembarca na Renault em 1996, aos 42 anos, Ghosn tem dois passaportes, um libanês e um brasileiro, e viveu essencialmente em Clermont-Ferrand, na sede da Michelin, assim como no Brasil e nos Estados Unidos. Ele deixa o grupo fabricante de pneus após dezoito anos de carreira sem tristeza. Apesar da confiança que lhe dedica o patriarca François Michelin, ele nunca será presidente do grupo. Ghosn diz que nunca sonhou com isso. Vai saber... "Eu não tinha o sobrenome certo, simples assim",[8] reconhece ele como se aceitasse essa lei do capitalismo familiar. François Michelin saúda o talento do industrial ao qual ele até mesmo confiou a missão de formar seu filho, Édouard. Mas, no momento em que Ghosn parte para a Renault, o papa do pneu teria lançado a Schweitzer uma advertência: "Fique de olho nele. Ele tem uma fragilidade". E nunca deu mais detalhes.

---

8. GHOSN, C. *Carlos Ghosn (8) On to a new adventure at Renault. My personal history Carlos Ghosn.* Nikkei, 2017. Série autobiográfica publicada em janeiro de 2017.

O HOMEM LIVRE

13 de outubro de 2017, Paris

Cada um com seus problemas. Hiroto Saikawa se debate com o escândalo das certificações falsificadas. Carlos Ghosn se debate com as faturas. "A situação em relação à propriedade de Beirute se torna preocupante. Os fornecedores e empreiteiros reclamam agora diretamente a mim dos atrasos no pagamento", escreve ele por e-mail no dia 13 de outubro de 2017 a um colaborador na Nissan. "Se não dá para resolver o problema de alguma forma, eu deveria pagar os fornecedores diretamente para evitar esse tipo de confusão e rumores desagradáveis em relação à casa."

Enquanto Hiroto Saikawa se inquieta com as contas da Nissan, Carlos Ghosn se preocupa com as de uma filial minúscula, ou melhor, de uma subfilial de pouca expressão, sete andares mais abaixo no organograma do grupo, a Phoinos. Essa pequena estrutura abriga a casa usada por Ghosn que a Nissan comprou em Beirute em 2012 e que está desde então em reforma. As obras estão chegando ao fim, seu novo refúgio libanês logo estará habitável, mas a transferência de 1,5 milhão de dólares que o diretor-presidente da Nissan solicitou no final de outubro para financiar a reforma e a decoração ainda não foi recebida. Cada um com seus problemas, então. Mas Carlos Ghosn não se deixa distrair nem pelas preocupações com a reputação da Nissan, nem pelas preocupações com a administração da Phoinos. Nesse final do ano de 2017, ele está jogando muito mais pesado. Ele está apostando na sua consagração. O relógio começa a girar em favor de Carlos Ghosn. Ele tem 63 anos, dos quais mais de vinte passados na Renault e quase o mesmo tempo na Nissan. Dois anos antes, em 2015, ele se casou de novo e "está radiante com o novo casamento", como diz um amigo íntimo, um "casamento de amor de verdade". Ele encontrou Carole, divorciada como ele, por ocasião de um dos eventos organizados pelos Ex-Alunos do Colégio Notre Dame de Jamhour. A associação é mais do que uma rede de antigos alunos do liceu que Ghosn frequentou quando morava em Beirute, é também um dos canais da diáspora libanesa. A base de Carole Nahas é em Nova York. A elegante quinquagenária, que criou sua própria linha de roupas, evolui nos meios da moda. Cada vez mais ela dá um gostinho ao segundo marido de outra vida, diferente da vivida dentro de aviões e em inúmeras reuniões de comitês executivos ou de diretoria em Paris, Yokohama, Nashville... Ele começa a vislumbrar sua saída das empresas. E ela o estimula. "O que vou fazer depois?", pergunta-se ele, "Passar mais tempo com meus filhos e netos. Talvez ensinar [...] e utilizar o que pude aprender durante minha longa carreira para ajudar outras empresas, instituições e organizações. Não ficarei em um único lugar. Viajarei pelo mundo. Não posso conceber passar todo meu tempo em um só país. Estou mais em casa quando me movimento".[1] Quando sair? E como? De uma vez só ou delegando poderes aos poucos? As perguntas ocupam com frequência a mente de Carlos Ghosn. "Não sou Bernard Arnault, não sou proprietário do grupo. Sou livre." Por mais que ele o diga, nessa época isso não é verdade. Ghosn é prisioneiro de sua ambição. "Ele era cativo daquilo que construiu. Em consequência de ter se tornado indispensável, ele não tinha porta de saída", nota uma pessoa próxima do grupo. O que parece constituir a solidez do edifício que é a Aliança Renault-Nissan é ele. É a pedra angular, porque está no comando das duas empresas. A menos que não seja o edifício que constitua Carlos Ghosn, sua estatura, seu estilo de vida ao qual ele não está pronto a renunciar.

De qualquer forma, Ghosn construiu metodicamente demais sua carreira para estragá-la, destruí-la no final. Ele conhece o risco que espreita os poderosos capitães da indústria, e não quer cometer o mesmo erro. Quando trabalhava nos Estados Unidos para a Michelin, no início dos anos 1990, Ghosn cruzara com Lee Iacocca, presidente da Chrysler. Uma lenda de Detroit, mas que não soube partir a tempo. Ghosn faz o relato cruel de um jantar de despedida de Iacocca. "Esta deve ser a sexta recepção de despedida de Iacocca", conta Ghosn, citando as palavras de Bob Lutz, então diretor-geral da Chrysler. "Enquanto Iacocca fazia

---

1. GHOSN, C. *Carlos Ghosn (30) A glimpse of the future*. My personal history Carlos Ghosn. Nikkei, 2017. Série autobiográfica publicada em janeiro de 2017.

seu discurso, Lutz, que tinha bebido um pouco, cochilava na cadeira. Eu pensei: 'Ele partiu tarde demais.' O clima era pesado. Quando a pessoa erra o *timing* da saída é tão triste quanto fracassar na sua missão. Falei com os meus botões: 'Quando pensar em partir, é preciso escolher o momento certo e sair no topo. E não no momento em que não controlamos mais os acontecimentos, em que passamos a imagem de ultrapassados'".[2]

Carlos Ghosn não vislumbra a possibilidade de um dia alguém cochilar ao escutá-lo falar. "Trabalhamos bastante nisso, estudando os casos de grandes presidentes emblemáticos, identificados com suas empresas, como Jack Welsh na General Electric. Estudamos como eles deixaram a empresa", testemunha um antigo colaborador de Ghosn. Ele deixará a empresa no auge da carreira. Mas não chegou lá ainda. Resta-lhe levar a Aliança Renault-Nissan ao topo do mundo automobilístico e posicioná-la ao nível de incontestável número um mundial. Em número de automóveis vendidos, as duas fabricantes estão quase chegando lá. Ou, melhor, as três. Desde outubro de 2016, a Aliança se expandiu com a chegada da Mitsubishi. A pequena fabricante japonesa, sacudida por um escândalo de fraude na medição de emissões de seus veículos, encontrou na Nissan sua tábua de salvação. A gigante japonesa controla agora um terço do capital da Mitsubishi. E Carlos Ghosn cumpre o terceiro mandato na presidência.

Porém, não basta. Os acréscimos nas vendas de automóveis não são suficientes para tornar a Aliança a número

---

2. *Citoyen du monde*, op. cit.

um mundial. A Renault e a Nissan certamente conseguiram realizar o equivalente a 5 bilhões de euros de sinergias anuais graças à cooperação entre as duas. No outono de 2017, a Renault, a Nissan e a Mitsubishi apresentaram seus planos estratégicos para 2022, cuja redação foi conjunta pela primeira vez.

Os laços estão ainda muito frouxos e os volumes de vendas insuficientes para entrar na grande corrida que se inicia: a do automóvel conectado que, amanhã, será o automóvel autônomo. A Aliança deverá colocar mais dinheiro em jogo e fazer as apostas tecnológicas específicas. De uma forma ou de outra, será preciso consolidar os balanços e as engenharias das três fabricantes. Se tudo der certo, Carlos Ghosn terá sua consagração.

O caminho ainda é longo. E a primeira etapa passa por Paris. O mandato de Carlos Ghosn na Renault se encerra em maio de 2018. Nesse final de ano de 2017, ele negocia então sua renovação. E essa negociação é feita com o Estado, que detém 15% do capital da Losango. Carlos Ghosn não tem um imenso respeito por seu acionista público que, a seu ver, deveria ter vendido sua participação há muito tempo e parado de lhe dar lições no setor. Mas, tudo bem, o Estado está lá e é preciso lidar com isso.

Então Ghosn passa mais tempo do que o habitual na França. Ele se curva mais aos usos do microcosmo político-econômico-midiático parisiense. Faz esforços. É preciso ser hábil: antes do verão, contra todas as expectativas, é Emmanuel Macron que toma posse no Palácio do Eliseu. Ora, existe um passivo entre o industrial e o novo presidente que havia entrado em queda de braço com Carlos Ghosn quando era ministro da Economia. Mas voltaremos a isso mais adiante.

Emmanuel Macron não abrirá a porta para Carlos Ghosn. Os dois se cruzam, pela primeira vez desde a eleição presidencial de 7 de maio, no *One Planet Summit* de 12 de dezembro de 2017. Um aperto de mãos, uma conversa de dois minutos no máximo. Em setembro, é ao secretário--geral do Palácio do Eliseu, Alexis Kohler, um outro velho conhecido, a quem o CEO apresenta seu plano estratégico. Quanto ao resto, é essencialmente com as equipes do Ministério da Economia que a discussão ocorrerá. Melhor assim: com Bruno Le Maire, a coisa flui. É possível ver os dois acomodados, sorridentes, na nova fábrica Alpine. A ressurreição da linha esportiva da Losango é um belo símbolo, que o ministro aprecia ainda mais porque a produção está localizada em Dieppe, na sua terra.

A operação sedução funciona. Ghosn tem o balanço a seu favor: no fim de 2017, a Renault vai bem. E o CEO pode prometer coisas às quais um político não pode resistir: empregos, atividade industrial, investimentos. Em janeiro de 2018, a partida está ganha. Carlos Ghosn sabe disso quando se apresenta diante dos deputados no dia 17 para uma rara e longa audiência. É um show, ao fim do qual os parlamentares aplaudem o diretor. Ele saboreia a vitória. E lembra seu novo mandato: "A pergunta que é preciso se fazer é a do roteiro. Se estamos de acordo com o roteiro, continuamos. Se não, paramos".

Continuamos. No dia 23 de janeiro, Carlos Ghosn reembarca no seu avião, rumo a Davos. Nesse célebre fórum de dirigentes que encarna a globalização, ele se sente em casa.

"Se Davos fosse um homem, seria Carlos Ghosn", como escreveu o *Business Week*. Sozinho, Carlos Ghosn reina sobre um império planetário: a Aliança tem, no total, 450 mil empregados, 122 instalações industriais e 10,6 milhões de automóveis vendidos em mais de 200 países. Para a edição 2018, a conferência da qual ele deve participar esgota as inscrições em alguns minutos no aplicativo. O CEO da Renault e da Nissan, relaxado, jovial, sem gravata, disserta sobre o papel do dirigente e a importância do longo prazo. "O mandato de um CEO é curto demais, um problema real", explica ele. E toma o exemplo do setor da mobilidade e do automóvel em que os Google e Uber da vida procurarão amortizar as dezenas de bilhões de dólares de investimentos que dedicam à inteligência artificial. "Tudo isso toma tempo, anos até. Então quatro, cinco, seis anos como CEO, não são o suficiente." Ele se prepara para assumir a responsabilidade por mais quatro anos. E o moderador da mesa redonda diz que tinha razão em apresentá-lo como um "diretor-presidente lendário".

Como o herói de *O alquimista*, de Paulo Coelho, um de seus livros favoritos, Ghosn está construindo sua lenda pessoal.

GHOSN-SAN

18 de outubro de 1999, Tóquio

Carlos Ghosn sentia dor de estômago. "Estava com medo, ansioso, nervoso. Minha maior angústia era que fosse um fracasso."[1] Seis meses depois de desembarcar no Japão, Ghosn deve apresentar o plano de recuperação da Nissan. Não tem nenhum "*strip-tease* organizado", como diz ele, nenhuma válvula de escape. A Nissan e o Japão prendem a respiração. A Renault também. Em Paris, Louis Schweitzer "estava pingando de suor".[2] E Ghosn idem.

No dia 18 de outubro, a sala de conferências de um grande hotel de Tóquio, reservada para a ocasião, está lotada. No mínimo, estão presentes trezentos jornalistas. Precedido por sua reputação de *cost killer* por ter reduzido drasticamente os custos na Renault, Carlos Ghosn sobe ao palco. Ele quer, e vai, surpreender. Na forma. O *gaijin*[3] de 45 anos tem a ajuda de

---

    1. "Audácia e assunção de risco: o imprevisível da empresa", debate na Cité de la réussite, La Sorbonne, 2014.
    2. Stéphane Lauer, *Renault: une révolution française*, op. cit.
    3. O estrangeiro.

um *teleprompter*, o que é raro no Japão, para que cada palavra seja medida. Porque não pode se perder. O tom é firme, a locução bem pausada, o olhar determinado por trás das grossas lentes dos óculos. Em 1999, Ghosn ainda tem uma aparência um pouco *grosseira*. Quando saiu da Renault para assumir a direção da empresa em Tóquio, na sua festa de despedida lhe deram gravatas de presente, sinal de que ele não sabia escolher as suas. Suas equipes conseguiram convencê-lo a abandonar os sapatos de solado grosso, mas ainda há um caminho a ser percorrido. O talento de administrador, por outro lado, já se expressa totalmente. E ele vai precisar dele nesse dia.

"Meço por qual esforço, qual sacrifício, qual sofrimento devemos passar. Mas, creiam-me, não temos escolha e vai valer a pena." O plano de recuperação, chamado de *plano de renascimento* da Nissan,[4] é extraordinariamente severo. "Esse plano não teria passado por nenhum conselho de administração composto por personalidades japonesas",[5] reconhecerá Ghosn. Mas, em 1999, ele tem o caminho livre. Para ele, salvar a Nissan implica fechar cinco fábricas no Japão, suprimir 21 mil empregos, isto é, 14% dos funcionários, reduzir 20% dos custos de compras, fechar 10% das concessões e se moldar ao *keiretsu*. Das 1.394 empresas das quais Nissan é acionista, Ghosn só identificou quatro indispensáveis para a fabricante. O resto será preciso vender. O dirigente francês enviado pela Renault tem a mão pesada. Mas sua receita não passa de uma poção amarga. E talvez aí esteja o segredo — alguns dizem a genialidade — de Carlos Ghosn, que

---
4. "Nissan Revival Plan".
5. "Audácia e assunção de risco: o imprevisível da empresa"

freia e acelera ao mesmo tempo, faz cortes profundos por um lado, mas identifica áreas de crescimento. Carlos Ghosn vem anunciando desde 1999 a construção de uma fábrica nos Estados Unidos, em Canton, no estado do Mississippi — fábrica que ele inaugura em 2003 após um investimento de 3,45 bilhões de dólares. O mais importante ainda é que a Nissan faz muito rapidamente, desde 2003, a aposta na China, em parceria com o grupo chinês Dongfeng. A nova empresa será a galinha dos ovos de ouro da fabricante japonesa. "A alternativa era o risco de um desmoronamento da empresa toda."[6] Durante o verão, a Nissan perdeu seu posto de número dois japonesa; a Honda a ultrapassara. Seu projeto não é apenas o da reestruturação drástica de uma empresa em dificuldades. É também uma contestação dos fundamentos da estrutura econômica e social japonesa. Ele fecha fábricas em um país em que estas são sagradas. Demite em um país em que os empregos são para a vida toda. Coloca sob pressão os subcontratados lá onde as relações entre fornecedores e contratantes se sustentam mais pela solidariedade do que pela hierarquia. Dá golpes no *keiretsu* que modela o desenvolvimento econômico do arquipélago. E vai mais além, abandonando o sistema de promoção por antiguidade. Introduz na Nissan a remuneração por desempenho, em particular para os executivos dirigentes, no âmbito de um novo sistema batizado de *Shin-Kabu-Yoyaku--Ken*. "Respeito as tradições, mas continuo achando que

---

6. GHOSN, C. *Carlos Ghosn (12) Mapping out a plan to save Nissan.* My personal history Carlos Ghosn. Nikkei, 2017. Série autobiográfica publicada em janeiro de 2017.

deveríamos nos questionar sobre a riqueza que se perde ao não dar oportunidade àqueles que merecem."[7] Uma geração de japoneses de meia-idade vai se beneficiar dessa nova meritocracia, como Hiroto Saikawa por exemplo, cuja carreira se acelera a reboque da chegada dos franceses.

São uns vinte, não mais do que isso, que fizeram a viagem. Carlos Ghosn lhes deu no máximo 48 horas para decidirem se irão partir para o outro lado do mundo. Antes da grande partida, eles se reuniram para um seminário de formação sobre o Japão. Durante três dias, o consultor Serge Airaudi lhes oferece algumas chaves para a compreensão e lhes adverte: "Vocês vão chegar como os missionários cristãos no final do século XV". Inútil se lembrar que os jesuítas fracassaram em converter os japoneses. "Vocês não vieram para mudar o Japão, mas para reerguer a Nissan. Cabe a nós nos integrarmos e não a eles se adaptarem",[8] previne-lhes Carlos Ghosn.

É a mesma intuição inicial de Louis Schweitzer. A Operação Pacífico será um fracasso se tentar impor a cultura ocidental, se visar forçar a Nissan a se submeter aos métodos da Renault. De resto, por mais fragilizada que esteja, a fabricante nipônica tem o que mostrar ao grupo francês. Para resumir, a Nissan está bem melhor do que a Renault em matéria de engenharia, qualidade e fabricação industrial.

Schweitzer não quer colonizar a Nissan, mas respeitá--la. Na hora da assinatura, ele só fez questão de três cargos: o de diretor operacional ou COO[9] para Carlos Ghosn, o de

---

7. *Libération*, 26 de junho de 1999.
8. *Citoyen du monde, op. cit.*
9. *Chief operating officer.*

diretor financeiro que será ocupado por Thierry Moulonguet e o de diretor adjunto de planejamento de produto, isto é, planejamento estratégico, para Patrick Pélata. Ghosn escolheu sua equipe. Essencialmente de pessoas de meia-idade. "Vinte famílias francesas que desembarcam de uma vez em Tóquio, isso é perceptível!", brinca uma testemunha da aventura. A maioria construirá toda a carreira ou quase na Renault-Nissan. É um esquadrão. Um dos expatriados se lembra da advertência do jovem diretor: "As coisas são simples: vocês são Nissan agora. E vocês têm que reerguer essa empresa. A Renault pagou caro por isso e, se não funcionar, a coisa vai ficar feia. Inclusive para a Renault".

A equipe é compacta, concentrada no bairro em torno do liceu francês, onde se inscrevem 35 alunos, e do Instituto Francês. Um dos prédios vira a *casa dos franceses*: no térreo, fica Dominique Thormann, que acabará diretor financeiro da Renault, sua mulher e seus filhos; no primeiro andar, Patrick Pélata, futuro número dois na hierarquia da Losango; no mesmo andar, no apartamento de frente, Philippe Klein e, no segundo andar, Bernard Rey, que será administrador da Nissan bem mais tarde. Em outro prédio, algumas quadras adiante, mora Thierry Moulonguet, diretor financeiro da Nissan, a quem logo se juntará Farid Aractingi. O negócio dele é informática; além disso, foi colega de turma de Carlos Ghosn nos ensinos fundamental e médio no Líbano.

O grupo de franceses vive a vida clássica de expatriados. Expedição ao monte Fuji, passeio a Kyoto, se visitam uns aos outros e descobrem juntos o país anfitrião. E abrem caminho na Nissan. Alguns integram a equipe de tênis da empresa. E Carlos Ghosn? Ele fica de fora e vive sua vida separada dos outros. Na primavera de 1999, se instalara em um hotel e, no verão, Rita e os quatro filhos se reuniram a ele. Toda a família se mudou para um luxuoso duplex com terraço, no prédio futurista de Shibuya, chamado *o 109*. Os Ghosn se habituam aos poucos à vida nova, apesar da distância permanente imposta pela barreira da língua. "Por mais que se diga que conhece várias partes do mundo, no Japão você é sempre um recém-chegado",[10] confessa Ghosn, que antes disso só tinha vindo ao Japão uma vez, por dois dias, em viagem de negócios com a Michelin, quinze anos antes. Caroline, Nadine, Maya e Anthony não frequentam a mesma escola que as outras crianças do grupo dos franceses. Rita abre um restaurante, *My Lebanon*, em um bairro agitado de Tóquio, com espetáculos de dança do ventre toda semana e especialidades libanesas no cardápio. Carlos Ghosn, que chegara com a intenção de aprender japonês, desiste logo. Demorado demais. E, por fim, inútil. Em primeiro lugar, porque os japoneses da Nissan se esforçam logo para aprender inglês quando já não dominam a língua, devido ao fato de a língua de Shakespeare ter sido declarada língua oficial do grupo. Em segundo lugar, porque essa dificuldade de comunicação permite encurtar as mensagens, traduzir os objetivos em números — gestão no mais puro estilo Carlos Ghosn. Por fim, porque ele percebe logo que os japoneses não exigem que ele se torne japonês, o que seria, ao mesmo tempo, ilusório e presunçoso. Ao fim de alguns meses em Tóquio, o novo diretor da Nissan reduz para uma hora por semana as aulas de japonês. Isso basta para que ele aprenda

---

10. *Libération, op. cit.*

a fonética das poucas palavras que recita na introdução e na conclusão de suas falas em público.

Carlos Ghosn não compartilha as atividades de expatriado com seus colaboradores. Para não dizer que não, eles se lembram de um evento privado em que estiveram com ele: em 2002, na final da Copa do mundo de futebol. Ghosn convidou todo mundo para assistir ao jogo Brasil-Alemanha e exultou com a vitória de seu país natal, por dois a zero, gols de Ronaldo. Fora isso, mantém distância. Primeiro, porque ele é o chefe e, por fim, porque não quer que se crie uma relação particular com os franceses, em detrimento dos japoneses. Quase nunca haverá uma reunião separada com os enviados da Renault. Doravante são todos da Nissan. Por fim, porque aquele a quem os japoneses apelidaram de *7/11 (seven eleven)* simplesmente não tem tempo!

E porque Ghosn é aquele que atrai os holofotes, aquele para quem os projetores japoneses se voltam em um país onde as mídias, com um exército de profissionais, são invasivas. Não é raro encontrar jornalistas na frente de casa. "Eu os encontrei, literalmente, no capacho do hotel!", lembra-se uma colaboradora que tinha se deslocado até lá para a assinatura da Aliança em março.

"Recebi pedidos de entrevistas, de discursos, fui até mesmo convidado para *talk-shows*. De repente, nosso restaurante de *yakitoris*, um dos preferidos da família, era invadido por câmeras",[11] conta Ghosn. Seu *status* evolui ra-

---

11. GHOSN, C. *Carlos Ghosn (14) The meaning behind Nissan 180. My personal history Carlos Ghosn.* Nikkei, 2017. Série autobiográfica publicada em janeiro de 2017.

pidamente no Japão. De início, o cidadão do mundo, com seus três passaportes — brasileiro, libanês e a partir de então francês —, suscita sobretudo a curiosidade. "Com toda essa publicidade exagerada em relação à minha reputação, as pessoas se perguntaram 'mas quem é esse forasteiro?'"[12] "Olhem! Ele se parece com o Mr. Bean", brinca o animador que o recebe em um programa de televisão. Quer ele se pareça ou não com o comediante britânico, o fato é que o rosto de Carlos Ghosn logo fica famoso e encarna rapidamente a face da Nissan. Os anúncios que apresentam o *Revival Plan* estão recheados de imagens do novo diretor-presidente. A partir de então, quando o sucesso chega para a Nissan, é Ghosn que leva o crédito. E o sucesso chega bem rápido. Um ano apenas após o lançamento do plano, a fabricante já faz as pazes com os lucros. A roda da fortuna girou incrivelmente célere. E Ghosn vira ídolo, um fazedor de milagres. As lendas às vezes são verdadeiras. Sim, como contaremos mais adiante, japoneses paravam Ghosn na rua para pedir autógrafos. Sim, mães lhe estendiam seus filhos para que ele os segurasse. Seu rosto é exposto nas prateleiras das livrarias sob títulos como *Você quer trabalhar com o sr. Ghosn?*, *A revolução Ghosn pode ser vencedora?* ou *Entender os segredos da metamorfose da Nissan*. A Ghosn-mania, no início dos anos 2000 no Japão, é uma realidade.

Por trás desse entusiasmo, é a Nissan que reencontra seu orgulho, simbolizado pela cooptação de um *designer* da Isuzu, uma filial da General Motors. Shiro Nakamura, japonês, é claro, é uma estrela que saberá emprestar seu brilho

---

12. *Libération, op. cit.*

à marca. Um antigo funcionário do alto escalão da Renault conta o que um japonês uma vez lhe disse: "Antes da Aliança, eu não ousava dizer no meu bairro que eu trabalhava na Nissan de tanto que eu sentia vergonha. Agora, explico tudo o que fazemos a meus vizinhos. Minha família está orgulhosa". No plano operacional, a Renault avança passo a passo com sua nova parceira. O princípio que guiará a Aliança durante quase vinte anos será apresentado desde o início: é *win-win*. Nenhuma decisão, nenhuma escolha, nenhuma colaboração será aceita se uma das duas fabricantes se considerar lesada. A cooperação nas compras, lançada quando de uma grande convenção de várias centenas de colaboradores da Renault e da Nissan na Euro Disney, rapidamente gera resultados espetaculares. Em seguida, a Renault e a Nissan entram no cerne da questão: a elaboração de plataformas comuns que permitem uma partilha do esforço de investimento. Esse dispositivo desemboca na concepção de arquiteturas de veículos nos quais cada marca poderá produzir seus próprios modelos. Ghosn vê longe. Ele pensa que, em menos de dez anos, todos os veículos da Renault e da Nissan serão fabricados na base de uma dezena de plataformas da Aliança.

O Japão se deixa levar. "Os japoneses são tão gentis!",[13] exclama ele. A Nissan primeiro lhe dá um escritório em uma sala de conferências na sede de Ginza, no centro de Tóquio. Tão espaçoso quanto a decoração em madeira falsa é *kitsch* e a iluminação em neon é sinistra (mais tarde, em Yokohama, na nova sede, terá um escritório mais agradá-

---

13. *Libération, op. cit.*

vel). Mas os japoneses ficam de quatro para satisfazer as demandas do novo chefe. Para os outros franceses, é menos fácil. Eles compartilham o *open space* dos colaboradores da Nissan e penam em trabalhar com os novos colegas tão amáveis quanto impenetráveis.

Carlos Ghosn prepara o terreno; ele visita todas as fábricas, os centros de pesquisa, explica, escuta. E convence. "Uma reunião com Carlos Ghosn é a Universidade de Stanford em casa", maravilha-se um executivo. Os japoneses duvidam que a Losango, essa fabricante desconhecida deles, pudesse trazer-lhes algum benefício. Mas mudam de opinião. Melhor ainda, a Renault se preserva como um santuário em torno da engenharia da Nissan. Todos os grupos industriais conhecem a síndrome do *not invented here*, que leva as equipes a rejeitar tudo o que não foi pensado internamente. Na Nissan, e no Japão, mexe-se no sagrado.

O entendimento se constrói aos poucos. Porém, as fundações são frágeis. "Em Tóquio, fala-se de uma aliança. Em Paris, apesar do que poderia dizer Louis Schweitzer, pensava-se que tínhamos recomprado a Nissan", testemunha um antigo funcionário do grupo. "No Japão, a legitimidade é produto de uma relação de forças. Ora, na época, a Nissan estava em posição de fraqueza, quase insolvente. A empresa então aceitou naquele momento se submeter à Renault", analisa um especialista.

Ghosn se entusiasma com o sucesso? "'A Toyota teve seu Sr. Toyoda, a Honda teve seu Sr. Honda, mas a Nissan não teve ninguém', costumam dizer os funcionários da

Nissan",[14] aponta ele às vezes. Será que ele acha que se tornou o *Sr. Nissan*, que a fabricante encontrou nele sua figura de referência, quase fundadora, paternal? O respeito e a confiança não deixam herança. Um executivo japonês, que, em 1999, tinha preferido deixar a empresa a partir de então dirigida por estrangeiros, contou uma anedota a um dos franceses: "Os japoneses são muito reconhecidos ao general MacArthur. Ele nos ajudou. Ele nos salvou da ruína e da fome depois da guerra, nos deu uma Constituição e depois foi embora. Hoje, os japoneses visitam seu escritório, no qual ele redigiu a Constituição, no antigo quartel-general das forças americanas em Tóquio. Pois bem, acho que um dia o escritório do Sr. Ghosn também será local de visitação". Para esse japonês, o fim da história é cristalino: um dia, será preciso que, assim como MacArthur, Ghosn-san vá embora.

---

14. *Le Point*, 7 de setembro de 2001.

O GOSTO PELA FESTA

11 de fevereiro de 2018, Rio de Janeiro

A música, a dança, a festa. As plumas, os paetês, o *strass*. No calor dessa noite de verão brasileiro, a Sapucaí se incendeia. Ao longo dos 600 metros da avenida do sambódromo, 80 mil espectadores admiram o desfile das escolas de samba do Rio. Em um camarote, do lado oeste, Carlos Ghosn e seus convidados apreciam o espetáculo. Eles estão na cidade por quatro dias e passarão duas noites consecutivas no camarote que vê a Sapucaí do alto.

Carros blindados — o que não é tão excepcional no Brasil, onde os motoristas hesitam em parar no sinal vermelho de noite —, dispositivo de segurança, *transfer* do aeroporto ao hotel, presente de boas-vindas incluindo as inevitáveis sandálias Havaianas nas suítes do Hilton de Copacabana, restaurantes, visitas turísticas incluindo o óbvio Pão de Açúcar... tudo foi planejado.

Foi Frédérique Le Greves que bolou um programa feito sob medida para o pequeno grupo. A ex-diretora de comunicação da Renault tem, desde 2011, o título de *chairman and CEO chief of staff* — ela é chefe de gabinete de Ghosn na Aliança. É ela que controla de perto a agenda do diretor--presidente, que o acompanha o mais regularmente em todos os seus deslocamentos pelo mundo afora, faz das tripas coração para que a organização em torno dele esteja perfeitamente azeitada, que as "especificações" exigidas sejam sempre respeitadas. O tempo de Carlos Ghosn é mais contado do que o de qualquer um. Ele nunca pode perder um minuto com nada. A pontualidade é a condição *sine qua non* de seu modo de vida fora da norma e se adequa à imagem do rigor que o industrial deseja difundir. E tudo isso supõe um trabalho de formiga, milimetrado, prévio a todos os eventos dos quais ele participa, quer se trate de uma visita a uma fábrica na Rússia ou na China, quer sejam momentos mais festivos como o Carnaval no Rio.

Não é a primeira vez que o diretor-presidente da Renault-Nissan organiza uma pequena excursão à cidade brasileira. Ele esteve lá um ano antes, para passar o Carnaval. E sobretudo, em 2016, a Renault-Nissan foi a patrocinadora dos Jogos Olímpicos. Carlos Ghosn teve então o privilégio de ser um dos portadores da tocha, "mais pesada do que ele pensava". Ele guarda do momento uma lembrança emocionada. "Eu me sinto brasileiro quando estou no Brasil, você pode então imaginar o meu orgulho quando pude segurar a tocha olímpica."[1] O momento passa rápido nesse dia 5 de agosto de 2016, cerca de cem metros percorridos ao longo

---

1. GHOSN, C. *Carlos Ghosn (1) Up in the air on New Year's*. My personal history Carlos Ghosn. Nikkei, 2017. Série autobiográfica publicada em janeiro de 2017.

da Avenida Atlântica, observado pela família. Veem-se as gotas de suor pingar de sua testa: "Mesmo sendo inverno no Brasil, a temperatura atingia trinta graus", faz questão de precisar em sua autobiografia. Esse tipo de momento faz parte das vantagens da função. Ghosn sabe às vezes apreciar os privilégios que sua profissão lhe proporciona, e que não são sempre obrigações. Esse amante do *bridge* tem, por exemplo, consciência de que não é seu nível de jogo que lhe permite se sentar à mesa com os melhores jogadores do mundo.

Nesse ano no Rio, ele fez tudo de forma grandiosa. A Aliança patrocina uma das escolas que participa do desfile oficial. É a escola do bairro de Vila Isabel, cujo carnavalesco é o famoso Paulo Barros e que tinha ganhado a competição em 2013. Durante uma hora, Ghosn e seus convidados admiram o dilúvio de luzes projetado pelos carros alegóricos da Vila Isabel, que escolheu como tema a inovação e a mobilidade. A eletricidade, cara à Carlos Ghosn, que vê nela há muito tempo o futuro dos automóveis, está em toda parte: da figura de Thomas Edison na frente do cortejo aos imensos chapéus ornados de lâmpadas multicoloridas que cobrem a cabeça de alguns dançarinos. A Vila Isabel acaba em nono lugar na classificação entre as treze escolas. Mas isso tem pouca importância.

O que conta é a festa. Ela é um sucesso, aqui, no Rio, onde Carlos Ghosn está rodeado de amigos. Além de sua irmã Claudine Bichara de Oliveira e seu marido que moram na cidade, oito casais compartilham esse momento de diversão com o presidente da Aliança, dentre eles vários libaneses. Destaque para Mario Saradar, o presidente do banco homônimo, do qual Carlos Ghosn é acionista a título pessoal e administrador. Também estão presentes Misbah Ahdab, antigo deputado do país do cedro, Khalil Daoud, presidente dos correios libaneses, e Philippe Jabre, que dirige um fundo de investimento com seu nome em Genebra, mas que queimou pestanas na mesma escola que Ghosn. Patricia Landeau e Harry Macklowe também vieram, ela de Paris, ele de Nova York. Eles vão se casar em um ano. O incorporador imobiliário de 82 anos, bilionário, em março de 2019, vai pendurar seus dois grandes retratos em preto e branco com doze metros de altura na fachada de um de seus prédios nova-iorquinos para, segundo o boato, deixar bem enraivecida sua ex-mulher com quem teve um divórcio tumultuado.

Na Renault e na Nissan, ninguém põe defeito nesse evento, faturado pela Nissan Brasil em 257.872,36 dólares para a RNBV.[2] Contudo, isso vai dar margem a questionamentos. Não porque, como dirá o grupo japonês quando lançar a ofensiva contra seu diretor-presidente um ano mais tarde, os convites foram enviados em nome de *Sr. e Sra. Ghosn*. Essa prática, nos costumes e no mecenato das grandes empresas, não é excepcional.

O problema é evidentemente o tipo dos convidados que, por ocasião do Carnaval no Rio em 2018, parecem ter mais ligações com Carlos e Carole Ghosn do que com o presidente da Aliança. Um ano depois, o advogado do industrial Jean-Yves Le Borgne justificará laboriosamente a presença de Monique e Khalil Daoud apontando que os correios libaneses possuem automóveis Nissan.

---

2. Filial comum da Renault e da Nissan, veja página 85.

O gosto pela festa

Porém, durante esse fim de semana festivo em fevereiro de 2018, ninguém questiona nada. Carlos Ghosn aproveita o máximo possível antes de enfrentar a sequência de fechamentos e apresentações de resultados anuais da Renault, oito dias depois, em Paris. Ele aproveita o Brasil. Tudo mundo sabe, Ghosn é outro homem em seu país natal. Mais relaxado, mais livre.

Ali ele reencontra suas raízes e pode mensurar o caminho percorrido. Nasceu em Porto Velho, a cerca de 3.500 quilômetros do Rio de Janeiro. É uma cidade de porte médio, no coração da região amazônica, nos confins do Brasil, não muito longe da fronteira com a Bolívia. Fica no meio do nada. Mas, para os Ghosn, foi o ponto de partida da saga familiar, a do avô Bichara Ghosn que, no início do século XX, aos 13 anos, embarcou para uma travessia de três meses, Beirute-Rio. Segundo Carlos Ghosn, ele tinha "uma única mala na mão" e fugia de "vida difícil no Líbano", entre "conflitos religiosos e pobreza extrema".[3] Bichara acabou por se instalar em Porto Velho, no fim do mundo, onde desenvolveu várias atividades, incluindo uma empresa de serviços para companhias aéreas que pousavam seus aviões lá. Bichara, e depois seu filho Jorge, retornarão ao Líbano para buscar suas mulheres, para trazê-las para o Brasil. Rose, *Zetta*, a mãe de Carlos, nascida na Nigéria, muda então novamente de continente.

Zetta ainda vive no Rio. Ela e a cidade representam a base de sustentação da tribo de Ghosn e de seus quatro fi-

---

3. GHOSN, C. *Carlos Ghosn (2) The history of my family, the story of me*. My personal history Carlos Ghosn. Nikkei, 2017. Série autobiográfica publicada em janeiro de 2017.

lhos — aliás, a primogênita, Caroline, nasceu no Rio. Todos eles voltam na época do Natal, para passar as festas de fim de ano com a família. Desde 2012, o industrial possui um magnífico apartamento em um prédio de luxo na orla de Copacabana. O imóvel, imenso, no qual dois sofás de couro branco em forma de "L", com dez lugares cada, ficam diante um do outro a distância, é propício para muitas festas de família e reuniões sociais, diante do janelão envidraçado que se abre sobre o mar. Foi Claudine, irmã mais velha de Carlos, que encontrou esse pouso. E foi a Nissan que pagou a conta: 5,8 milhões de dólares. A empresa pagará também, dois anos depois, o título do Iate Clube do Rio de Janeiro, que vale 63.164,31 dólares. Estamos bem longe do refúgio bucólico que Carlos Ghosn descrevia em 2005, de uma cabana que possuía na floresta tropical nos arredores do Rio, onde amava passar um tempo "sem fax, sem telefone, apenas com o barulho da água e dos pássaros".[4]

Ghosn só passou seus seis primeiros anos de vida no Brasil antes que a sua saúde convencesse Zetta a voltar para o Líbano, deixando Jorge no Brasil. Mas esse país ocupa um lugar especial no coração e na vida do presidente sem fronteiras. Foi a perspectiva de dirigir a filial local da Michelin que o impulsionou a aceitar a oferta de trabalho do grupo de Auvergne logo depois da formatura na Escola de Minas. Admitido na empresa do boneco Bibendum em 1978, ele controla sua impaciência durante sete anos em Clermont-Ferrand e em Puy-en-Velay antes de voar para o Rio. O cargo lhe oferece também o lugar de número um: no Brasil,

---

4. *Bloomberg Markets*, maio de 2005.

O gosto pela festa

é ele o diretor-geral da Michelin. Apesar da evolução caótica da economia e da cena política brasileira, Ghosn nunca deixou de acreditar nas perspectivas de seu país natal. Na Renault e depois na Nissan, ele estimulará as duas empresas a investirem e a instalarem fábricas no país. Em 1995, a Losango já havia decidido sozinha construir a fábrica de Curitiba. Mas Ghosn está lá para sua inauguração, em 1998, em um ambiente superaquecido. A Renault oferece a 30 mil espectadores e aos olhos de convidados de prestígio, dentre eles o presidente Fernando Henrique Cardoso, um espetáculo a céu aberto com as maiores estrelas da música brasileira, como Caetano Veloso ou Marina Lima. Em vinte anos, a Losango vai conquistar 9% do mercado brasileiro. Quanto à Nissan, que há muito monta suas *pick-ups* e seus 4x4 nas linhas de montagem de sua parceira, desembarca em 2014 e inaugura, por sua vez, sua própria fábrica, em Resende, no Estado do Rio. Mais uma razão para Carlos Ghosn pousar várias vezes por ano seu Gulfstream nas pistas brasileiras.

UMA ESTRELA

15 de maio de 2006, Nashville

Nashville, Tennessee. Dois homens jantam nesse dia 15 de maio de 2006. São dois monstros sagrados que compartilham uma refeição nas terras da Nissan USA, em um momento em que o mundo financeiro está começando a tremer, e a indústria automobilística já sofre. De um lado da mesa, Carlos Ghosn, o primeiro presidente da história a dirigir ao mesmo tempo duas multinacionais, duas empresas classificadas na Fortune 500. Diante dele, Kirk Kerkorian, investidor lendário. O primeiro é, segundo a *Business Week*, "o *rock star* da indústria automobilística" ou, segundo *The Economist*, "o homem que valia 10 bilhões", porque bastava que um fabricante o contratasse para que seu valor na bolsa de valores aumentasse em 10 bilhões. O segundo tem nas mãos um grande pacote de ações da General Motors, que passa por um mau momento. "Imaginemos...", sopra Kirk Kerkorian, "imaginemos estender a Aliança Renault-Nissan para a GM".

Durante três meses, de meados de julho a meados de outubro de 2006, Ghosn e seu braço direito Patrick Pélata negociam com a gigante de Detroit. Sobre a mesa, um esquema no qual a Renault e a Nissan ficariam cada uma com 10% do capital da GM. Além disso, Carlos Ghosn seria o presidente não apenas de uma, não apenas de duas, mas de três multinacionais do setor automobilístico ao mesmo tempo. O *grande slam*! A ideia é louca e Louis Schweitzer, que ainda é presidente não executivo, fica de olhos arregalados. Que a possibilidade tenha sido ao menos vislumbrada, antes que a GM tivesse preferido sair da mesa de negociação, diz muito sobre a *Ghosn-mania* da época.

Em 2006, com apenas 52 anos, Carlos Ghosn está no auge de sua glória. Há alguns anos, a Nissan lhe confiou todos os poderes: ele é presidente da empresa, presidente do conselho de administração e diretor-geral. O Japão lhe conferiu todas as distinções possíveis. Ele foi ao mesmo tempo eleito "pai ideal" pela imprensa feminina, designado possível ministro, esboçado como herói de mangá, recompensado como melhor gerente da era do imperador Akihito, honrado pelo primeiro-ministro Junichiro Koizumi por sua contribuição para a economia japonesa. Até obteve o que parecia inacessível a um *gaijin*: a condecoração da fita azul, que o próprio imperador lhe concedeu sobre sua almofadinha de veludo durante uma cerimônia no palácio de Akasaka em 2004. Uma marca de confiança, uma prova de intangibilidade.

Porém, Carlos Ghosn também se tornou uma estrela internacional, que ganha prêmios de empresário ou de estrategista em série. Os conselhos de administração mais concorridos do planeta — Sony, Alcoa, IBM — lhe abrem as portas. A Inglaterra o torna *Chevalier*. Harvard faz da

Nissan um estudo de caso e Stanford convida Ghosn para dar palestras aos alunos. Ele não se contenta mais em ir a Davos. Klaus Schwab, o grande sacerdote do Fórum, fez com que ele entrasse no conselho da organização. Ele pertence à elite da elite mundial.

E a França? Ah, a França! A França é um vilarejo gaulês que não cede tão facilmente quanto os outros países do mundo ao canto da sereia da reputação daquele que é, no entanto, um pouco seu filho pródigo. A França resiste a Carlos Ghosn.

A volta para a Renault do gerente de medidas de choque tinha sido programada. Foi para isso, afinal de contas, que seu sucessor Louis Schweitzer o contratou em 1996. O que não estava previsto é que a aventura japonesa fosse tamanho sucesso tão rapidamente. Desde 2001, começa-se a especular sobre a nomeação de Ghosn na Renault, que nada faz para dissipar os boatos, pelo contrário. Schweitzer prevê: ele anuncia diante da assembleia geral de acionistas do dia 25 de abril de 2002 o que acontecerá... em 2005. Ghosn escreve a história a seu jeito: "Louis Schweitzer tinha anunciado três anos antes que eu seria seu sucessor. Ele queria que isso acontecesse antes de 2005, mas lhe pedi para esperar porque queria focar na reconstrução da Nissan".[1]

Em 2005, então, haverá um presidente do conselho de administração, Schweitzer, e um diretor-presidente operacional, Ghosn. Uma dissociação desse tipo é, na época, tão inusitada no capitalismo francês que fica decidido que o segundo não será diretor-geral, mas "presidente da di-

---

1. *Vanity Fair*, janeiro de 2016.

reção-geral" para marcar bem que o poder tinha oscilado. "Porque, na Renault, é quem chamamos de 'presidente' que é o diretor-presidente. Carlos Ghosn não teria tolerado outra coisa", lembra-se um antigo funcionário da Losango. O acúmulo de cargos na Renault-Nissan também obriga uma modificação no *Rama*, o acordo que rege as relações entre os dois grupos. Uma formalidade.

Ghosn volta para a Renault com exigências. "O Japão o transformou", testemunha um de seus antigos colaboradores. A mudança é física: em 2002, ele faz uma operação de miopia. Ei-lo livre dos óculos: "Maravilhoso! Uma verdadeira libertação!".[2] Mas a metamorfose é mais profunda sob o efeito, forçosamente perverso, do coquetel de poder e adulação absorvido no país do Sol Nascente. "Os japoneses o aduleram, fizeram dele um semideus. E ele mudou sua natureza", afirma um amigo próximo que o conhece há muitos anos.

O primeiro sinal de alerta soa no dia 6 de julho de 2000, quando, na Renault, chega a última edição do *Paris Match*. O famoso *choque das fotos*. Carlos Ghosn se espalha por seis páginas! Vê-se o CEO pelas ruas de Tóquio, saudado em uma fábrica da Nissan pelos empregados maravilhados e enfileirados. E, principalmente, imortalizado em casa, com a família, à mesa do café da manhã em torno da qual os filhos bebem as palavras do pai ao mesmo tempo que seus copos de leite, enquanto Rita serve o café à moda turca. O episódio provoca um comentário por texto com Schweitzer. "Foi no Japão que Ghosn se tornou Luís XIV", diz um antigo fun-

---

2. *Le Nouvel Observateur*, 4 de setembro de 2003.

cionário do grupo que assistiu, de Paris, à transformação do gerente em *imperator*, como o apelidarão os jornalistas.

Quando volta à França em 2005 e a família Ghosn retorna a seus cômodos na mansão de L'Étang-la-Ville em Yvelines, comprada em 1996, o CEO é precedido por seu sucesso que, segundo ele, deveria lhe abrir todas as portas. Mas a França não é o Japão. "Quando ele desembarcou do avião em Tóquio, os funcionários da alfândega estavam em posição de sentido. Em Bourget, mandaram que ele abrisse a mala", resume uma antiga colaboradora.

Paris não se entrega facilmente. Mesmo quando os conselheiros balizaram o caminho. Por conselho de Jean-Marie Dru, presidente da agência TBWA que faz a gestão da imagem mundial da Nissan, Ghosn recebe *coaching* de Marie-France Lavarini, antiga encarregada de comunicação de Lionel Jospin em Matignon, que Dru em seguida recrutou.

O microcosmo dos negócios tem seus ritos de passagem e Lavarini os conhece de cor. O novo presidente da Renault tem um *pedigree* à altura. Em primeiro lugar, ele é francês. Antes de sua partida para Tóquio, por conselho de Schweitzer principalmente, ele solicitou e obteve a nacionalidade francesa. Um terceiro passaporte, além do brasileiro e do libanês. "Eu não podia mais viver só com um visto temporário".[3] Mas a França representa mais para ele. É uma homenagem à sua mãe, uma mulher "muito amorosa e acessível". "Ela era uma francófila fervorosa. Falava um francês requintado e era talvez mais francesa do que muitos nasci-

---

3. *Vanity Fair*, 2016.

dos no país."⁴ A França ensinou ao jovem Ghosn, que virou de repente um aluno dedicado no primeiro ano do ensino médio, o gosto amargo do fracasso, fugaz no seu caso.

"Meu primeiro trimestre em Saint-Louis foi um desastre: tirei 4 sobre 20 em matemática. Mas esse desempenho terrível me abriu os olhos para o que tinha que fazer. Os alunos (da classe preparatória) eram chamados de 'toupeiras' porque ficavam enfurnados estudando, sem ver a luz do dia. Então decidi que eu também seria uma toupeira." Ghosn virou uma toupeira, mas não um membro de um grande órgão administrativo. Engenheiro, formado na Escola de Minas, no entanto, não pertence ao *Corps de Mines*, pois não era francês na época da faculdade. Ghosn está em defasagem. Ele sempre esteve defasado. "Sempre fui diferente. Nunca vivi em um lugar em que poderia dizer que me encaixava totalmente no grupo, sendo como os outros. Quando se é criança, ninguém gosta disso."⁵ O mesmo aconteceu com os colegas da faculdade de engenharia, que não davam a mínima para os acontecimentos que começavam a despedaçar o seu Líbano. E também com os colegas CEOs trinta anos depois. Recém-nomeado presidente da Renault, em 2005, foi convidado a circular em certos grupos, como o *Le Siècle* do qual Schweitzer lhe abriu as portas, mas ele os esnoba quase ostensivamente. "Às vezes, eu ia lá jantar. Mas há seis anos que não boto os pés naquele lugar. Devo

---

4. GHOSN, C. *Carlos Ghosn (2) The history of my family, the story of me*. My personal history Carlos Ghosn. Nikkei, 2017. Série autobiográfica publicada em janeiro de 2017.
5. *Citoyen du monde, op. cit.*

ter sido expulso",[6] diz ele dando risada. "O que é importante nesses encontros de CEOs franceses é que cada um vai achando que está entre seus pares", analisa um bom conhecedor do meio. "E Ghosn sempre nos fez entender que ele estava bem acima de todos esses CEOs franceses toscos", lança um CEO do CAC 40. Jean-Dominique Senard, dirigente da Michelin que o substituirá em 2019 na Renault, só terá direito a receber duas palavras de Carlos Ghosn: "Bom dia". Para mudar isso, será preciso que os dois fiquem bem próximos ao se cruzarem por acaso um dia em um corredor de Bercy. "Ele não detinha os códigos. Cometeu crimes de lesa-majestade. Não colocou os engenheiros nem os fiscais onde deveria, isto é, nos cargos que eles consideravam de pleno direito deles na empresa", afirma um antigo executivo da Losango.

A incompreensão é recíproca. Ghosn é um pouco ostensivo demais, exibindo a filha Caroline, vestida por Elie Saab, de braço dado com ele no baile de debutantes no Hotel Crillon. Rita se mostra vistosa demais quando aparece em grandes ocasiões ao lado do marido, "uma verdadeira árvore de Natal", como dizem maldosamente. "Ele foi vítima do delito de preconceito aos imigrantes", afirma um de seus antigos colaboradores, pouco suspeito de complacência em relação a Ghosn. "Ele era mais grana, futebol e família do que ópera", conta outro. "Pede-se que ele circule pela noite, mas, com Ghosn, um jantar é de 19h30 às 21h, e pronto!", acrescenta um terceiro. Em suma, o casal Ghosn estraga sua estreia em Paris. O enxerto não vinga.

---

6. *Le Point*, 28 de abril de 2005.

Uma estrela

E o presidente da Renault também estraga seu encontro marcado com os círculos políticos, inescapáveis na França. Será preciso esperar janeiro de 2006 e a cerimônia no Palácio do Eliseu dos votos ao mundo econômico para ter um primeiro encontro com o presidente Chirac. Uma pena, ele tinha estudado as 130 páginas de fichas que lhe tinham sido preparadas para entender melhor todas as paixões francesas: 35 horas semanais de trabalho, sindicatos, ecologia, Estado acionista... Ghosn aplicou-se nos estudos. Dobrou-se às passagens obrigatórias: publicar um artigo de opinião no *Le Monde*, ficar de pé esperando nos corredores de alguns ministérios importantes. Ouviu os conselhos de quem tinha por missão lhe fazer ter êxito na aterrissagem em solo francês e se desapegar dos atributos do poder absoluto contraídos no Japão. Isso lhe convém, ele está "tão envolvido em pompa e circunstância...". Mas as boas resoluções só duram por um tempo.

Na Renault também, a aterrissagem é delicada. "Na realidade, ele desconfiava da Renault, dessa sociedade latina que tinha dificuldade de decodificar, cheia de conflitos palacianos, lotada de boatos e marcada por décadas de controle do Estado", conta um antigo dirigente. Ghosn age sem precauções, inclusive com Louis Schweitzer e seu balanço. O novo presidente recém-chegado traça um quadro bem sombrio da empresa da qual ele tomou as rédeas. Age como um trator. "Conheço os Renault, mas sei que tenho que redescobri-los", havia prometido ele. No entanto, dez dias após sua tomada de controle, parece já ter entendido tudo. "Posso dizer-lhes que, depois de dez dias, as coisas ficaram mais claras para mim, mais do que eu pensava antes

de vir para cá", afirma ele ao *Financial Times*. "Eu me comprometi totalmente, sem os 'se', os 'mas' e os 'no entanto' que com frequência atenuam os objetivos."
Os objetivos serão ambiciosos, em uma empresa que ele constata ser "cheia de disfunções". Patrick Pélata chegou a Paris um pouco antes de Ghosn, para abrir caminho. E a situação não é maravilhosa. "Patrick ficou um pouco assustado com o que encontrou", conta um antigo executivo, "a empresa não estava ao nível de uma grande empresa, estava no fundo do poço, a qualidade era medonha. Um verdadeiro banho de água fria para quem vinha do Japão e que, além de tudo, encontrava uma Renault em estado de negação". A Nissan representava então os dois terços dos lucros da Renault. O contraste é surpreendente: Sandouville funciona em cerca de metade de sua capacidade; o Brasil apresenta vendas de cerca de um terço das projeções feitas seis anos antes. Quando Carlos Ghosn desembarca em Boulogne-Billancourt, a Renault treme, meio fascinada, meio assustada.

Em 2005, a evidência Ghosn se impôs na Renault. E continua indispensável na Nissan.

Ele fará então as duas coisas. "O pós-Ghosn (na Nissan) vai levar tempo. O pós-Ghosn não é 2005", declara ele, falando na terceira pessoa, em 2002, ao *Wall Street Journal*. Louis Schweitzer confirmou a informação três meses depois: "Não conversamos sobre isso e ambos achamos que é factível".[7]

---

7. Radio Classique, 27 de abril de 2002.

Duas empresas ao mesmo tempo. É nesse momento que a agenda de Carlos Ghosn se torna objeto de curiosidade. Ele passará 40% do tempo em Paris — um pouco mais no início da sua gestão na Renault —, 40% em Yokohama e 20% no resto do mundo, principalmente em Los Angeles, depois em Nashville, onde a Nissan USA, que ele continua a dirigir diretamente, está sediada. "Sua agenda estava cheia de cores diferentes, dividida em meios dias, de acordo com o lugar em que se encontrava. E tudo programado com um ou dois anos de antecedência", lembra-se um colega próximo. Carlos Ghosn começa em 2005 uma vida diferente de todas as outras. "Creio que ele viajava mais pelo mundo que o secretário de Estado dos Estados Unidos",[8] dirá seu chefe de gabinete Greg Kelly. Dorme cem noites por ano dentro do seu avião, mas banaliza o feito com uma evidente falsa modéstia. "O que ajuda é que durmo bem em aviões."[9] Sem ajuda química, como gosta de frisar. Ele tentou tomar melatonina, mas isso só fez adiar o choque. "Quando você desembarca do avião, quer estar se sentindo bem", explica ele. "Ninguém vai dizer: 'Ah, coitadinho, está sonolento por causa da diferença de fuso horário'. Meus colaboradores não querem um chefe pela metade. Eles precisam de um presidente inteiro."[10]

"O essencial do meu dia está planejado", expõe ele ainda delicadamente. "As reuniões começam às 8h e só

---

8. Bungei Shunju, 10 de junho de 2019.
9. GHOSN, C. *Carlos Ghosn (1) Up in the air on New Year's. My personal history Carlos Ghosn.* Nikkei, 2017. Série autobiográfica publicada em janeiro de 2017.
10. *Vanity Fair, op. cit.*

param no fim do dia, normalmente por volta de 20h ou mais tarde. Não é incomum sair de Tóquio na sexta-feira de noite, participar de reuniões em outro país durante o fim de semana e depois pegar um avião para Paris, para iniciar outra semana de trabalho. Esse estilo de vida pode ter consequências, físicas e sociais. Há um preço a pagar e é preciso gerir isso. Mas é isso que se exige de muitos dirigentes nessa época de globalização."[11] Como notará *Le Canard Enchaîné* em 2008, Ghosn "cultiva um lado 'dono do mundo' que, na França, só se tinha visto transparecer em alguém como Jean-Marie Messier". Supermidiático, Carlos Ghosn não é apenas um hiper-CEO. Ele é um super-homem.

O verme está dentro do fruto. Ou, talvez, os vermes. Ghosn está em conflito de interesses permanente. É verdade que ele atiça a meticulosidade a ponto de ter duas maletas, uma para a Renault e outra para a Nissan. O fato de ter um único presidente poderia ser o pretexto para uma fusão das duas empresas, mas Ghosn afasta essa hipótese. Mas a quem ele serve? À Renault? À Nissan?

"Gosto de saber com quem estou falando. Com o presidente da Renault ou com o da Nissan, lhe dirá o ministro Thierry Breton em sua sala em Bercy em 2006. Mostre-me a sua agenda.

— Deixei-a no carro.

— Vou pedir que seu motorista a traga."

---

11. GHOSN, C. *Carlos Ghosn (1) Up in the air on New Year's*. My personal history Carlos Ghosn. Nikkei, 2017. Série autobiográfica publicada em janeiro de 2017.

Uma estrela 67

A agenda deixa transparecer que Carlos Ghosn passa mais tempo na Nissan do que na Renault. A conclusão é enfática: a Nissan paga mais. Muito mais. A França se pergunta até onde vai a lealdade do dirigente da Renault. Em Yokohama, a mesma dúvida começa a surgir. "Quando Carlos Ghosn voltou para a França, as pessoas da Nissan de início acharam que ele continuaria a defender os interesses delas. Depois algumas começaram a experimentar um sentimento de traição", explica um bom conhecedor do grupo.
Um outro mal vai corroer lentamente a Aliança do interior: o excesso de poder. Na Nissan, após 1999, "Carlos Ghosn tinha levantado a ponte levadiça atrás dele depois que se mudou para o Japão", conta um antigo executivo, "ele era o procônsul do fim do mundo". Entre o momento em que, em 2002, Louis Schweitzer anuncia que ele será o diretor-presidente da Renault e o momento em que, em 2005, ele assume o cargo efetivamente, Carlos Ghosn promete uma organização: ad hoc: ele terá na Renault, assim como na Nissan, um número dois na hierarquia, um diretor operacional. Em Yokohama, escolhe Toshiyuki Shiga. Ele não é testa de ferro, mas um verdadeiro bebê Ghosn, nomeado em 2000 *managing director* do fabricante, o mais jovem, aos 46 anos, na história do grupo japonês. O novo dirigente operacional da Nissan descreve seu mentor nos seguintes termos: "Para as crianças, é um herói. Para os homens, um modelo. Para as mulheres, o marido e pai de família ideal." Carlos Ghosn não tem nada a temer dele. Ele continua a ser o verdadeiro presidente da Nissan ao mesmo tempo que da Renault. Na Losango, vai ser preciso esperar

mais de três anos para que Ghosn designe um braço direito, Patrick Pélata, nomeado diretor-geral no final de 2008. Duas empresas ao mesmo tempo, uma no lado oposto da outra no planeta. Essa posição singular convém formidavelmente bem ao industrial franco-líbano-brasileiro que não hesita em confiar sua admiração por construtores de impérios mesmo que autocratas, como Saladino, Alexandre, o Grande, Júlio César ou ainda Gengis Khan. "Eles criaram as primeiras multinacionais do mundo", diz ele.

A partir de 2005, na realidade, só há um freio para a ambição de Ghosn: Louis Schweitzer, eterno presidente da Renault. "Ele tinha uma verdadeira autoridade moral", revela um antigo alto dirigente. Mas, em 2009, Schweitzer parte de vez. Ele era o último contrapoder.

"INDESEMARANHAMENTO"

15 de fevereiro de 2018, Paris

"Não sou *segundófago*!" Como ele está de muito bom humor nesse início de 2018, Carlos Ghosn revira os olhos e, contra a vontade, dá a seu rosto extraordinariamente móvel um ar guloso de alegre canibal de desenho animado. Ele é então, Carlos Ghosn, uma alegoria viva do cisco e da trave. Todo mundo tem os olhos fixos no fato de que ele terá um segundo mandato como CEO da Renault, mas insiste no fato de que terá um número dois. Cruz de madeira, cruz de ferro, ele cede terreno, abre mão do poder.

No dia 15 de fevereiro, é Thierry Bolloré que ganha a corrida para o cargo cobiçado. Ao final do processo oficialmente realizado pelo conselho de administração com a assessoria de Korn Ferry, mas oficiosamente e, é claro, articulado por Carlos Ghosn, ele é nomeado diretor operacional. Thierry Bolloré, primo bem distante do célebre magnata Vincent Tan, não faz parte da história da Losango. Ele foi admitido em 2012, depois de ter feito carreira nas fábricas da Michelin — como Ghosn — e da Faurecia.

Faz um ano e meio desde a ampliação da Aliança com a Mitsubishi que a sucessão de Carlos Ghosn não é mais um tabu. Pelo contrário, ela infunde vida nova na comunicação do grupo. A sucessão parece quase uma realidade na Nissan, desde que Hiroto Saikawa foi promovido CEO em abril de 2017. Na Renault, Thierry Bolloré ainda não tem esse título. Vai ser preciso passar por testes. Esse jogo pode durar muito, como é às vezes o caso no crepúsculo do patriarca das empresas familiares. No Japão, quase não existe limite de idade. Na Renault, ela foi repelida em 2015. Resultado: em fevereiro de 2018, aos 64 anos, Ghosn pode repetir um mandato inteiro de quatro anos de diretor-geral e dois mandatos de presidente do conselho de administração.

Seus fiéis escudeiros estão aliviados com a sua permanência. "Em junho de 2017, ele queria partir", afirma um assessor próximo. Prova de que isso é verdade: "Naquele momento, ele perguntou como poderia pedir aposentadoria". "Nós imploramos para que ficasse", explica essa mesma fonte. A negociação no inverno 2017-2018 com o Estado francês não teria sido apenas uma farsa. Ghosn poderia ter ido embora. Em todo caso, o fato de que teria se convencido com o pedido para ficar mostra que seu novo mandato não foi fruto apenas de seu vício pelo poder, mas sim da vontade do conselho de administração da Renault, inclusive do governo francês.

De fato, naquele momento, os interesses de uns e de outros coincidiram. Carlos Ghosn os resume em um outro neologismo: o *indesemaranhamento* da Aliança em relação à Nissan. É seu "roteiro", segundo ele. E é a primeira vez que assume isso tão claramente. Há anos ele vem tes-

"Indesemaranhamento" 71

tando ideias de aproximação entre a Renault e a Nissan. Também vislumbrou reequilibrar a Aliança para colocar as duas fabricantes em pé de igualdade capitalista. Mas sempre recuou.

Dessa vez, será preciso apresentar, talvez impor, o esquema que poderá sobreviver a ele. E diz no dia 15 de fevereiro: "É preciso que não reste dúvida no espírito de quem quer que seja sobre a perenidade da Aliança. A grande inquietude é que, no dia em que eu não estiver mais aqui, a Aliança perderá um motor importante. Isso implica forçosamente estruturas jurídicas para que seja possível fazer a separação".[1]

"Estruturas jurídicas"? A expressão é suficientemente vaga para deixar abertas todas as possibilidades. O mercado pensa em fusão, é claro. Simples e sem rodeios. Casa-se uma empresa A com uma empresa B em função de seus respectivos valores. As duas são dotadas de uma direção comum e realizam-se economias de escala. Se fosse fácil assim... A Renault aventa a ideia em 2013, mas é brutalmente afastada pela Nissan. "Demos para trás. Mas criamos, na Renault, zonas geográficas que se colaram às existentes na Nissan. No dia em que a aproximação acontecesse, seríamos mais facilmente compatíveis...", conta um antigo funcionário da Losango.

Para além do problema da sucessão inevitável, a curto ou médio prazo, de Carlos Ghosn, os interesses financeiros pleiteiam uma aproximação. Principalmente os dos acionistas da Renault, a empresa francesa que vale três francos e

---
1. *Le Figaro*, 16 de fevereiro de 2018.

seis vinténs. Em maio de 2015, quando a ação se avizinha dos 100 euros, o valor mais alto da história, a fabricante vale 30 bilhões de euros. Mas os analistas lançam mão de modelos. Se calcularmos o valor do grupo de acordo com o método das somas das partes, que faz a adição das partes do valor da Renault e a de sua participação de 43% na Nissan, então a Losango não vale mais do que 15 bilhões. Em determinados momentos de sua história, a Renault teve até mesmo um valor negativo: o grupo valia menos do que o preço de suas ações na Nissan! Isso é muito frustrante para os acionistas do grupo francês, a começar pelo Estado. É também para os fundos de investimento que se posicionaram no capital das duas empresas e se contorcem, às vezes há anos, esperando pela fusão. E é perigoso: o que acontecerá no dia em que um concorrente lance uma oferta pública de aquisição (OPA) para a Renault, apenas para se oferecer a um custo menor o controle da Nissan?

Inúmeros esquemas mais ou menos sofisticados circulam para dar corpo ao *indesemaranhamento*. A fusão, portanto. Ou ainda a DLC, *dual-listed company*, segundo o modelo do grupo petrolífero Royal Dutch Shell: uma empresa binacional, detida por duas *holdings*, cada uma delas com suas ações, seu local de cotação, seu conselho de administração. Ou ainda, ao contrário, uma só holding que deteria os diferentes fabricantes, Renault, Nissan, Mitsubishi.

É esse último esquema o preferido de Carlos Ghosn. Ele resume, na sua opinião, um desafio quádruplo. O primeiro é financeiro como vimos.

O segundo é operacional. A beleza das sinergias da Aliança Renault-Nissan se desvanece aos poucos diante da potência de investimento dos grupos integrados como Toyota ou Volkswagen. A Aliança precisa de uma autoridade de arbítrio mais forte, para poder entrar no jogo das apostas tecnológicas do futuro. Que, em matéria de veículo elétrico, a Renault tenha desenvolvido seu Zoe, enquanto que a Nissan apostava no Leaf, é uma aberração em termos de alocação de recursos. "No setor de motores, é também caricatural. É um excesso!", sorri um ex-funcionário do grupo. A Aliança não pode mais se permitir esse tipo de capricho. "A visão *win-win*, ganha-ganha, para cada decisão atingir seu limite", descreve um bom conhecedor da Aliança. "A Renault e a Nissan não podem ser eternamente as duas vencedoras em um projeto que evidentemente lucrará primeiro em um mercado e depois em outro. Tem um momento em que uma das duas vai dizer 'não quero pagar pela outra'. A única maneira de inaugurar uma nova etapa é um esquema financeiro, capitalista, que alinhe os interesses de todos os acionistas." "A Aliança era apresentada como o grupo número um mundial. A realidade é que são três grupos que têm coisas em comum, e é só", lembra-se um antigo funcionário. Dezenove anos após a assinatura da Aliança, nem todas as plataformas são comuns. É preciso ainda "vencer as reticências de engenheiros entre essas duas empresas de marca".

O terceiro desafio é pessoal. A *holding* é o meio para Carlos Ghosn sair da situação difícil de conflito de interesses permanente na qual se encontra. Defender os interesses da Renault vestindo a camisa da Renault e os da Nissan vestindo a da Nissan. Em treze anos, já se perdeu as contas de quantas vezes os franceses ou, alternativamente, os japoneses reclamaram que o chefão tomou o partido do outro lado. "Em 2009, quisemos comprar a marca Saturn nos Estados Unidos. A Nissan se opôs porque isso teria invadido o seu espaço americano. Carlos Ghosn poderia ter imposto o negócio. Mas não o fez", conta um funcionário da Renault. E, em Boulogne-Billancourt, ninguém engole que o Qashqai seja um *best-seller* na Nissan. Enquanto que, em Yokohama, ainda se rumina a decisão de confiar ao RCI Banque, braço bancário da Renault, a atividade de crédito ligada à comercialização dos automóveis da marca japonesa na Europa, uma máquina de ganhar dinheiro. Aceita-se ainda menos a decisão de delegar à fábrica Renault de Flins a produção dos Micra da Nissan. "Foi para agradar ao governo francês", comenta-se no Japão.

Uma *holding* é, para Carlos Ghosn, a aposentadoria tranquila. A tomada de terreno à qual ele aspira sem desejá-la totalmente. "Ele não queria mais trabalhar como antes. Queria manter um pé lá, porque isso o divertia. Mas já tinha trabalhado demais. Não queria mais dar tanto de si", conta um amigo tempos depois. Não se pode comer o bolo e guardar o bolo, dirão alguns. O poder supremo sem as obrigações da gestão cotidiana. Carlos Ghosn imagina entre os mais próximos "uma equipe unida, que pensaria na estratégia e na sinergia, enquanto que as diferentes fabricantes da Aliança permaneceriam autônomas". Concretamente, ele seria o presidente dessa *holding* e cada empresa teria sua própria direção. Ele encarnaria a Aliança.

Ele pensa, enfim, poder resolver a quarta parte da equação, a dimensão cultural. Seu projeto de *holding* é construído à sua imagem de cidadão do mundo: é uma estrutura de pilotagem global. Ou, como ele a descreve para um público japonês, além da globalização, "assistimos a uma tendência societal que molda a economia: é a questão da identidade e da ressurgência do nacionalismo. As duas tendências coexistem. Vejam o Brexit: o Reino Unido votou a favor de deixar a União Europeia, mas, ao mesmo tempo, os britânicos querem trabalhar com a região europeia e fazer comércio com o mundo. Essas duas tendências existem também na Nissan".[2] Assim como elas existem no seio da Losango, que Ghosn mensura como sendo uma face da história industrial francesa.

Carlos Ghosn deve compor com as identidades das empresas que ele dirige. Ele sabe disso. Mas comete um erro.

"Eu me empenhei em atingir antes do fim desse novo mandato", afirma ele. Empenhou? Junto a quem? Junto a seu conselho de administração, parece responder. Na realidade, é mais junto ao governo francês, que detém a chave de sua renovação à frente da Renault. O Estado quer a fusão, mesmo que a palavra não seja pronunciada em público. "O que é importante é que a Renault conserve sua ancoragem industrial no país e que os interesses da Renault no seio da Aliança sejam preservados", declara o presidente da República, Emmanuel Macron, no dia 13 de fevereiro. "Essa aliança deve ser gravada em mármore", insiste o ministro Bruno Le Maire. No dia 15 de fevereiro, quando tem seu mandato renovado, Carlos Ghosn está pela primeira vez

---

2. GHOSN, C. *Carlos Ghosn (1) Up in the air on New Year's*. My personal history Carlos Ghosn. Nikkei, 2017. Série autobiográfica publicada em janeiro de 2017.

em muito tempo no mesmo comprimento de onda que o Estado francês. Visto do Japão, ele oscilou. Ele não é mais aquele que defendia a Nissan contra as pretensões francesas de tomada de controle da fabricante nipônica. Ele se tornou instrumento dela.

O industrial e o governo francês possuem uma agenda em comum: é preciso atingi-la antes de 2022, antes do final do mandato de Carlos Ghosn e antes da eleição presidencial. Diante dos amigos, Ghosn faz seu *retroplanning*: ele vai precisar de dois anos para realizar a operação jurídica e financeira, três para colocá-la em funcionamento. Então é agora que é preciso avançar, negociar. Se tudo correr bem, Carlos Ghosn poderá tornar público o projeto no início de 2019, no momento em que a Renault e a Nissan celebrarem vinte anos de Aliança. Que apoteose seria! "Carlos Ghosn tinha várias discussões, se aconselhava junto a diferentes consultores, baseando-se em inúmeros esquemas. Mas estava firme quanto a uma coisa: o cronograma", contará posteriormente um gestor de fundo de participações.

Por ora, em fevereiro de 2018, é preciso primeiro tranquilizar a Nissan. A mensagem interna que ele divulga não basta. "Nada vai mudar", escreve ele. Em Yokohama, a reação é imediata. "A fusão está fora de questão", declara o diretor-geral Hiroto Saikawa a jornalistas. "Carlos Ghosn tem, de fato, desempenhado um papel fantástico, ele disse: 'Sou o único que consigo liberar os japoneses' e, no Japão, 'sou o único que consigo segurar os franceses'. Palmas para mim!", explica um amigo da Nissan, na França.

A tensão aumenta tanto mais porque Carlos Ghosn põe em funcionamento as primeiras balizas. Desde o dia 1º de

"*Indesemaranhamento*" 77

março, a Renault e a Nissan criam novas "direções convergentes". Para as funções em questão (qualidade e satisfação do cliente, pós-vendas), não haverá mais do que um dirigente para os dois grupos. "Além disso, a convergência será reforçada nas compras, na logística de produção e na engenharia", anuncia a Aliança. É o que se chama de preparar o terreno. "Em 2013, tínhamos trabalhado em um projeto de fusão, mas a Nissan o havia rejeitado, foi nesse momento que foram criadas as primeiras funções convergentes. Na falta de êxito do casamento pelo alto, era uma maneira de começar a concluir por baixo. Carlos Ghosn chamava isso de política de pequenos passos. Em março de 2018, é um passo a mais", explica um antigo funcionário da Renault.

Um passo talvez demais. No início de março de 2018, enquanto todo o setor automobilístico mundial tem encontro marcado no Salão de Genebra, as tensões da Aliança se mostram para quem quiser ver. Os boatos circulam como tantos balões de ensaio para testar as intenções e os limites de cada um. Nos corredores do salão, diz-se que a Nissan e a Renault trabalham na recompra pela primeira vez da participação do Estado no capital da segunda. A ideia não é nova, mas, a cada vez que ressurge, consegue tensionar as relações no seio do *ménage à trois* formado pela Renault, a Nissan e o Estado francês.

PRIMEIRA HUMILHAÇÃO

Março de 2002, Paris-Yokohama

Uma ligação de advogado nunca é um bom sinal. "Os advogados da Renault nos contataram para dizer que havia um problema", relata um antigo executivo da Nissan. No final de 2001, as duas fabricantes estão redesenhando os planos de sua relação. Menos de três meses após o salvamento do grupo japonês pelos franceses, a Nissan vai também entrar no capital da Renault, a um percentual de 15%. Mas existe um porém: o artigo L233-31 e o Código Comercial francês relativo ao autocontrole, do qual a Comissão das Operações da Bolsa (COB) decide fazer uma interpretação muito restritiva. Eis a má notícia dos advogados: a Nissan pode comprar 15% das ações da Renault, seu acionista de referência, mas o grupo japonês não terá direito a voto. A operação que tem vocação de simbolizar o espírito de parceria dos dois grupos não mudará nada na relação de força entre eles.

"Mesmo para um japonês que não mostra muito suas emoções, é o tipo de coisa que faz fechar a cara", explica o

Primeira humilhação 79

ex-Nissan. Um especialista da Aliança confirma: "Isso foi recebido como uma humilhação pelos japoneses". De imediato, são principalmente os acionistas da Nissan que praguejam. "A gente se ferrou com os investidores japoneses com essa história!", lembra-se um executivo do grupo. Vista do Japão, a decisão da COB significa que a fabricante paga caro pelas ações que não servem para nada. Em suma, a Nissan caiu feito um pato.

Não está errado, mas é pior ainda. Quando a Nissan comprou seus famosos 15% em março de 2002, a Renault, por seu lado, também adquiriu parte do capital da Nissan. Em 1999, a Losango tinha adquirido 38% de suas ações, mas também instrumentos financeiros — *warrants* — que lhe permitiriam aumentar, posteriormente, para 44% e a um preço fixado antecipadamente. Ora, a cotação da Nissan na Bolsa tinha explodido desde então. A Renault tinha então a possibilidade de comprar por 400 ienes ações que valem 800 ienes. O tipo de negócio que não dá para desdenhar.

Sem falar que a Renault não tinha um tostão que valha e que era preciso desembolsar 1,86 bilhão de euros. "Uma solução foi encontrada para pagar à Nissan", revela um antigo funcionário da empresa japonesa. "Nós compramos 15% da Renault. E, com o dinheiro, a Renault poderia converter seus *warrants* e subir para 44% a participação no capital da Nissan." O presidente da COB escreveu para a Renault no final de 2001 que sua decisão se justificava pelo "caráter fictício do capital criado", e talvez ele não estivesse errado.

Na época, a Nissan, dirigida por Carlos Ghosn, ainda agradecida a seu chefe e a seu acionista francês pela sua reputação fulgurante, aceita o passe de mágica. Este se inscreve em uma reorganização profunda da Aliança, que, no início de 2002, modifica então a estrutura do capital e se dota também de uma sociedade comum e de um texto que codifica a relação.

Era tempo, na verdade, de pôr um pouco de ordem em um sistema construído em 1999, na urgência criada pela situação crítica da Nissan. Era tempo, também, de organizar melhor as sinergias entre as duas fabricantes para extrair disso mais valor. A Renault e a Nissan começaram por reunir suas compras. É a maneira mais fácil de ganhar dinheiro no setor automobilístico. Setenta por cento do valor de um automóvel são constituídos de equipamentos fabricados por fornecedores. Basta padronizar para encomendar mais e fazer baixar o preço unitário. Além disso, esse trabalho com os fornecedores não necessita de quase nenhuma mudança na organização interna das fabricantes.

Porém, o Global Alliance Committee não basta mais. É mais um fórum do que qualquer outra coisa: ele reúne os principais dirigentes da Renault e da Nissan alternadamente na França e no Japão, depois cada um volta para casa e faz o que quiser... Louis Schweitzer sabe que é preciso ir mais além.

Evidentemente que a hipótese da fusão já está na mesa. "Mas a ideia de fundir as entidades operacionais parecia absurda", revela um ex-dirigente da Renault. "A Renault é francesa. Nenhum francês fala japonês. A Nissan é japonesa. Nenhum japonês fala francês, nem inglês. Francês menos do que inglês." Não, o projeto que foi estudado longamente consiste em instalar uma *holding* geral que seria proprietária das duas fabricantes. Com um grupo de acionistas comum, os interesses das duas empresas se alinham.

Primeira humilhação 81

E o problema — também! — é que a Nissan, por conta de sua saúde recobrada, teria um peso maior do que a Renault na *holding*. O cúmulo, que Louis Schweitzer chama de forma bizarra de "inversão da meia". A operação faria de uma aliança controlada pela parte francesa um conjunto controlado pela parte japonesa. Nem pensar... "Na época, quando se faziam as paridades de câmbio, dava 70/30", conta um antigo funcionário da fabricante japonesa. "Passamos horas pensando em retirar ativos do perímetro da Nissan. Mas, por mais que pudéssemos mexer nos números em todas as direções, os fatos continuavam lá". Os ex-funcionários da Renault, doravante usando crachá da Nissan, Carlos Ghosn em primeiro lugar, defendem com unhas e dentes os interesses da fabricante japonesa. As negociações com a Renault são fonte de tensão. "Estávamos ofendidos. Tínhamos suado sangue e água em Tóquio. Tínhamos ido para lá, com mulher e filhos, e éramos censurados por termos dado certo demais!", reclama um francês da Nissan.

Desistência da *holding* geral. A Renault e a Nissan optam pela construção barroca, para não dizer bastarda. Além do sistema de participações cruzadas, elas criam uma sociedade comum que instalam, como a Airbus havia feito antes delas, em terreno neutro, nos Países Baixos. A sociedade se chama RNBV, sigla para Renault Nissan BV, as duas últimas letras representando a sigla que designa uma sociedade de responsabilidade limitada no direito neerlandês. Nem bem uma *holding* geral, nem bem uma filial, mas um objeto híbrido que ninguém imagina na época o quanto vai suscitar comentários.

A Aliança, essa parelha estranha, tem, enfim, um posto de pilotagem. Mas quanta engenharia jurídica e financeira será preciso para construí-la! A Renault e a Nissan não se fundem, mas confiam à RNBV determinados poderes diretos por um período de dez anos, renovável. "Os poderes delegados são a adoção de planos de três, cinco, dez anos, a validação dos planos produzidos, os princípios da política financeira, a gestão das filiais comuns." Determinados acionistas minoritários da Renault denunciam imediatamente esse esquema, que retira do conselho de administração uma parte de suas prerrogativas em prol de uma sociedade não controlada. Para que isso seja legalmente possível, é preciso até mudar o *status* das duas fabricantes. Na França, a Renault se torna assim uma sociedade por ações simplificada.

O foguete conta com um segundo andar ainda mais discreto: uma fundação de direito neerlandês cuja vocação é ser a pílula envenenada da estrutura. Mal valorizada na Bolsa, a Renault vive na verdade sob a ameaça permanente de se tornar alvo de um assaltante que apostasse em comprar a Nissan, pelo menos 44% da Nissan, por três vezes nada, atacando a Losango. Nessa hipótese, a fundação, titular de uma ação RNBV, teria o poder de assumir o controle total da sociedade e de tornar a tática do agressor inoperante.

O terceiro andar é um texto. O *Rama*, sigla para *Restated Alliance Master Agreement* é o contrato padrão da Aliança, as tábuas da lei. A Renault e a Nissan gravam no mármore o que cada uma pode ou não fazer. Por exemplo, nem pensar que um grupo tente assumir o controle do outro nem que o Estado francês eleve o nível de sua participação. Nem pensar tampouco que a Renault confunda sua posição de acionista de referência com o controle da Nissan. Os franceses, que amam o legalismo, têm este texto fundador em grande conta. Os japoneses muito menos. "O Japão não é uma cultura do escrito. O que conta é a palavra dada", explica um antigo funcionário da Aliança. A Nissan leva em conta a palavra do Estado francês que, na primavera de 2002, desce um degrau no capital da Renault. Ela possui mais de 25% do capital e promete reduzir para 15% em um falso pé de igualdade com a Nissan que é privada de seus direitos de voto. E conta com a Renault e com os compromissos de Louis Schweitzer. Ele acredita enfim em Carlos Ghosn, que o veterano da Nissan, Toshiyuki Shiga, descreverá mais tarde como "uma parede, um empecilho",[1] entre a Nissan e as ambições francesas.

E é verdade que, na época, Ghosn defendia a empresa japonesa e, com ela, sua própria cidadela. "A implantação dessa estrutura foi muito mais difícil do que eu imaginava", revelará *a posteriori* Louis Schweitzer. Um antigo funcionário da Aliança se recorda da última reunião de bloqueio dos acordos de 2002. Excepcionalmente, a reunião se inicia com mais de 45 minutos de atraso. "Em uma sala ao lado, Schweitzer e Ghosn discutiam!", brinca ele. Apesar do histórico do grupo, que está na origem do salvamento de uma empresa japonesa por uma empresa francesa, a Aliança versão 2002 é essencialmente concebida como um acordo entre iguais.

Com um detalhe, fundamental, na realidade. O conselho da RNBV é paritário: ele é constituído pelos diretores-presidentes da Renault e da Nissan e de três de seus diretores. E é presidido pelo diretor-presidente da Renault, ocupando

---

1. *Asahi Shimbun*, 18 de julho de 2019.

o da Nissan a vice-presidência. Sobretudo, uma simples frase nos estatutos da RNBV muda muito as coisas: "No caso de divisão dos votos, o presidente tem voto preponderante". Nem Schweitzer nem Ghosn nunca lançaram mão desse poder particular e todas as decisões da RNBV foram tomadas por consenso ou não foram tomadas. Mas esse voto de minerva dormente no fundo do conselho de uma obscura sociedade neerlandesa é o símbolo de uma hierarquia. Ele dá à Renault o poder decisório em última instância. Anos mais tarde, a Nissan fará de tudo para pôr fim a isso.

Não estamos nesse ponto no dia 29 de maio de 2002, quando a RNBV realiza sua primeira reunião. Louis Schweitzer e Carlos Ghosn, cada um acompanhado de três de seus assistentes, se sentam pela primeira vez em volta de uma mesa na sala de reuniões da sociedade. Ela se instalou a poucos quilômetros do aeroporto internacional de Schiphol, em um pequeno prédio baixo e sem charme. A estrutura é minimalista: "A RNBV não tem empregados assalariados. A estrutura tem custos baixos: uma moça na recepção que só vem quando tem reunião — ela trabalha em outro lugar no resto do tempo —, um faz-tudo para trocar lâmpadas e ligar o aquecimento, um cozinheiro que tinha uma pequena cozinha e vinha com os pratos para reaquecer na hora. São escritórios de passagem e duas salas de reunião. E é isso", conta um ex-funcionário da Aliança. "É um lugar para troca de ideias. Não tem salas privativas!"

No entanto, em Paris e em Yokohama, muitos vão, aos poucos, aprender a detestar Amsterdã. Na França, a pequena sociedade é com frequência descrita — principalmente pelos acionistas minoritários que se fazem ouvir a cada assembleia

Primeira humilhação 85

ordinária — como uma caixa preta. Nenhum ativo foi, contudo, atribuído à sociedade, o que limita as apostas financeiras. Mas essa pessoa jurídica detida em paridade não parece ser na verdade controlada nem por uma nem por outra de suas acionistas. Um antigo administrador da Renault confirma: "Não se sabia grande coisa de suas atividades". Um outro demonstra ingenuidade: "O *business model* era inédito. Os poderes de um conselho de administração são teoricamente muito extensos, mas lá havia uma situação verdadeiramente especial. A RNBV era uma filial que a gente não controlava. A gente cuidava da Renault, era assim...".

A direção da Losango sempre afastou essas críticas. RNBV? Um fórum de trocas, uma estrutura de pilotagem que se baseia na coerência das decisões estratégicas das duas parceiras da Aliança. Nem mais, nem menos. Desde 2005, contudo, desde que Carlos Ghosn se tornou diretor--presidente das duas fabricantes e detém como tal dois votos no conselho da RNBV, a opacidade parece estar se agravando. Os bons conhecedores da Aliança e os detratores mais determinados do duplo diretor-presidente perceberam que a RNBV tem vocação, entre outras missões, para decidir "dispositivos que permitam a motivação dos dirigentes da Renault-Nissan e filiais comuns, que se apoiariam especificamente na criação de valor resultante das sinergias entre os dois grupos". Ghosn inventou na RNBV um sistema suplementar de remuneração que dependeria da capacidade da Renault e da Nissan de fazer frutificar alianças, gerar sinergias? Seria plausível, levando-se em conta o sistema de pensamento de Carlos Ghosn, e clássico em termos de gestão: qual melhor maneira de alinhar os interesses de todas as partes do que recompensar o trabalho comum? "Estava previsto atribuir opções em ações para lhes interessar no sucesso da Aliança", confirma um indivíduo próximo do caso. Um sistema desse tipo jamais será posto em funcionamento. Em junho de 2017, a agência Reuters revelou um documento de trabalho engendrado pelo banco de investimentos Ardea Partners, que descreve a implantação de um sistema de remuneração desse tipo. Carlos Ghosn, diante de seus acionistas, teria ocultado a informação de má-fé e a teria relegado à categoria de documento comercial como muitas outras sociedades de conselho são capazes de redigir. Na realidade, só um motivo pelo qual nem Carlos Ghosn nem os outros membros do conselho da RNBV nunca foram pagos: a transparência. Se a RNBV tivesse pagado Ghosn, a Renault teria tido que declará-lo em seu relatório anual. Polêmica garantida!

A regra conta com uma exceção. Entre 2013 e 2016, Mouna Sepehri, diretora indicada à presidência da Renault, recebe um total de 500 mil euros da RNBV. Essa remuneração, que uma pessoa próxima do caso atribui ao trabalho de "consultoria" prestado a projetos de fusão em 2013 e na questão de direitos de voto duplo em 2015, não tinha que ter sido declarado já que Mouna Sepehri não era representante legal nem administradora da Renault. O conselho de administração da Renault, diante do qual ela havia se submetido em relação a projetos de integração, teria validado em outubro de 2012 sua implicação em nível de RNBV. Mas o caráter confidencial do "prêmio de desempenho" que Carlos Ghosn lhe atribuirá, incluindo em relação a outros executivos dirigentes da Aliança, terá dificuldade em ser aceito.

Primeira humilhação

Na Nissan, Amsterdã também não cheira à santidade. "Basta olhar para o mapa-múndi para ver que há um problema", sorri um banqueiro. A distância contribui para um afastamento do grupo japonês do centro nevrálgico da Aliança. Sobretudo, a confusão crescente entre esta última e a pequena sociedade neerlandesa transforma aos poucos a RNBV no inconsciente coletivo, principalmente à medida que a criação de instruções convergentes vai tentar dar corpo à integração da Renault com a Nissan. A RNBV não é mais um fórum de troca de ideias. Ela é o embrião de uma fusão.

ORGULHO JAPONÊS

9 de abril de 2018, Paris

Uma correspondência incomum aterrissou na mesa de Pascal Faure, diretor-geral das empresas no Ministério da Economia. A carta, datada de 9 de abril de 2018, está assinada por Akihiro Tada, diretor-geral do METI, o Ministério da Economia, Comércio e Indústria japonês. Nada de surpreendente que os dois homens, praticamente homólogos, conversem. Porém, Akihiro Tada dessa vez vem averiguar com Pascal Faure sobre um assunto bem específico: a Aliança Renault-Nissan. O METI se inquieta com os boatos de fusão que correm.

"Olha lá...", pensa-se em Bercy, "o METI se revelando...". Faz alguns anos que o governo francês tenta estabelecer um diálogo com o governo japonês sobre o assunto Renault-Nissan. Mas, a cada vez, os franceses obtêm, na melhor das hipóteses, uma resposta tão educada quanto vazia e, na pior, uma porta fechada. Em Tóquio, todo mundo lhes diz: "O governo japonês não intervém nos negócios de empresas privadas". Em Paris também, aliás, diz-se isso

Orgulho japonês 89

com frequência. Mas todos sabem que isso não é verdade. No Japão, também não é verdade. É só que as coisas são feitas de forma diferente. O arquipélago é, junto com a França, o outro país da política industrial. Um Estado no qual a intervenção do poder público na orientação da economia de mercado é assumida. O METI, quando ainda se chamava MITI (*Ministry of Industrial Trade and Industry*), conheceu seus dias de glória da reconstrução do pós-guerra à crise dos anos 1990. Foi ele que, por força de deduções fiscais, de barreiras alfandegárias e de circulares administrativas compartilhadas com as empresas, orientou o desenvolvimento da economia japonesa, estimulou a inovação, impulsionou os setores industriais para a concentração. Ele pode legitimamente reivindicar uma parcela do sucesso, em especial no setor de eletrônicos, que fez do país uma grande potência exportadora.

Bercy acredita se reconhecer nesse METI. Ele é sua imagem na ambiguidade perpétua das relações entre o Estado e as empresas. Mas o fosso cultural é imenso. A França é um país político onde nenhum problema não seria corretamente solucionado se sua conclusão não fosse formulada na sala do ministro, do primeiro-ministro, e até mesmo do presidente da República. O Japão é uma burocracia, onde os escritórios obscuros da administração às vezes são mais importantes do que os locais mais oficiais. Nos dois países, o vínculo entre o mundo público e o das empresas é garantido pelos homens: começa-se a carreira como funcionário, mas sua continuidade se dá na empresa. Mas se na França teme--se que essas transferências permitam a contaminação do

Estado pelos interesses privados, no Japão elas facilitam a transmissão do sentido do interesse nacional nas empresas.

"Em todos os conselhos de administração dos grandes grupos japoneses, o METI está lá", observa um gestor de fundo de participações. "Ele está oficiosamente presente por meio de seus administradores que trabalharam lá." É mais sutil, mais tácito e menos oneroso que a via francesa do Estado acionista, e pelo menos tão eficaz. "O Estado japonês...? É o '*deep Japan*'",[1] explica inocentemente um executivo não japonês da Nissan que admite não conhecer e menos ainda compreender esse aspecto da vida da sua empresa.

Duas culturas do intervencionismo. No entanto, Bercy e o METI têm dificuldade para se entender. E o Ministério da Economia francês pena para encontrar a porta certa para bater a fim de discutir o problema Renault-Nissan.

Nesse 9 de abril de 2018, a correspondência assinada por Tada não é anedótica. É o METI que se manifesta. E é um mau sinal. É um péssimo sinal... O Japão acaba de lançar a contraofensiva em reação aos projetos de fusão entre a Renault e a Nissan que começam a pipocar na imprensa internacional.

O mundo do setor automobilístico especula em cada uma de suas missas solenes sobre os projetos de Carlos Ghosn. Aliás, Bercy também se inquieta. É verdade que o CEO da Renault e da Nissan se empenhou em realizar a operação com sucesso no âmbito de seu novo mandato. Mas os boatos são perturbadores. Fala-se muito em retirar o Estado francês do capital da Renault para consolidar efe-

---

1. O Japão profundo, inacessível.

tivamente a Aliança. E a ideia de uma estrutura sob a forma de fundação volta com insistência. Essa fundação, que poderia, por exemplo, estar localizada nos Países Baixos, retomaria os poderes atribuídos às participações cruzadas entre as três fabricantes. É uma maneira imaginativa de contornar o obstáculo da fusão total que a Nissan não deseja? Muitos, até mesmo no seio do Estado francês, veem aí outro aspecto: um estratagema imaginado por Carlos Ghosn para "perpetuar essa situação tão confortável para ele, em que não teria que prestar contas a ninguém", como supõe um protagonista, um meio de se criar uma fortaleza ainda mais inexpugnável, ainda mais opaca e ainda mais lucrativa para ele...

Martin Vial, na Agência de Participações do Estado (APE), insiste então e envia um memorando a Mouna Sepehri, na Renault, igualmente em relação à Nissan. Em relação aos dois grupos, ele insiste nos benefícios de uma fusão, qualquer que seja sua forma específica. O chefe do Estado acionista está convencido do interesse financeiro de uma operação, que permitiria reduzir a minoração do ativo da *holding* da qual sofre a ação da Renault e que daria mais consistência às enormes sinergias — 10 bilhões de euros até 2022 — que Carlos Ghosn anunciou no outono anterior e nas quais o mercado tem dificuldade em acreditar. Porém, Martin Vial ressalta sobretudo o que está em jogo em termos administrativos e industriais. "Não seria necessário que a Aliança desaparecesse com a geração Ghosn-Saikawa. A cooperação estava em vias de atingir seus limites no plano operacional. Porque o funcionamento de consenso é complicado. As equipes do Technocentre da Renault consideram que são melhores do que as dos centros de pesquisa da Nissan e vice-versa", ressalta uma pessoa próxima ao caso. O que um antigo funcionário da Renault resume cruamente: "Cada peça comum, cada plataforma em comum, cada tecnologia partilhada, era um caos inominável!". "A realidade é que a Aliança conseguiu, apesar de tudo, avançar porque Ghosn decidia. O consenso era ele! Mas, para ir mais longe, para fazer face ao que estava em jogo no carro elétrico ou autônomo, era preciso que uma equipe fosse selecionada, que ela assumisse a liderança para o conjunto da Aliança. Quem faria essa escolha, depois de Carlos Ghosn? Era preciso uma linha decisória única", analisa uma fonte próxima do processo. "Para Martin Vial, a fusão era a tradução capitalista desse problema administrativo e industrial."

Porém, essa fusão, o Japão não quer. Está longe o tempo em que Carlos Ghosn podia dizer: "uma única regra: chega de vacas sagradas, chega de tabus",[2] como ele afirmou no dia de sua famosa coletiva de imprensa em outubro de 1999. O Japão de 2018, ao contrário, é bem apegado a suas vacas sagradas. O arquipélago conhece um despertar nacionalista cada vez mais patente. Shinzō Abe, primeiro-ministro e chefe do partido majoritário, o PLD, foi eleito em 2011 em um programa de revitalização econômica, as famosas flechas dos *Abenomics*. No outono de 2017, ele se reelege com base em temas muito mais políticos. O conservador Shinzō Abe quer retecer os fios do Japão com sua história, rompidos após a derrota de 1945. Ele quer virar a página

---

2. Tim Larimer, "Japan, Nissan, and the Ghosn Revolution", *Chazen Web Journal of International Business*, 2003.

Orgulho japonês

do pós-guerra e reatar com a mística identitária nacional. O que passa por dois símbolos fortes, marcadores do debate político no arquipélago: visitas de santuários como o de Yasukuni que honra os mortos pela pátria, inclusive quando alguns desses combatentes foram declarados culpados de crimes de guerra contra os chineses e os coreanos, e a revisão da Constituição herdada da ocupação americana e do general MacArthur — Shinzō Abe quer revisar seu artigo 9º, que proíbe o Japão de recorrer à guerra.

A reação identitária encarnada por Shinzō Abe reflete um movimento mais profundo na sociedade japonesa. A organização de direita entre confraria e lobby conservador Nippon Kaigi, ou *Conferência do Japão*, ganhou assim em influência nos últimos vinte anos. Abe aderiu a ela desde a sua criação, em 1977. Seus companheiros próximos são também pilares, a começar por seu braço direito Yoshihide Suga, o secretário-geral do governo, e Hiroshige Sekō, eterno ministro da Economia, portanto, presidente do METI. "Até mesmo Shinzō Abe pode ser pressionado pela direita. No METI, existe uma facção muito mais nacionalista do que ele", define um bom conhecedor dos arcanos do poder japonês.

A tentação independentista da Nissan, em 2018, dezenove anos após ser salva pela Renault, faz eco ao desejo identitário de todo o país. "Vejam de uma perspectiva do alto: Carlos Ghosn salvou a Nissan, mas o que ele fez pelo Japão? O que significa para o Japão seu projeto, que é de essência global?", diz um indivíduo próximo do ex-CEO.

De fato, em 2017, Ghosn faz um balanço lisonjeiro de sua atuação na Nissan, mas à altitude de Gulfstream: "Tivemos que fechar cinco fábricas, mas reabrimos quinze desde então. Suprimimos 20 mil empregos em 150 mil aproximadamente, mas nossos efetivos são atualmente o dobro do que eram. A Nissan tinha 20 bilhões de dólares de dívidas, agora tem 5,5 bilhões de dólares de *cash*". Apesar de Ghosn com frequência render homenagens à cultura japonesa, ele é antes de tudo um homem da globalização. "O sucesso da Aliança reside em nossa capacidade de explorar o potencial de nossa diversidade cultural. [...] Na Nissan, vinte dos 52 diretores vêm de fora e representam dez nacionalidades. A metade dos dez membros da diretoria não é de japoneses. [...] Se você olhar o setor automobilístico, há 90 milhões de carros vendidos a cada ano, dos quais 5% apenas são carros japoneses vendidos no Japão. A Nissan opera em 160 países." O Japão de 2018 pode se contentar em ser um ponto, até mesmo de ancoragem, no mapa das atividades da Nissan?

"No Japão, a empresa existe no sentido econômico do termo. Mas não no sentido antropológico. A única estrutura que o Japão conhece desde suas origens é a estrutura dos clãs, dominada pelos guerreiros, os *bushi*. No final do século XIX, o Japão se modernizou e importou o modelo de empresa britânica, referência na época. Mas a relação dos homens com a organização não mudou. Consequência: a empresa é um sistema de vida, de sociedade, de pertencimento que lhe dá valor", explica um especialista.

E, nesse sistema de vida que é a empresa japonesa, os guerreiros modernos são os engenheiros. "Se você tirar a engenharia da Nissan, vai decapitar o clã", insiste um fino conhecedor do assunto. Vista por esse ângulo, a decisão anunciada em março de 2018 de criar direções convergentes entre a Renault e a Nissan, inclusive para engenharia, não era apenas uma baliza lógica antes da fusão. "Era uma declaração de guerra", afirma um bom conhecedor da Aliança. Aliás, um veterano do grupo revela: "Eu tinha prevenido Carlos Ghosn:

— Note que, nas cinco direções convergentes, poucas são dirigidas por japoneses.

— Eu escolhi os melhores. — respondia ele.

Ele tinha horror de ficar 'contando' nacionalidades. Mas tem gente na Nissan, principalmente Sakamoto, na engenharia, para quem a Aliança ou o fato de que Carlos Ghosn seja seu diretor-geral constituía um problema. O comércio, as finanças, sim, havia responsáveis estrangeiros. O *shadow management* em nível internacional, que colocava um duplo japonês para todos os gerentes das grandes regiões, foi suprimido sob a direção de Carlos Ghosn. Mas o âmago da Nissan, a engenharia, a mecânica, as fábricas, em grande parte escapou à Aliança. Esse mundo é o que lhes restava de poder".

Não surpreende que a Nissan tenha se armado desde então. No final de março de 2018, a temporada das cerejeiras em flor começou um pouco mais cedo do que o normal no Japão, mas não transformou o humor dos executivos da fabricante para uma visão mais poética. Fazer com que o METI interviesse na discussão que estabelecia com a Renault faz parte do arsenal que a empresa japonesa pode exibir para neutralizar sua parceira, simultaneamente ao argumento da ingerência do Estado Francês. O governo japonês não se contentou em fazer Akihiro Tada ocupar a posição no front. No final de abril de 2018, ele tenciona também fazer intervir o ministro Hiroshige Sekō pessoalmente. Em maio, até divulga entre os protagonistas da Aliança um projeto de protocolo de acordo entre os dois governos: um *Memorandum of Understanding* ou MOU. O texto, que torna a Aliança Renault-Nissan o reflexo "da confiança mútua entre os dois países" e "um dos primeiros símbolos da cooperação industrial franco-japonesa", exige que "se o governo francês for trazido, enquanto acionista, para fazer propostas específicas, o governo japonês deverá ser informado disso". O protocolo insiste também no fato de que "acima de tudo, a Nissan está livre para tomar suas próprias decisões". Os acordos de 2015 talvez não sejam suficientes: "As opiniões com vistas a reforçar a Aliança que são expressadas por administradores da Renault [...] representam exclusivamente a opinião da Renault e não devem jamais afetar o livre arbítrio da Nissan e de seu conselho de administração".

Como sempre, o texto desse projeto de MOU desliza para a figura de Carlos Ghosn, presente como um elefante dentro da sala, como dizem os anglo-saxões. O problema é, ao mesmo tempo, evidente e enorme, mas ninguém faz menção direta a ele.

Carlos Ghosn tenta, na realidade, puxar os fios dessa negociação, a fim de fazer convergir as diferentes partes para o esquema de *holding* que lhe parece o mais natural. "Uma *holding* com uma só ação, na direção das três fabricantes que conservarão sua autonomia desde que tenham bom desempenho." É o mantra que, há meses, ele repete aos seus colaboradores mais próximos. Um projeto que suscita resistências das quais algumas jogam com a ambiguidade da palavra *fusão*, com frequência utilizada na mídia e

Orgulho japonês

nas conversas em uma ampla gama de sentidos na Nissan e no Japão. Na concepção de Ghosn, a Renault, a Nissan e a Mitsubishi continuarão sociedades distintas, à frente de suas marcas — entre as quais Avtovaz, Dacia, Datsun, Infiniti — e com administração própria.

Fazer deslanchar esse projeto de *Top Company*, ou "TopCo", como diz o pessoal do mercado financeiro, supõe ultrapassar muitos obstáculos. É tudo isso que está em jogo nas discussões na primavera de 2018. Carlos Ghosn não se mete no corpo a corpo. Ele deixa Mouna Sepehri na linha de frente da Renault e Hari Nada, na Nissan. Dois juristas, dois fiéis, dois espíritos brilhantes, um tão determinado quanto o outro a defender os interesses de suas respectivas empresas, rivais na busca da obtenção das divisas oficiais de braço direito de Carlos Ghosn, as quais eles deveriam saber que este último jamais lhes concederá. Um e outro são *supersecretários gerais*, que tratam dos assuntos mais sensíveis e mais confidenciais, ligados à presidência de cada fabricante e, portanto, a Ghosn. Na Renault, Mouna Sepehri tem o título de diretora associada à presidência; na Nissan, Hari Nada é, desde abril de 2014, o chefe de gabinete do CEO, onde trabalha desde 1990. Um e outro poderiam se entender. Essa proximidade com o burocrata atrai, tanto para um quanto para outro, o ódio de muitos de seus colegas em suas respectivas empresas e mais ainda na do outro. Mouna Sepehri é quase sempre descrita como o *GD, Ghosn disse*, chefona, sem falar nas alusões sexistas. Hari Nada é descrito como mais vaselina do que dedicado, um manipulador.

No dia 23 de abril de 2018, Sepehri e Nada se encontram no escritório de Martin Vial. Uma reunião que se segue ao memorando redigido pelo diretor da APE, que espera que os conselhos de administração da Renault e da Nissan assumam em breve uma posição comum sobre seu futuro compartilhado. O homem da Nissan resiste, a cada centímetro. O memorando? Simplista, diz ele. A fusão? A Nissan preferia o *status quo*. Mais uma vez, a fabricante japonesa faz valer seu esquema ideal: o reequilíbrio das participações, que lhe dará direitos de voto na Renault. Isso seria, responde Vial, "um sacrifício muito grande para a Renault" se, ao mesmo tempo, a direção rumo à fusão não for tomada. A reunião é estéril.

Hari Nada relata isso no mesmo dia a Carlos Ghosn, em um longo e-mail, em que Mouna Sepehri e Hiroto Saikawa estão copiados. Nessa mensagem, não há nada que sugira que a posição expressada por Hari Nada em Paris seja diferente da que Carlos Ghosn desejaria que ele defendesse. O presidente da Aliança, de tanto querer deixar que uma negociação da qual ele conhecia o ponto de chegada se desenvolvesse, acaba por deixar a *holding* em plena esquizofrenia.

De resto, ele consente — e, tudo leva a crer, aprova — ao que a Nissan pede ao governo japonês. Isso contribuirá para deixar o Estado francês à distância e isso só resta a Ghosn apreciar. "Como vocês sabem, pedimos ao METI para se juntar a nós para apoiar a Nissan e tentar frear o Estado francês e a APE toda vez que for necessário", escreve, no dia 21 de maio de 2018, às 14h18, Hitoshi Kawaguchi para Carlos Ghosn. Kawaguchi é a parte da relação entre a Nissan e as autoridades japonesas. Admitido na empresa em 1976, foi diretor de recursos humanos até que Carlos Ghosn o substituísse pelo americano Greg Kelly. "Não fazia o que

Orgulho japonês

tinha que fazer. O RH era uma catástrofe", afirma um antigo funcionário da Aliança. Segundo outra fonte, Kawaguchi resistia a aplicar uma reforma desejada por Ghosn: o tradicional recrutamento de primavera dos jovens japoneses recém-formados nas universidades. Para o CEO, a Nissan, nesse ano de 2009, em que o mundo está mergulhado na tempestade da crise provocada pela falência do Lehman Brothers, não tem recursos para contratar. Nesse momento de austeridade, um americano estará em melhor posição do que um japonês para chefiar a pasta dos recursos humanos. Em uma empresa japonesa, contudo, os altos executivos raramente saem de suas funções, inclusive quando são considerados inaptos. Todos se lembram do antigo diretor de compras da Nissan, Itaru Koeda, que não tinha mais cargo, mas ainda mantinha um escritório que seus antigos colaboradores continuavam a frequentar. Idem para o ex-diretor de engenharia Nobuo Okubo que, segundo dizem, continuava a organizar toda manhã às 7h30 uma reunião em sua sala do centro de pesquisa de Atsugi. A resiliência do *deep Japan* na Nissan, apesar da Aliança e apesar de Carlos Ghosn, reside também na persistência desses velhos reflexos e dessas hierarquias paralelas.

Hitoshi Kawaguchi foi transferido para o setor de negócios públicos. "O olho de Moscou, isto é, o olho do METI, era ele", afirma uma fonte próxima do caso. Ghosn o usa para manipular o governo japonês. A menos que seja o governo japonês e Kawaguchi que, doravante, manipulem Ghosn. Em maio de 2018, Kawaguchi parece controlar a situação. Ao constatar na sua mensagem a Carlos Ghosn, na qual Hiroto Saikawa está também copiado, que o "projeto do MOU, redigido pelo METI, vai um pouco longe demais", ele consegue enterrá-lo. O diretor-geral da Nissan aprova. "Abe-san e Suga-san foram muito discretos, menos loquazes, mas com um apoio muito sólido", responde no dia 22 de maio Hiroto Saikawa, que sugere encontrar "um meio hábil para pedir posteriormente o apoio de Suga para melhor controlar o METI e evitar que ele não passe dos limites". Ele reapresenta o assunto à pré-sessão parlamentar. O da negociação referente à Aliança também é reapresentado mais tarde a Hiroto Saikawa. "Não é para daí a um ou dois meses (e, portanto, para o mês de junho)", escreve no dia 28 de abril, sugerindo uma análise ao conselho de administração "em julho ou depois do verão".

Carlos Ghosn deixa rolar. Ele acha, ele que é chamado às vezes de *Ghosn-sensei (Mestre Ghosn)*, que acabará por impor seu ritmo a essa negociação.

Ele será o deus *ex machina*, mais uma vez. Uma última vez.

O GOLPE DE MACRON

7 de abril de 2015, Paris

Dominique Thormann perambula tranquilamente com uma taça na mão pelos corredores de um vernissage em Paris. Quando seu telefone toca e aparece na tela o nome de Carlos Ghosn, ele diz que é mau sinal. São 21h. Ora, Carlos Ghosn pode até ser um chefe autoritário, mas não costuma ultrapassar as regras de telefonemas fora do horário de trabalho. "Você está sentado?", pergunta o CEO ao diretor financeiro da Renault. Thormann se afasta do público. Do outro lado da linha, Carlos Ghosn está furioso. Ele acaba de desligar de uma ligação com Emmanuel Macron. Uma ligação que veio sendo anunciada: duas vezes, durante o fim de semana em Nova York, Carlos Ghosn foi prevenido de que o jovem ministro da Economia iria ligar para ele, duas vezes este último não acha tempo para fazê-lo. Quando a conversa por fim acontece, nessa terça-feira de noite, ela dura apenas alguns minutos. Emmanuel Macron está no Senado e acaba de começar o exame da *sua* lei e, como na assembleia no início do ano, faz questão de participar de todos os debates. A ligação para o CEO da Renault foi encaixada durante uma interrupção de sessão, às 20h15. O ministro deixou Ghosn embasbacado. Os dois homens haviam tomado um café da manhã juntos algumas semanas antes, mas o CEO não previu o problema. No dia 8 de abril, Emmanuel Macron anuncia que o Estado decidiu aumentar a participação no capital da Renault, do qual já detém 15%. Ele nem determina quantas ações a mais foram compradas! "Como assim, eles compraram ações? Eles estão nacionalizando a empresa ou o quê?", diz um executivo da Losango com um sorriso amarelo. No dia seguinte, a Agência de Participações do Estado, o departamento de Bercy que encarna o Estado acionista, divulga a notícia: a participação do Estado na Renault é doravante de 19,73%.

O governo investe 1,2 bilhão de euros no negócio, sem contar os custos não divulgados que a Renault estima em cerca de 79 milhões de euros.[1] Seu objetivo: obrigar a Renault a se submeter à lei Florange, votada um ano antes. O texto que o predecessor de Emmanuel Macron, Arnaud Montebourg, apresentara impõe às sociedades anônimas adotarem um regime de direitos de voto duplo para seus acionistas de longa data. É um meio, espera-se, de estabilizar o capital dos grupos franceses que têm uma tendência deplorável nesse momento de se fazerem engolir pelos concorrentes estrangeiros. Mas a Renault, devido à Aliança com a Nissan, é um caso especial. Adotar direitos de voto duplo, como pleiteia o departamento, desequilibraria a rela-

---
1. Resposta ao relatório do Tribunal de Contas sobre o Estado acionista, janeiro de 2017.

ção de força entre os dois acionistas em 15%: o Estado, que ficaria com o benefício, e a Nissan, que não tem o direito de voto nenhum.

Como autoriza a lei Florange, a Losango decidiu propor para votação de seus acionistas uma resolução para permanecer no regime de direitos de voto simples. "Obviamente, eles não tinham captado nossos sinais de alerta. Estávamos determinados a fazer com que a lei Florange fosse aplicada nas empresas das quais o Estado fosse acionista, inclusive a Renault, é claro", explica um antigo funcionário de Bercy. A surpresa na Renault é total. E o microcosmo parisiense dos negócios continua estupefato a esse respeito. O Estado acaba de dar um golpe na Bolsa! Vê-se a mão de Emmanuel Macron, gestor de fundos de participação no Rothschild até 2012. Na sede da Losango, ele é lembrado como aquele que vinha fazer *pitch* de vendas com seu mentor no banco, François Henrot. Na verdade, a operação foi elaborada pelas equipes da APE dirigidas por Régis Turrini, às quais o ministro dera sinal verde na semana anterior, paralelamente ao jantar que reúne todo ano os figurões de Bercy e os dirigentes de empresas das quais o Estado é acionista.

O movimento é bem ousado e até mesmo chocante, dirão alguns. Foi o Deutsche Bank que se responsabilizou por encontrar no mercado o pacote de catorze milhões de ações da Renault que o Estado queria. A transação veio associada a um sistema complexo de opções. Bercy se recusa a dizer com todas as palavras, mas a operação se assemelha muito às que os fundos mais especulativos gostam de fazer, os empréstimos de títulos. Em termos gerais, o Estado reserva a um preço forte uma parte do capital para poder ganhar em assembleia geral e voltar em seguida à sua participação inicial de 15%. O Estado só revenderá as ações no outono de 2017, oficialmente sem perdas, mas sem levar em conta os custos da transação. E executa sua manobra menos de três semanas antes da assembleia geral do grupo, em violação à toda praxe.

Aos 37 anos, há menos de oito meses no cargo de ministro da Economia, Emmanuel Macron entra nesse 8 de abril de 2015 em queda de braço com Carlos Ghosn. Macron confronta o pesadelo de Bercy, o que lhe angariará pontos na cena política na qual ninguém suspeita até onde sua ambição lhe faz se projetar. Tem o apoio do presidente da República, François Hollande, que é todo elogios a ele, e também o do primeiro-ministro, Manuel Valls, que já começa a se irritar com a popularidade midiática do jovem ministro. Ele dispõe da expertise de seu chefe de gabinete Alexis Kohler, que ele escolheu há oito meses prejudicando o secretário-geral do Eliseu Jean-Pierre Jouyet, que teria preferido que ele fosse pescar no aquário da Inspeção das Finanças. Kohler, formado pela Escola Nacional de Administração, mas "simples" administrador civil, conhece o caso Renault como a palma de sua mão: ele passou pela APE e até foi administrador do grupo automobilístico durante dois anos — de 2010 a 2012 —, durante os quais Ghosn teve que ignorar solenemente o novo funcionário há pouco quadragenário. Outro antigo representante do Estado no conselho da Renault testemunha: "Esse conselho de administração era horrível. Nós éramos dois de Bercy no meio de uma assembleia de dezoito pessoas essencialmente hostis". Em volta da mesa, havia alguns grandes figurões do capitalismo francês como Philippe Lagayette, ex-presidente do Banco da França e depois diretor-presidente do banco JPMorgan na França; Marc Ladreit de Lacharrière, presidente fundador da Fimalac; Franck Riboud, da Danone; Patrick Thomas, da Hermès, todos leais a Ghosn, "na sua mão", segundo os termos de um bom conhecedor do caso. Os trabalhos são dirigidos por Mouna Sepehri e, em volta da mesa, Carlos Ghosn atua como *Presidente*. Os debates se reduzem à sua expressão mais simples. "Como em todos os conselhos de grupos franceses em que os representantes do sindicato têm assento à mesa, o debate, o verdadeiro, tinha ocorrido em reuniões mais privadas e informais", como observa um antigo administrador.

Ghosn e Bercy, é uma velha história de ódio recíproco que parece resistir ao tempo e às incessantes atribuições de poder desse ministério. O CEO da Renault desconfia do Estado que, segundo ele, desde 2005 não para de lhe dar lições de especialista e de moral sobre sua remuneração. Ele digere mal a convocação em 2010 ao Palácio do Eliseu, para ver seu projeto de fabricação do Clio na Turquia ser censurado por Nicolas Sarkozy. Ele detestou as sessões no gabinete do ministro da Indústria da época, sessões que ele conta, anos mais tarde, de uma forma ao mesmo tempo hilária e desdenhosa, com os olhos arregalados e as duas mãos marcando o compasso no peito: "A mim! A mim, Christian Estrosi vai explicar como se fabricam carros! Estrosi! A mim!".

Com Emmanuel Macron, no entanto, as coisas teriam sido diferentes. "A primeira vez que foi ao Palácio do Eliseu após a eleição de François Hollande em 2012, Carlos Ghosn saiu encantado. Ele gostou do encontro com Pierre-

-René Lemas, secretário-geral e seu assistente, Emmanuel Macron. Segundo ele, tinha "encontrado pessoas que conheciam do assunto e não se contentavam em ler fichas", lembra-se um antigo executivo da Renault. No dia 30 de abril de 2015, Macron passa à segunda fase de seu plano. Na assembleia geral da Renault, com a ajuda de alguns outros acionistas públicos ou ligados como a *Caisse de Dépôts*, ele por pouco impede a adoção da resolução que propõe o retorno dos direitos de voto simples. Em dois anos, o Estado terá seus direitos de voto duplicados e, de fato, uma minoria de bloqueio. Ele desafia Carlos Ghosn. "Macron quis ganhar de forma regular, pôr em votação e recusou as soluções de compromisso propostas pela Renault", chia uma pessoa próxima do caso.

Em Bercy, os homens de Macron mantêm uma atitude firme. "Os direitos de voto duplo são uma questão de princípio. Isso foi dito no conselho de administração desde o mês de dezembro", disse uma pessoa próxima do ministro. Para Alexis Kohler, é "o cúmulo que o Estado, acionista da Renault desde 1945, que esteve presente em todos os momentos difíceis, conteste a minoria de bloqueio sobre as decisões estratégicas da Losango".

Contudo, não se trata apenas de uma questão de princípio. Bercy quer sacudir a rotina estabelecida. Os funcionários da APE como Alexis Kohler na sua época, Régis Turrini e seu predecessor David Azéma, têm a impressão de ser atropelados por Carlos Ghosn há anos. "Nós lhe pedimos várias vezes para trabalhar nos esquemas de evolução da Aliança. Ele nos ignorava. Uma vez, em 2013, ele só fingiu aceitar, organizando um pseudogrupo de trabalho no con-

O golpe de Macron

selho de administração", observa um antigo funcionário de Bercy. O Estado, na realidade, não suporta mais ser eternamente posto diante do fato consumado: Ghosn, diretor-presidente da Renault e da Nissan, parece estar protegido por uma fortaleza na qual ele é inexpugnável porque nenhuma estrutura garante sua perenidade fora de seu poder.

"A Aliança é sua praia, seu ritmo, sua decisão. Ele sempre recusou estabelecer de fato um debate com o ministério", explica um ex-alto funcionário. Resultado: "estávamos satisfeitos com nosso golpe na assembleia geral, pelo menos, assim pensávamos, isso enfim ia fazer com que as coisas mudassem", diz um antigo funcionário do ministério.

Mas nada muda. Durante quatro meses, cada um volta para suas ocupações. O Estado conserva seus títulos suplementares, cujo valor está no momento garantido com o Deutsche Bank, mas cuja circulação na Bolsa se enfraquece aos poucos.

E depois, na retomada em setembro de 2015, tudo muda. Ou melhor, tudo treme. E desaba. Martin Vial acaba de substituir Régis Turrini na chefia da APE. Ele tinha tomado posse de sua sala no quinto andar do prédio Colbert, em Bercy, há apenas 24 horas quando chega um comunicado da Nissan. É uma nota de três páginas que Hiroto Saikawa, que representa o grupo japonês no conselho de administração da Renault, veio trazer a Paris. É uma descarga violenta contra a ruptura do equilíbrio acionário da Renault, contra a traição do Estado francês. Em Bercy, é uma surpresa e tanto. De jeito nenhum, o Estado francês ultrapassou a linha amarela! Os acordos de 2002 e o famoso Rama lhe proíbem ultrapassar o patamar de 25% do capital. Os direitos de voto, isso é outra coisa.

A Nissan impõe suas exigências: a única maneira de restabelecer o equilíbrio é a Renault diminuir o nível de sua participação no capital da Nissan que, por seu lado, aumentaria a sua no grupo francês. A Aliança recolocaria as duas parceiras em pé de igualdade e cada uma teria direito de voto na outra.

A negociação que se estabelece é espantosa. Formalmente, Carlos Ghosn não participa dela. "Porque eu era ao mesmo tempo presidente da Renault e da Nissan, a situação era particularmente complicada. Para evitar qualquer conflito de interesses, me demiti temporariamente do cargo de presidente",[2] relataria ele. Ghosn faz de conta que olha de lado ou, melhor, que olha do alto, como presidente da Aliança. Para a Renault, é Mouna Sepehri, diretora assistente da presidência, que está com as rédeas na mão. E para a Nissan, é Hiroto Saikawa que está na linha de frente. E que está ombro a ombro com Hari Nada, que é então vice-presidente da Nissan, a cargo do CEO Office. Ele viaja regularmente a Paris, assim como Greg Kelly, administrador e procurador, que permanece apoiando Yokohama.

É a primeira vez desde 1999 que o Estado francês tem um contato direto com o grupo nipônico. Carlos Ghosn até então tinha se esforçado para proteger seu feudo japonês. Vista de Paris, a Nissan é um *slide* por ano apresentado ao conselho de administração da Losango e uma linha nas contas quando, na verdade, ela representa a parte maior de seus lucros.

---

2. GHOSN, C. *Carlos Ghosn (25) Finding a like-minded partner in Daimler*. My personal history Carlos Ghosn. Nikkei, 2017. Série autobiográfica publicada em janeiro de 2017.

O golpe de Macron 109

"Nós não tínhamos a compreensão profunda da Aliança", admite um antigo funcionário de Bercy. "E quando tentávamos entender melhor, procurávamos Louis Schweitzer cuja chave de leitura era sua própria experiência: para ele, Ghosn defendia sistematicamente os interesses da Nissan."

O governo japonês, que, à diferença do Estado francês, não é acionista, se mantém recuado, mas que ninguém se iluda. Silêncio não significa passividade. E Ghosn foi convocado pelo primeiro-ministro Shinzō Abe.

"Saikawa não era mais do que a voz de seu mestre, e Mouna Sepehri também", resume um antigo funcionário de Bercy. Emmanuel Macron se meteu em uma queda de braço com uma sombra. "No governo, eles estavam obcecados por Ghson. Não negociavam com a Nissan, eles lutavam contra Carlos Ghosn", resume alguém próximo da Renault. Que a fabricante japonesa, e por trás dela o Japão, pudesse ter intenções próprias é algo que não ocorre ao ministério. "O Estado acionista descontenta alguns, mas não necessariamente pelo lado japonês", soltou na época Emmanuel Macron. "Na realidade, havia um debate entre nós", conta um antigo funcionário. "O ministro e seu gabinete só viam Carlos Ghosn no esquema. Outros viam um espaço entre a Nissan e ele e, portanto, uma possibilidade de discussão."

"Seu interesse por Carlos Ghosn ultrapassa seu interesse pela Renault", afirma, mordaz, um representante da Losango a um emissário de Bercy.

O ministro, no entanto, ataca Ghosn de frente. Em uma entrevista em *Les Échos*, em outubro de 2015, ele o repreende vigorosamente: "Carlos Ghosn é CEO, ele não é acionista!". Ele sugere até mesmo que o diretor-presidente da Renault e da Nissan tem uma "agenda oculta". Seu projeto seria, na melhor das hipóteses, elevar as barricadas já instaladas em torno da governança da Renault e da Nissan para melhor proteger seu próprio poder de toda veleidade de ingerência do Estado acionista; na pior, sacudir a Aliança pelo lado da Nissan. Vista de Bercy, a minoria de bloqueio reivindicada pelo Estado também é aquela que impedirá, se necessário, uma tomada de controle e uma mudança da sede da Renault. A Nissan ocupou seus quartéis em Paris nesse outono de 2015. As equipes e seus conselheiros — banqueiros, advogados, lobistas, comunicadores — do grupo japonês batem forte contra "*minister* Macron". "Ele não é mais gestor de fundos de participações! Ele agiu como um saqueador! Ele só sabe falar em 'Fusão! Fusão! Fusão!'. Mas, para nós, não pode haver fusão, nem a longo prazo, porque tem sempre um perdedor. A Nissan tem que recuperar seus direitos de voto, o Estado francês tem que diminuir sua participação na Renault e o Rama, que rege as relações na Aliança, tem que ser aditado para que isso não aconteça nunca mais", exige na época alguém próximo da Nissan. "Está fora de questão que o Estado francês possa de uma forma ou de outra — porque ele controlaria a Renault — exercer uma influência sobre a Nissan", analisa outro protagonista.

É preciso saber pôr fim a uma guerra e esta já durou demais. No dia 11 de dezembro de 2015, o armistício é assinado ao final de uma longa, muito longa, reunião do conselho de administração da Renault. Nesse dia, Carlos Ghosn tem que descer de seu Olimpo e participar da negociação. As interrupções de sessão são momento para vários telefonemas, às vezes pedidos de ajuda, que chegam até ao escritório do primeiro-ministro Manuel Valls. No final, chega-se a um acordo sobre dois textos.

O primeiro é concluído entre o Estado e a Nissan. É um acordo de acionistas, chamado de "acordo de estabilização". Durante vinte anos, os direitos de voto do Estado terão um teto de 20% na assembleia geral ordinária. Ele terá seus direitos de voto duplo em assembleia geral extraordinária onde se tomam as decisões mais estratégicas. Para Emmanuel Macron, é uma vitória: o governo guarda a possibilidade de proteger a Renault de uma OPA hostil... ou de impedir sua partida voluntária do solo francês.

O segundo é um aditamento ao Rama entre a Renault e a Nissan que registra por escrito o que se pratica desde 1999 no seio da Aliança: a Renault, acionista com 44% da Nissan, se compromete a não votar diferentemente do conselho de administração do grupo japonês quando das assembleias gerais deste, inclusive em relação às nomeações de seus dirigentes. "Sendo o conselho de administração da Nissan essencialmente composto por membros de sua direção, o acordo de 2015 cria um magnífico elo de autocontrole", observa *a posteriori* um especialista da Aliança.

É o que se chama de salvar a face. "Estou sonhando ou Emmanuel Macron acaba de mudar o controle do Estado sobre a Renault pelo controle da Renault sobre a Nissan?", se espanta um diretor do CAC 40 alguns dias mais tarde. O resumo é abrupto. Mas é fiel à realidade. O Estado francês fez valer seus direitos aos quais o ministro estava tão ligado na Renault. Mas ele também reforçou a posição de Carlos Ghosn. Que ele tenha sido ou não manipulado por esse último não muda muita coisa no resultado.

"A Nissan foi humilhada nesse episódio", analisa uma pessoa próxima da Aliança. "E os japoneses têm boa memória." Na Renault, alguns também têm. Se, em público, é a queda de braço entre Emmanuel Macron e Carlos Ghosn que polariza a atenção, há também, nos bastidores, uma batalha entre a Renault e a Nissan. A primeira na história da Aliança que atingiu esse grau de intensidade. "Coisas que estavam escondidas desde 1999 e 2002 foram reveladas", observa um antigo funcionário da Aliança. Nos escritórios de Boulogne-Billancourt e de Amsterdã. Houve verdadeiras cenas de tempestade. Hiroto Saikawa e Hari Nada até mesmo tentaram um último recurso: o *casting vote*, a voz preponderante da Renault em caso de impasse na RNBV. E, durante a famosa reunião do conselho de administração de dezembro, cada um pôde constatar que Hiroto Saikawa ultrapassaria a posição de equilíbrio expressa por Carlos Ghosn. A marionete parecia escapar a seu marionetista.

Em 2015, a Losango é um grupo que mal começa a curar as feridas da crise industrial europeia de 2012-2013. Ele está enfraquecido. Ele está temeroso. Pois, na Aliança, existe uma pílula envenenada. Um argumento, por certo, teórico, mas temível. Uma resolução votada pela assembleia geral da Nissan que lhe permite deslanchar a qualquer momento um aumento de capital e "diluir" assim a Renault. E, se a Nissan usar esse dinheiro para comprar 10% da Renault, ela pode forçar o reequilíbrio. Trata-se de 25% nos dois sentidos, e direitos de votos para cada uma, em um estalar de dedos ou quase. Em 2015, em Boulogne-Billancourt, sente-se o peso, a ameaça, dessa espada de Dâmocles.

Dois anos depois, quando ele faz o balanço e descreve "um evento muito importante que reforçou a confiança (da Nissan) na Renault",[3] Carlos Ghosn se engana. Depois de 2015, a Renault e a Nissan não se olham mais como antes. Entre Mouna Sepehri, Hiroto Saikawa, Hari Nada e todos os protagonistas dessa discussão acalorada, o veneno da desconfiança se instalou insidiosamente. "Desconfiança? Não. Raiva...", afirma um bom conhecedor do caso.

3. Nikkei, *op. cit.*

O DELATOR

10 de maio de 2018, Cannes

Se ele soubesse... Mas Carlos Ghosn não sabia. Uma tempestade estava se armando no Japão, mas ele está tranquilo, festejando até. No dia 10 de maio de 2018, como todos os anos, ele se retira por alguns dias para o Hotel du Cap-Eden-Roc em Antibes. Foi nesse lugar idílico e luxuoso, famoso por sua piscina de água do mar aquecida escavada na rocha, que o industrial havia anunciado a alguns amigos, três anos antes, seu casamento com Carole. De braço dado com ela, Ghosn se dobra orgulhoso ao ritual da subida das escadas do Palácio dos Festivais de Cannes para a grande festividade anual do cinema da qual a Renault é patrocinadora. Ele, de *smoking* preto e gravata borboleta impecável. Ela, em vestido longo verde esmeralda drapeado na frente, assinado pelo *fashion designer* libanês Rabih Kayrouz, o mesmo que usara dois anos antes na recepção pomposa em celebração de seus 50 anos no Grand Trianon do Castelo de Versalhes.

Este ano, o casal não estará presente na noite de gala da AmfAR, a associação de luta contra a AIDS, da qual ele é copresidente. Um evento sofisticado e cheio de celebridades onde, em 2017, os Ghosn cruzaram com Uma Thurman, Jessica Chastain, Nicole Kidman ou Diane Kruger. A coluna social do jornal libanês *L'Orient-Le Jour* — que, depois, se tornará uma das leituras prediletas na Nissan — não perde nem um detalhe da estada dos Ghosn na Riviera Francesa, às custas da Aliança. Mais uma vez, os amigos originários do país do cedro foram mimados por seus anfitriões. Jean e Nayla de Freige, May Daouk, Khalil e Mizou Kharrat, Joe e Hala Saddi, Habib e Lara Kayrouz têm direito a uma ceia regada a champanhe no Majestic depois da projeção de um filme da competição, a uma escapada até a ilha Sainte Marguerite no dia seguinte e depois a uma visita à propriedade vitícola do castelo Thuerry. "De noite, ainda em Antibes, nossos compatriotas se regalaram com um jantar gastronômico na praia Keller, no restaurante *Le César*", admira-se o jornal libanês, que informa ainda que o fim de semana se encerrou belamente com "um passeio mágico" à Fundação Maeght, em Saint-Paul-de-Vence, e um almoço na "mítica pousada da Colombe d'Or".

Se ele soubesse... Esse estilo de vida, tornado habitual para o casal Ghosn está com os dias contados. Quanto mais ele aproveita, mais ele se afunda. No exato momento em que Carole e Carlos Ghosn pisam no tapete vermelho de Cannes, a 10 mil quilômetros dali, na Nissan, provas estão sendo reunidas do fausto pago pela empresa ou pela RNBV. Em Yokohama, uma investigação de um tipo especial se iniciou.

Nas primeiras horas em que esta investigação é revelada, em novembro de 2018, as mídias e as fontes na Nissan afirmam que ela se iniciou na primavera. "Informações vêm sendo reunidas desde a primavera", explica no final de 2018 uma pessoa próxima do grupo. Depois o discurso evolui na Nissan e o ponto de partida da investigação é primeiramente situado "um pouco antes do verão" — segundo uma fonte interna, sem mais detalhes —, antes da última versão: ela teria se iniciado "por volta do verão de 2018", de acordo com um documento oficial.[1]

Quando? Essa pergunta atormentará todos os protagonistas do caso Carlos Ghosn porque ela determina o "quem" e principalmente o "por quê?". Pessoas próximas do industrial detectarão, *a posteriori*, desde o mês de março sinais fracos do que estava sendo tramado e dos quais nem eles nem Carlos Ghosn tinham conhecimento naquele momento. Dossiês referentes à Aliança que demoravam, bloqueios inexplicáveis nas comunicações entre a Renault e a Nissan, formalidades, por exemplo, em relação à disponibilização da casa de Beirute, que retardava sem motivo aparente.

Segundo a Nissan, "por volta do verão", então, tudo começa com uma denúncia. Para Hiroto Saikawa, a mudança de cultura realizada na Nissan desde o escândalo das certificações falsificadas do verão de 2017 não seria o responsável. Ninguém sabe quais são os elementos que foram denunciados. No entanto, a probabilidade é forte que a Zi-A Capital, uma filial, não consolidada, da Nissan, e a cargo das aquisições do apartamento do Rio e da casa de Beirute de Carlos Ghosn, estava implicada.

---

1. Relatório do *Special Committee for Improving Governance* (SCIG) da Nissan, março de 2019.

O delator

O delator teria expressado suas dúvidas para Hidetoshi Imazu, um dos quatro auditores estatutários da Nissan. Uma função específica no capitalismo japonês. O auditor estatutário tem uma função diferente da empresa de auditoria — Ernst & Young Shin Nihon, no caso da Nissan — que certifica as contas ou de um comitê de auditoria do conselho de administração. Ele é nomeado pelos acionistas em assembleia geral para fiscalizar os trabalhos do conselho. É um tipo de observador, quase uma autoridade moral. Principalmente no caso de Hidetoshi Imazu, que construiu quase toda a sua carreira na Nissan, na qual foi um os pioneiros da entrada no mercado americano nos anos 1980. Aos 65 anos de idade, ele mudou de andar e de função para se tornar auditor estatutário.

Um trabalho tranquilo... a princípio. Hidetoshi Imazu de repente se verá confrontado com uma situação inédita e delicada, diante dessa pessoa que vem denunciar as práticas do presidente, do ícone, Carlos Ghosn. Segundo a Nissan, o veterano da empresa teria tomado duas decisões, das quais é preciso medir o peso: ele teria feito contato imediato com a justiça japonesa — um procedimento inédito nos anais da profissão[2] — e pedido a um grupo muito restrito de executivos da fabricante para realizar a investigação, com toda discrição e sem se reportar a ninguém, exceto ele.

---

2. "Nunca ouvi falar de um caso em que o auditor estatutário tenha alertado a justiça antes de alertar o conselho", Masahito Nagata, membro de uma organização profissional de auditoria (JASBA) (trad. dos autores), em "Inside the Tensions at Carlos Ghosn's Nissan", *The New York Times*, 28 de março de 2018.

Se nos ativermos a essa versão, isso significa que Hidetoshi Imazu tinha carregado sozinho nos ombros, durante pelo menos quatro meses, o peso de uma investigação sobre Carlos Ghosn. Isso significa que ele tinha recusado deliberadamente a via clássica que teria consistido em acionar o conselho de administração e convocar o presidente para pedir-lhe uma prestação de contas. Se ele não fez isso é porque provavelmente acreditava na extensão do poder ditatorial de Ghosn, capaz de abafar a deflagração de um incêndio. "Ele ficou tão inquieto porque entendeu que decidira falar sobre o assunto com as autoridades. A Procuradoria levou a coisa toda a sério e lhe pediu para observar mais de perto alguns elementos. Também lhe disseram que não deveria falar do assunto com ninguém. As instruções eram muito claras a esse respeito. Ele não tinha direito de falar, inclusive com o conselho de administração e com o diretor-geral, Hiroto Saikawa. Os que sabiam estavam apavorados com a ideia de advertir Carlos Ghosn porque ele era tão poderoso na Nissan, tão poderoso na Renault, que nunca deixaria essa investigação ser realizada. O auditor estatutário deveria então procurar elementos, mas de forma muito confidencial, sem falar com o METI nem com o governo japonês", relatará depois uma fonte próxima da Nissan. A empresa, protegendo-se por trás das instruções de confidencialidade dadas pela Procuradoria, nunca informará nem os fatos que alertaram o delator, nem seu nome, nem a data exata de sua iniciativa.

 A cronologia conta, contudo, outra história, com a condição de se basear no acaso e nas coincidências. Pois a investigação contra Carlos Ghosn começa no momento em que a discussão sobre o futuro da Aliança Renault-Nissan entra no cerne da questão. No momento em que o METI fica implicado, diretamente e de forma inédita. No momento, enfim, em que a fabricante japonesa defende mais claramente do que nunca suas posições.

"Não vejo nenhum mérito em uma fusão", declara Hiroto Saikawa no dia 25 de abril aos jornalistas do *Nikkei* durante o Salão do Automóvel de Pequim. "O objetivo da Aliança é manter seus membros independentes e maximizar o crescimento de cada um." Duas semanas antes, quando estava no Japão, Carlos Ghosn tinha se encontrado com os jornalistas e evocado, *off the record*, seus projetos de evolução do capital, definindo bem que "todas as opções [estavam] abertas". O discurso a duas vozes dos dois dirigentes da Nissan não é mais um jogral ou um jogo de dramatização; ele se tornou incoerente.

Em meados de maio, Hiroto Saikawa põe ainda mais pressão. No dia 14, quando apresenta os resultados anuais do grupo, o diretor-geral é incisivo. "Não é verdade que estejamos negociando uma fusão, a estrutura do capital não é um tópico quando falamos da organização concreta do trabalho da Aliança", afirma ele.

O vento vira para cada um dos dois dirigentes da Nissan. Um ano após ter assumido a função de diretor-geral, Hiroto Saikawa apresenta péssimos resultados em meados de maio: os lucros operacionais da Nissan despencaram 22,6% em um ano. O escândalo das certificações falsificadas tem a ver com isso. Mas Saikawa conhece Carlos Ghosn há tempo o bastante para saber que esse desempenho ruim o coloca em risco.

Carlos Ghosn também está em perigo. O olhar do Japão sobre ele mudou. Ele não é mais aquele que Saikawa elogiava há dois anos, aquele que tinha "provado que era um deles, que era um Nissan, e não um agente enviado pela Renault para vigiar".[3] O título da manchete na primeira página da edição de maio de 2018 da revista *Zaiten* deveria alertar: "Renault-Nissan: a traição de Carlos Ghosn". Ghosn não é mais o herói da Nissan, ele voltou a ser o homem da Renault, senão do Estado francês. Agora é visto, como escreverá mais tarde o jornal *Asahi*, como "o cão de caça de Emmanuel Macron"! Ele é também, de Cannes ao Rio, aquele que se utiliza da Nissan.

Entre os mais chegados, Louis Schweitzer conta sempre a mesma anedota para descrever a evolução que ele pensa ter acontecido na Nissan. "Imagine a Nissan em 1999", conta ele. "Você está doente, muito doente, e um ótimo médico vem lhe ver. Ele lhe diz: 'Você é meu paciente, vou montar uma cama de campanha no seu quarto. Vou ficar aqui e vou curá-lo.' Você diz: 'Obrigado, meu Deus!'. Depois você fica curado. Mas o médico mantém a cama de campanha no seu quarto e não vai embora..." Na Nissan, tudo o que se quer é ver Carlos Ghosn ir embora. A menos, é claro, que não seja simplesmente a Renault que tenha ficado tempo demais...

---

3. Entrevista com os autores, outubro de 2016.

O INSACIÁVEL

26 de abril de 2016, Paris

A sala treme. Voz de estentor, carcaça de jogador de rúgbi, mãos grandes que mais parecem raquetes e sangue quente como de um gascão, Patrick Pouyanné vocifera. E quando o CEO da Total está furioso, todo mundo fica com medo, principalmente o frágil Pierre Pringuet, o CEO da Pernod Ricard. Os outros CEOs presentes também. Mas, nesse dia, está pegando fogo no escritório da AFEP, a discreta, mas poderosa Associação Francesa das Empresas Privadas — basicamente o CAC 40 — que, desde 2012, é presidida por Pringuet, supostamente amigo de François Hollande e que seus colegas esperam que ele saberá amansar.

Todos os participantes estão de acordo: ninguém quer pagar o pato por causa de Carlos Ghosn. É toda a praça de Paris que se voltou contra um dirigente que, de qualquer forma, muito raramente dá a honra de sua presença. Por causa do CEO da Renault, uma lei sobre o enquadramento das remunerações dos dirigentes, da qual eles tinham sabido se esquivar em 2013, apesar das promessas de campanha e do discurso de lançamento de François Hollande, ameaça de novo o patronato francês.

Em 2013, as grandes empresas tinham convencido o executivo de confiar-lhes a responsabilidade de se autorregularem os tetos de suas remunerações. Todo ano, os acionistas se pronunciariam em relação ao salário do CEO, mas o voto seria consultivo. E, para evitar erro com consequências nefastas, haveria um fiscal, o Alto Comitê Governamental de Empresas ou HCGE, confiado a Denis Ranque, presidente da Airbus e ex-CEO da Thales. As contas seriam então acertadas no próprio seio da família patronal.

No dia 29 de abril de 2016, uma única assembleia geral, a da Renault, e um único caso, o de Carlos Ghosn, sabotam essa estratégia. Nesse dia, pela primeira vez desde a implantação do *say on pay* consultivo na França, os acionistas da Renault tinham desautorizado a remuneração de Carlos Ghosn. Eles votaram "não" em maioria de 54%. O Estado acionista pesou bastante na balança. Ele ainda não tem direitos de voto duplo, mas detém desde o outono 19,7% do capital, já que ainda não revendeu os 4,7% comprados quando da assembleia geral de 2015.

O problema não é tanto o voto negativo, ao qual várias agências de aconselhamento aos acionistas como a Proxinvest recorriam. O problema é que o conselho de administração da Renault não arcou com as consequências. Mal a assembleia geral do dia 29 de abril tinha terminado, o conselho publicou um comunicado vazio, confirmando a remuneração de Carlos Ghosn e prometendo refletir sobre isso nos próximos anos. E mandou divulgar.

O erro de comunicação é enorme. O ministro das Finanças, Michel Sapin, resume a sequência em uma fórmula: a Renault acaba de "fazer um gesto injurioso a seus acionistas". O patronato tenta limitar os estragos e se dissocia do caso Ghosn. Ranque envia à Renault um comunicado de duas páginas incomumente mordaz. Mas o mal está feito. Por mais que o primeiro-ministro Manuel Valls tenha tentado implementar uma política pró-*business* ele não pode deixar passar. A lei Sapin 2, um texto de luta contra a corrupção em tramitação, será acrescida de um artigo para tornar o *say on pay* dos acionistas constrangedor. Azar se, como receia o CEO do Medef, Pierre Gattaz, é uma pedra a mais no jardim da atratividade da França. A Technip acaba de se casar em Londres com a americana FMC e, como deplora Gattaz, "é a quarta [empresa francesa] este ano", depois da Alcatel, da Alstom e da Lafarge. Valls vê aí uma dupla vantagem política: ele cuida um pouco da sua esquerda, que ficou fraturada após a lei El Khomri de liberalização do mercado de trabalho, e tapa a boca do seu ministro da Economia, Emmanuel Macron, que não tem nenhuma simpatia pelo caso da Renault, mas teme repercussões sobre a economia. "Só existe uma linha de ação no governo" diz, categórico, Manuel Valls em público e diante de seu ministro, e isso terá que ser legislado.

Em meados de junho, os parlamentares votam uma emenda apresentada pelo deputado Sébatien Denaja, mas, para todo mundo, é "a emenda Ghosn". O CEO bem que gostaria de evitar essa posteridade. Mas há por fim uma evidência de que um texto sobre o salário dos CEOs terá seu nome. Há anos, a remuneração de Carlos Ghosn é um assunto passional e polêmico. Na Renault, no ano de 2015, ele ganhou 7,2 milhões de euros, dos quais 1,2 milhão em dinheiro e o resto em ações de desempenho — o que foi objeto da votação fatal dos acionistas. Na Nissan, o contador marca 1 bilhão de ienes, isto é, 9 milhões de euros. Duas empresas, dois cheques polpudos. Uma particularidade que põe lenha na fogueira da controvérsia. Na Proxinvest, Pierre-Henri Leroy se pergunta: ou bem Carlos Ghosn se dedica meio período a cada empresa e ele deve então ser pago proporcionalmente por isso ou bem ele trabalha em tempo integral e isso justifica que a Renault seja também informada do que se passa na Nissan. Pois, do que Ghosn ganha no Japão, só se conhece a cifra publicada a cada ano pela Nissan desde 2010. Uma linha, ao passo que a regulamentação na França obriga a preencher dezenas de páginas de relatório anual sobre o mesmo assunto. Mesmo o HCGE de Denis Ranque exerce uma influência sobre esse tema na mensagem para a Renault: seria preciso que fosse "cuidadosamente justificada" a forma como a direção de duas sociedades distintas "pode ser exercida por uma única pessoa", reclama ele.

Por ganhar 7,2 milhões de euros na Renault, Carlos Ghosn está no topo dos CEOs franceses de sociedades melhores pagadoras. Por ganhar 16,2 milhões a mais na Nissan, ele explode os contadores franceses. "E daí?", ele parece responder. Sua escala particular não é a França, é o mundo. Em relação a dinheiro, ele não tem os pudores dos dirigentes franceses quanto a esse assunto tabu e passional no Hexágono. Pelo contrário, reivindica sua remuneração como um aluno o faz no boletim de notas: é uma medida de seu talento, de seu merecimento. Quanto mais se identifica com a Aliança Renault-Nissan, mais esta se encarna nele, e menos ele se sente próximo dos CEOs assalariados, e mais ele se reconhece nos dirigentes das empresas familiares e patrimoniais, às vezes principescas, como no Oriente Médio. Entre os dois mundos, há tanta distância quanto entre um empregado médio e um diretor clássico. Um CEO assalariado de uma multinacional, por exemplo, utiliza o avião da empresa; um herdeiro paga seu próprio jatinho. De seu sucessor, Louis Schweitzer teria o costume de dizer: "Ele quer valer um bilhão".

Ghosn não se priva de contar que quiseram incitá-lo a se demitir, o que quer dizer que ele tem um valor de mercado elevado. "Quatro grandes grupos quiseram me recrutar enquanto eu era CEO na Nissan", afirmará ele no início de 2019, na sua declaração diante do Tribunal de Tóquio. Teve a Ford em 2003, e principalmente a General Motors em 2009. Quando o setor automobilístico americano quebrou depois da falência do Lehman Brothers, a gigante de Detroit foi nacionalizada e o governo Obama procurou um CEO para dar um choque na empresa. Steven Rattner, apelidado o "czar do setor automobilístico", que chefia o salvamento por conta do presidente dos Estados Unidos, contata Carlos Ghosn para recrutá-lo. Ele recusa. A Nissan e a Renault precisam dele, em suas palavras. Dez anos depois, quando lhe pedem que conte esse episódio, seu primeiro reflexo surpreende. Sua réplica se desmancha e ele responde a queima-roupa: "Tomei uma má decisão financeira, é claro, as provas são claras!".[1] O salário que obteve Dan Akerson,

---

1. *Le Figaro*, 30 de agosto de 2018.

nomeado como CEO da GM, e depois Mary Barra que o sucedeu, poderia ter sido o dele. Mary Barra? Uma remuneração de 28,6 milhões de dólares em 2015, o ano em que a França contesta a Carlos Ghosn seus 7,3 milhões na Renault. Mark Fields, na Ford? Uma remuneração de 18,6 milhões. O CEO da Renault-Nissan parece conhecer essas cifras de cor. Ele recita de cabeça a tabela de salários de seu setor. E refere-se a ela continuamente. Quando janta com um velho colega da Escola Politécnica e chega a hora da conta, ele paga tudo, é claro. "Com o que você ganha...", brinca o amigo. "Mas você sabe o quanto os outros ganham?!", retruca Carlos Ghosn. Todos que se aproximam dele têm uma piada desse tipo. Ghosn reluta em aceitar que ganha menos do que alguns de seus homólogos quando ele é, como diz Patrick Thomas, que preside o comitê de remunerações no conselho da Renault na época, "o homem indispensável da Aliança Renault-Nissan". "Sem ele, ela desapareceria. Ainda precisamos dele."[2] É preciso reter Carlos Ghosn. E, na Renault assim como na Nissan, isso passa pela folha de pagamentos.

 Em 2009, Tóquio decide obrigar suas sociedades que têm ações transacionadas na Bolsa a um mínimo de transparência. A partir do exercício encerrado em 31 de março de 2010, a Nissan, como as outras, deve publicar a remuneração de seu CEO. O Japão descobre então que seu *gaijin* ganha dinheiro demais: ele é o CEO mais bem pago do arquipélago, com 891 milhões de ienes de salário declarado. Ninguém sabe naquele momento, mas Carlos Ghosn di-

---

2. *Le Figaro*, 19 de maio de 2016.

vidiu pela metade sua remuneração japonesa. Quando, em 2016, os acionistas da Renault se agitam com o bilhão de ienes recebidos pelo CEO por parte da Nissan, eles estão longe de desconfiar que, nove anos antes, ele ganhava perto do dobro! Para o exercício encerrado no final de março de 2008, Ghosn tinha ganhado na Nissan cerca de 1,75 bilhão de ienes. Completamente despercebido.

Por que Carlos Ghosn consente em 2010 com esse *hara-kiri* financeiro? A transparência e a pressão da opinião pública teriam se convertido no politicamente correto? Greg Kelly, seu braço direito que será detido ao mesmo tempo que ele, apresenta outra explicação: "O que inquietava Ghosn era a reação do governo francês, um acionista importante da Renault. Ele pensava que se continuasse a ganhar 2 bilhões de ienes, seu cargo estaria em risco".[3]

Ghosn é racional. Principalmente quando se trata de dinheiro. Ele integra a sensibilidade do governo francês como um dado entre outros de sua equação e tira as conclusões que se impõem. Ponto final. É de forma bem pragmática que ele faz a escolha de sua residência fiscal. Esse assunto não é público. O Estado está ciente, por definição, mas é retido pelo sigilo fiscal. Em 2012, no momento em que Paris quer votar o imposto de 75% sobre as altas rendas, caro a François Hollande e descrito por Emmanuel Macron como "Cuba sem sol", Carlos Ghosn deixa a França enquanto contribuinte. Rumo aos Países Baixos, como revela depois o jornal *Libération*. Segundo um de seus amigos, não foi apenas o ambiente fiscal francês que

---

3. *Bungei Shunju, op. cit.*

mudou para Ghosn, foi também sua situação pessoal. O CEO se divorciou de Rita. Uma ruptura informada aos mais próximos na Renault, visto que corre mal. A ex-Sra. Ghosn desabafa no Facebook, a ponto de Ghosn tê-la condenado a uma soma muito pesada de vários milhões de euros. Como quer que seja, Carlos Ghosn, cujos quatro filhos estão dispersos pelos quatro cantos do mundo, não tem mais vínculo geográfico evidente. Paris, Tóquio, Beirute, Nova York, Rio de Janeiro. Difícil de achar um porto de amarração desse CEO *globe-trotter*, que passa tantas noites a bordo de seu Gulfstream. Ele escolhe Amsterdã, sede da RNBV. A Nissan o remunera a partir de sua filial europeia instalada nos Países Baixos. Para Ghosn, ser residente neerlandês, é coerente com sua posição de CEO da Aliança. O que é muito coerente também com o regime fiscal aplicado aos "impatriados", exonerados de 30% de sua carga tributária. Uma vantagem que chega ao fim no início de 2019.

Resultado, em 2018, Ghosn está à procura de um novo ponto de aterrissagem. A Suíça? Ele pensou bastante nisso. A empresa da Aliança que gera os contratos dos executivos expatriados está localizada lá, assim como a Alliance Foundation, que acaba de ser criada. Ele encomenda estudos, imaginando que, se a Confederação Suíça acabar por ser escolhida como sede da futura *holding* da Aliança Renault-Nissan na qual ele trabalha, ele pode muito bem precedê-la. "Não é tanto porque você é CEO da Renault. Nem é tanto porque a *holding* não foi criada", teria lhe respondido Mouna Sepehri. "Mas você imagina a manchete da *Marianne* se isso vier à tona?"

O BAILE DOS TRAIDORES

25 de junho de 2018, Tóquio

Azar de Martin Vial! Sentado na primeira fila da sala, o CEO da Agência de Participações do Estado gostaria que essa assembleia geral da Renault, de 15 de junho de 2018, fosse mais decisiva. Quando a decisão foi tomada, seis meses antes, na mais alta hierarquia do Estado francês, de reconduzir Carlos Ghosn à direção da Losango para que ele concluísse a Aliança com a Nissan, Bercy aguardava que uma etapa fosse transposta em 15 de junho. Esperava--se que Carlos Ghosn, nesse dia, exibisse pelo menos um esboço da futura operação. Ou, na sua falta, pelo menos apresentasse uma declaração comum que comprometesse os conselhos de administração da Renault e da Nissan.

Mas nada. O impasse das discussões da primavera não foi superado. Martin Vial engole sua decepção, que Carlos Ghosn não parece compartilhar. Naquele momento, o CEO da Renault saboreia sua reeleição iminente. Ele está mais radiante do que nunca. Trança seus louros — um exercício que ele adora e no qual é incomparável — e entra na sala traçando perspectivas gloriosas. Promete aos acionistas da Losango 10 bilhões de euros de sinergias desimpedidas no total e novos progressos graças à Aliança, que visa a alcançar 240 bilhões de dólares de faturamento acumulado e no seio da qual, dali até 2022, 75% dos motores serão compartilhados. Ele lhes garante que os resultados de suas decisões mais debatidas serão em breve — e enfim! — visíveis, principalmente os desafios que representam o veículo elétrico e a implantação na Rússia, com a tomada de controle da Avtovaz.

Duas belas vinganças. Desde 2009, Ghosn pressionou a Renault e a Nissan a investirem 4 bilhões de euros para desenvolverem uma gama de carros elétricos, contra a opinião dos temerosos, que era agir com cuidado. O CEO da Aliança estava certo de sua intuição: dali a dez anos, 10% das vendas seriam de carros elétricos. Ele se enganou — em 2019, os carros elétricos só representam 1% do volume de vendas. Mas consegue decolar seu plano, definitivamente, dessa vez. E todas as fabricantes se lançaram nessa corrida em que a Aliança foi a precursora. Na Rússia também, ele está certo de ter tido razão, mesmo sendo cedo demais. Ele levou a Renault para lá em 2007, ao fazê-la comprar 27% da Avtovaz. Uma operação negociada diretamente com Vladimir Putin, que lhe guardava muito rancor por parte da Losango: Nissan teve a China, a Renault, a Rússia... Encontre o erro! No entanto, após onze anos de esforços durante os quais a Renault elevou sua participação no capital da fabricante dos Lada e teve que colocar dinheiro várias vezes, o fim do túnel chegou. Ghosn tem certeza disso.

Então, Carlos Ghosn não se inquieta demais com o atraso da partida de seu projeto de "desmembramento" da

O baile dos traidores

Aliança. Talvez não esteja no cronograma do Estado, mas sua própria agenda ainda é realizável. Sua meta é fevereiro de 2019. Será sua consagração, simultânea ao aniversário de vinte anos da Aliança.

Outro lugar, outra assembleia geral. No dia 26 de junho em Yokohama, o ambiente está mais tenso. O escândalo das certificações pesou nas contas e nas cotações da Bolsa. Se Carlos Ghosn se desculpa diante dos acionistas pelo fato de que, por causa da afluência, eles não terão direito a uma recepção na saída da reunião, mas apenas a um presente, ele não se desculpa pelo escândalo. Um emissário extenuado, ao constatar que Ghosn "continua a ser a face da Nissan", faz essa observação. O presidente dá um passo atrás e passa a palavra ao diretor-geral. "O chefe aqui é ele. Não eu. O conselho de administração lhe confiou a responsabilidade da Nissan, é preciso respeitar isso." Hiroto Saikawa confirma e lembra que reduziu sua própria remuneração devido a isso.

Fora essas escaramuças, é uma assembleia geral como todas as outras. Um pouco tediosa, mesmo com Carlos Ghosn respeitando a duração prevista, uma hora apenas. Nem ele, nem os acionistas compreendem naquele dia o caráter dramático, quase trágico, dessa reunião, que será a última de Carlos Ghosn depois de dezessete anos de reinado. Essa assembleia geral é, de fato, o baile dos traidores. Ghosn está fisicamente rodeado de pessoas que, naquele momento, fazem uma investigação contra ele, nas suas costas, e outros que participarão em breve ativamente do complô para que ele caia.

À esquerda de Carlos Ghosn, está, é claro, Hiroto Saikawa, seu diretor-geral. Aquele que, em menos de cinco meses, anunciará sua deposição.

Logo atrás dos dois dirigentes, veem-se quatro homens que assumiram o secretariado da reunião. Três japoneses e um homem com a pele cor de caramelo cujo cabelo começa a ficar grisalho. Ele é britânico-malaio, tem 54 anos e se chama Hemant Kumar Nadanasabapathy, apelidado Hari Nada. O jurista formado pela Universidade Chūō de Tóquio entrou na Nissan em 1990 pela pequena porta do departamento jurídico. Depois escalou todos os degraus até se tornar, em 2014, vice-presidente *corporate* encarregado da Nissan e da Aliança, e entrar no lugar mais sagrado dos sagrados, o CEO Office, o gabinete da direção da Nissan por muito tempo unicamente atribuído a Carlos Ghosn e daí em diante compartilhado com Hiroto Saikawa. Nada é seu diretor-geral desde que substituiu nesse cargo seu mentor e amigo, Greg Kelly. O americano, homem de confiança de Carlos Ghosn, se é que alguma vez houve algum, se aposentou da área operacional, mas continua administrador da Nissan.

Hari Nada participa de todas as questões sensíveis: supervisiona ao mesmo tempo, junto com Frédérique Le Greves, em nível da Aliança, a agenda de Carlos Ghosn, assim como sua remuneração, incluindo vantagens em espécie. É também negociador da Nissan para todos os assuntos que se referem à Aliança. Com Hiroto Saikawa, ele está na primeira linha, em 2015, durante a batalha de direitos de voto duplo com o Estado francês. Idem em 2018. É o interlocutor dos funcionários da APE. Nada é o homem forte do *21º andar*, o último andar da sede de Yokohama, onde Carlos Ghosn e Hiroto Saikawa têm seu quartel-general. Ele sabe de tudo.

O baile dos traidores 133

O boato que já corre há um tempo é que Hari Nada é o delator de Carlos Ghosn. O que é certo é que ele foi o braço armado na Nissan da justiça japonesa para fazer a investigação no seio do grupo. Nesse 25 de junho, quando está sentado atrás de Carlos Ghosn, em pé no púlpito, Hari Nada já está reunindo os elementos que constituirão o processo de acusação contra seu chefe. "Nada não tem uma personalidade forte. É um filho da mãe. Um homem que se volta para onde está o poder. Durante muito tempo foi Carlos Ghosn. Depois...", descreve um antigo funcionário da Aliança. "Não é o demônio apesar de tudo!", diz outra fonte para reabilitá-lo, "acho que é alguém que, tendo trabalhado uns dez anos com Greg Kelly, só entendeu aos poucos o que se passava no 21º andar. E, a um certo momento, tudo se tornou muito pesado". "Os procuradores o viraram do avesso", explica alguém próximo do processo. Em alguns dias, em julho, o Japão instaurará em seu arsenal judiciário a admissão de culpa, esse procedimento à moda americana que permite confessar tudo com a promessa de uma suavização de pena. Hari Nada será um dos primeiros a se beneficiar desse mecanismo de delação premiada.

Ele e outro homem-chave: Toshiaki Onuma, o responsável por outro serviço sensível, a Secretaria. Tanto Hari Nada é com frequência descrito como um homem hábil mas também astuto e oportunista, quanto Onuma é pintado como "um avô gentil", segundo uma fonte próxima da Nissan. "É justamente por essa razão que ele ocupava esse cargo. Porque é o tipo de pessoa a quem nunca ocorria fazer perguntas."

A dois passos de Hari Nada sobre o estrado da assembleia geral, encontra-se outro homem. Ele se levanta e toma a palavra por alguns minutos, pois sua intervenção faz parte do ritual das assembleias de acionistas. "O relatório anual está em conformidade com as leis e regulamentos em vigor. Não existem elementos que evidenciem eventuais infrações. Não existe assunto específico a ser trazido [ao conhecimento dos acionistas]." As palavras são vazias. Frases feitas que o auditor estatutário repete, ano após ano. Mesmo em 2018! Hidetoshi Imazu faz, como de hábito, mesmo agora que provavelmente já está de posse de um relatório de denúncia, que está à frente das investigações, que está em contato com os procuradores. *A posteriori*, a cena é surrealista.

Nesse 25 de junho, ainda tem outro personagem que contará: Masakazu Toyoda, eleito nesse dia entre os três administradores independentes da Nissan. O antigo funcionário representa tipicamente essa presença tácita nos conselhos de administração japoneses do METI, onde construiu toda a sua carreira até se tornar o número dois na hierarquia. "Desde 1999, Carlos Ghosn tinha 'desenganchado' a Nissan da influência do METI. Depois de sua nomeação, em 2017, Hiroto Saikawa reconstruiu a relação. A nomeação de Toyoda para o *board* é um sinal claro disso", analisa uma fonte. O outro homem que simboliza essa relação revivificada é Hitoshi Kawaguchi, também presente na sala. Para as pessoas próximas de Carlos Ghosn, assim como para vários protagonistas de alto nível, ao mesmo tempo na Renault e no seio dos poderes públicos franceses, ele será o suspeito número um, o *cérebro* do negócio. "Imazu, Nada e Onuma não teriam jamais lançado um negócio parecido sem estarem cobertos pelo governo francês. Kawaguchi com certe-

O baile dos traidores 135

za desempenhou um papel importante", avalia uma pessoa próxima do processo.

Outros pensam que o fogo vem de muito alto. É o caso de Jake Adelstein, jornalista investigativo americano, residente no Japão e conhecido por suas investigações sobre os yakuzas. Segundo ele, foi Hiroto Saikawa que, ao ficar com medo, "foi consultar Akihide Kumada, o conselheiro jurídico oficial do PLD [o partido do primeiro-ministro Shinzō Abe]. Ele apelou firme para a veia patriótica. Sei também de fonte segura que ele se encontrou em seguida com Yoshihide Suga, o secretário-geral do primeiro-ministro Abe, a quem ele teria apresentado toda uma lista de queixas contra o chefe. De acordo com minhas informações, foi Suga que deu a ordem para ir em frente".[1] Oficialmente, a Nissan afirma que Hiroto Saikawa não soube de nada da investigação antes do mês de outubro e o governo nega ter intervindo.

Em torno de Carlos Ghosn nesse 25 de junho, a desconfiança torna o ambiente mais pesado. "Todas essas pessoas, Kawaguchi, Nada, Karube... detestavam a Renault", revela uma fonte próxima do grupo francês. Hiroshi Karube foi nomeado diretor financeiro em maio de 2018, substituindo o americano Joe Peter.

Mas Carlos Ghosn não parece prever esse mistério, nem essa hostilidade crescente. "É o pior diretor de recursos humanos que já conheci", solta, rindo, um bom conhecedor do processo, "ele colheu o que semeou, com seu hábito de se rodear de covardes e traidores e nunca escutar o que lhe diziam". Com uma inevitável dose de

---

1. *Capital*, 17 de abril de 2019.

ironia, muitos dirão mais tarde ter colocado Carlos Ghosn em estado de suspeição contra vários daqueles que logo se virarão contra ele. Pessoas próximas teriam alertado o industrial contra Hari Nada. Ghosn afastava o argumento, dizendo: "Ah... ele não conta".

"A um certo momento, membros do governo japonês e dirigentes da Nissan acordaram que, se quisessem quebrar a influência da Renault na Nissan, seria preciso quebrar Carlos Ghosn", explica uma pessoa próxima do ex-CEO. "É uma coisa que o governo francês nunca entendeu, que Ghosn era de fato o fiador da influência da Renault na Nissan."

O ERRO

14 de março de 2011, Paris

"Eu me enganei, nós nos enganamos e, após as conclusões que ouvimos do procurador de Paris, parece que fomos enganados." Terno escuro, camisa branca, gravata vermelha, olhar ainda mais negro do que de hábito, Carlos Ghosn se apresenta diante dos franceses para admitir seus erros. Nunca ninguém o vira em uma posição como essa. E é no jornal das *20 heures* do canal televisivo TF1, diante de Laurence Ferrari e 10 milhões de telespectadores que ele se entrega a esse exercício inédito de autocrítica. Não tem escolha. Tem que reconhecer um fracasso de grandes proporções, em uma história fora do comum. É o caso conhecido como "dos falsos espiões".

Um caso rocambolesco que começou dois meses antes, no Technocentre de Guyancourt, na região parisiense. Esse centro é o coração vivo da Losango: 11 mil pessoas ali trabalham. Lá os engenheiros e técnicos concebem todos os novos veículos da marca. No dia 3 de janeiro bem cedo, o Technocentre volta à vida depois das férias de fim de ano.

E três engenheiros são especialmente esperados. Matthieu Tenenbaum, um jovem especialista em veículos elétricos, Bertrand Rochette, diretor dos anteprojetos veiculares, e Michel Balthazard, seu superior direto, número dois da engenharia, membro do comitê da direção da Renault. Balthazard é um dos trinta executivos de mais alto escalão da Renault. E, nessa segunda-feira, 3 de janeiro, ele é dispensado como medida cautelar.

No início de agosto, uma carta anônima recebida na Renault na verdade acusou Michel Balthazard de ter "negociado um suborno". Rapidamente, Patrick Pélata e Carlos Ghosn ficam cientes. Os dois, que conhecem bem Michel Balthazard, são céticos. Mas decidem apressar uma investigação interna. Ela é confiada ao departamento de proteção do grupo, o serviço de segurança interna, onde se encontram ex-policiais, militares e agentes de informação. E a DPG obtém resultados rápidos. Michel Balthazard seria titular de uma conta secreta em Liechtenstein. Bertrand Rochette teria uma conta na Suíça, alimentada pela de Balthazard. E Matthieu Tenenbaum também. A carta revelou um verdadeiro ninho de traidores!

No início de dezembro, Patrick Pélata e Carlos Ghosn tomam uma decisão radical: os três suspeitos vão ser demitidos o mais rápido possível. Eles decidem no calor da hora, com base apenas em uma investigação interna que ainda não está encerrada e que só se baseia em um testemunho, recolhido junto a uma única fonte pelo terceiro na hierarquia da DPG, Dominique Gevrey.

A partir de 4 de janeiro, o caso se propaga. No fim do dia, um simples comunicado da Agence France-Presse in-

O erro 139

dica: "Altos dirigentes da Renault demitidos, razão desconhecida". Éric Besson, ministro da Indústria, fica furioso: ele visitou o Technocentre na companhia de Patrick Pélata naquela data e o número dois na hierarquia da Renault não lhe disse nada! O boato de espionagem industrial ganha corpo e é estampado na manchete do *Figaro* em 6 de janeiro: "Espionagem na Renault: a pista chinesa". A Losango está convencida de que o império do Meio criou um filão de corrupção para pilhar suas tecnologias, principalmente no setor de veículos elétricos. Mas, apesar da gravidade do caso, não pôs nem a polícia, nem a justiça no meio. Foi somente no dia 13 de janeiro que o grupo decidiu dar queixa contra X por "espionagem industrial, corrupção, abuso de confiança, roubo e receptação, cometidos com formação de quadrilha".[1]

Durante três semanas, Ghosn deixa Pélata na linha de frente. Preocupado com seu divórcio difícil, não mudou nada no seu programa habitual nessa época do ano: festas com a família no Brasil, uma passada pelos Estados Unidos para visitar o Salão do Automóvel de Detroit... Mas no dia 22 de janeiro é ele, o CEO, que vai para o *front*. Ele se oferece a Claire Chazal para ir à TF1 participar do jornal das 20 horas. E o CEO se revela muito ofensivo. "Veja bem, nós temos certezas. Se não tivéssemos certezas, não estaríamos aqui." "Certezas" que surpreendem todos os protagonistas do caso. Os advogados dos acusados, os policiais encarregados da investigação e até mesmo os especialistas em comunicação da Renault, que militavam por um discur-

---

1. *Figaro*, 13 de janeiro de 2011.

so muito mais prudente. Mas Carlos Ghosn teve medo "de passar por imbecil", segundo as confidências de uma pessoa próxima. Então decidiu ir mais longe. Olhando de frente para a câmera, ele evoca até mesmo "provas múltiplas". Carlos Ghosn comete um terrível erro. Não há provas. Só há um informante conhecido apenas por Gevrey que se recusa a revelar sua identidade. Os policiais da DCRI passam o pente fino na vida dos suspeitos, nas movimentações de suas contas bancárias, seu estilo de vida, chamadas telefônicas... E não encontram nada. O Ministério Público envia pedidos de assistência judiciária à Suíça e a Leichtenstein. E nada. As contas bancárias apresentadas pela fonte de Gevrey como pertencendo aos três executivos não existem. No dia 14 de março, Jean-Claude Marin, procurador de Paris, comparece a uma coletiva de imprensa. O caso de espionagem presumida se refere na verdade a "uma possível fraude de informações". A Renault foi extorquida em 300 mil euros, transferidos ao misterioso informante para várias contas na Europa e no Oriente Médio. Dominique Gevrey foi preso no dia 13 à noite no aeroporto de Roissy quando se apressava em pegar um voo para Conakry, na Guiné. Ele é colocado sob suspeita de fraude. E Carlos Ghosn volta à TF1 para reconhecer suas falhas.

Um caso tão rocambolesco, tão retumbante, não pode ficar sem ter consequências. O governo, que envidou todos os esforços para defender a Renault de um risco de espionagem industrial, na verdade se humilhou em uma história de indolentes. Na Renault, os trabalhadores ficaram horrorizados com a forma como a diretoria se precipitou em demitir três dos deles. Os sindicatos, os políticos, a opinião pública

O erro 141

querem um ajuste de contas com a Renault. François Baroin, porta-voz do governo, se espanta com "o amadorismo inverossímil" do caso. "Não poderemos deixar isso sem consequências", conclui o ministro no canal LCI. Cabeças vão rolar. E as cabeças de fato rolam. Mas não a de Carlos Ghosn, apesar das "certezas" televisadas de janeiro. O CEO se rodeia de uma equipe de choque para defender sua causa junto ao Poder Executivo e a Nicolas Sarkozy. É preciso evitar que o presidente da República ponha o polegar para baixo. Ghosn recruta quem sabe murmurar na orelha do Palácio do Eliseu. Ele contrata assim os serviços de Alain Bauer, cuja missão oficial — e necessária — é reorganizar o dispositivo de segurança da Renault. O advogado Nicolas Baverez também entra no negócio. E propõe o nome de Claudine Pons, da agência Les Rois Mages, que calha de conhecer o irmão do primeiro-ministro François Fillon. Em torno de Ghosn, um dispositivo de triangulação da República é implementado para ativar todas as redes importantes. Para também fazer valer o risco que existiria de prescindir de Carlos Ghosn. E esse risco é a Aliança. Em 2011, como em 2005 quando ele tinha sido nomeado CEO das duas empresas, Carlos Ghosn continua a ser o melhor cimento entre a Renault e a Nissan. Ele é imprescindível. Indesparafusável. O conselho de administração se rende a essa evidência e renova sua confiança no CEO. Na mesa, Alexis Kohler que representa a APE é daqueles que assistem a esse episódio que é uma verdadeira demonstração de força em favor de Carlos Ghosn. O governo confirma essa posição. Em Bercy, os ministros Christine Lagarde e Éric Besson se contentam em alertá-lo quanto ao futuro e apoiam por um comunicado que eles "previram fazer um balanço com Carlos Ghosn nos próximos meses sobre a estratégia industrial de forma a reforçar a Aliança Renault-Nissan". A missão "é preciso salvar o soldado Ghosn" é um sucesso. Os danos colaterais são imensos. Carlos Ghosn se enganou e quem não o impediu de se enganar vai sofrer as consequências. Um procedimento de demissão é implementado em abril de 2011 contra três membros do serviço DPG, dentre eles o chefe, Rémi Pagnie, um antigo funcionário da DGSE, o serviço secreto francês. Um veterano da Aliança. Ghosn o tinha tornado responsável pela segurança na Nissan em 2000 e o levou na bagagem para a Renault em 2005. Um homem de confiança que, durante todo o caso dos falsos espiões, foi o interlocutor de Pélata e do CEO, que nunca questionaram o que ele lhes dizia. O diretor jurídico, o diretor de recursos humanos, responsável pelos executivos, o secretário-geral e a diretora de comunicação também foram destituídos de seus cargos na mesma data.

Porém, o fusível será Patrick Pélata, que pôs a própria cabeça no patíbulo, ao declarar no dia 4 de março: "Se não há caso de espionagem, todos os responsáveis devem pagar pelas consequências até o mais alto escalão da empresa, isto é, incluindo a mim mesmo".[2] A auditoria contratada após o fiasco vai destacar seu papel diariamente no caso. Em 11 de abril, o diretor-geral encarregado das operações é demitido da sua função. Carlos Ghosn sacrificou seu braço direito.

Pélata não é uma pessoa qualquer, nem para o CEO, nem para a Renault. Ele era considerado um dos mais fiéis a Carlos

---

2. *Le Figaro*, 4 de março de 2011.

O erro 143

Ghosn — os dois são próximos — e um dos mais legítimos no grupo francês e na Aliança por ter feito parte do comando de 1999, cujos outros membros o reconhecem facilmente como o mais brilhante entre eles. Para a antiga administração Renault, Patrick Pélata é um CEO à parte, um superqualificado brilhante que contribuiu dez anos para o Partido Comunista. A demissão de Pélata por Ghosn provoca uma reação de choque no grupo. A fascinação exercida pelo hiper-CEO muda de natureza. Ele será a partir de então mais temido do que admirado. Carlos Ghosn perdeu uma parte de sua notável capacidade de arregimentar suas tropas com esse caso.

E, no entanto, era essa a sua força. "Se ele tivesse nos pedido para pular pela janela, nós teríamos pulado", conta um antigo funcionário da Losango. Um outro se lembra de reuniões com o dirigente como "de instantes mágicos". Ghosn coloca uma intensidade fora do comum em tudo o que faz. "Durante as reuniões da diretoria, era ele o mais assíduo. Sua atenção não se dispersava nem por um momento, como é comum de acontecer com qualquer pessoa nesse tipo de situação", observa um antigo executivo. Nos escritórios, nas fábricas, junto às equipes comerciais ou nos centros de engenharia, o efeito é o mesmo. Os problemas pareciam de repente ter solução e, melhor, Ghosn sabe fazer com que as equipes encontrem a solução por elas mesmas.

Na Michelin e depois na Renault e, por fim, na Nissan, o CEO aplicou a mesma receita para atingir seus objetivos: criar equipes transversais, com frequência compostas por jovens executivos, encarregados de resolver um determinado problema acionando todas as alavancas necessárias na empresa. O objetivo é o pragmatismo, a consequência é que isso quebra com os baronatos, as hierarquias instaladas.

Na Nissan, o método produz maravilhas. "No dia 1º de abril, primeiro dia do novo ano fiscal, ele reunia 300 executivos para fazer o lançamento do ano. Quando ele falava com os caras, ele os eletrizava", conta um antigo funcionário da Nissan.

Na Renault, o resultado é visível em matéria de redução de custos e maior eficácia. Mas a antiga administração aceita mal essa nova cultura. Os jovens empregados das equipes transversais são chamados de apelidos pouco elogiosos. Eles são *GD*, os *Ghosn disse*, os *khmers vermelhos* do chefe.

Desde 2005 e da dupla direção, Carlos Ghosn, no entanto, marca menos território. A ligação com os empregados na Nissan e com os da Renault vai pouco a pouco se esgarçando. Ironia da história: foi em pleno caso dos falsos espiões que o grupo japonês recuperou um pouco desse Carlos Ghosn tão admirado. Pois, no momento em que a Renault é violentamente sacudida pelo escândalo, a terra treme no Japão, no dia 11 de março. A fábrica da Nissan de Iwaki, no distrito de Fukushima, fica parcialmente destruída. Em 29 de março, quando outros preferiram deixar a região e até mesmo o país, Carlos Ghosn fica em Iwaki e promete que a fábrica não fechará. "Dois meses depois, no dia 17 de maio de 2011, quando voltei, a fábrica operava de novo a quase plena capacidade."[3] A sequência marcou o homem e o grupo. Ela entrará para a lenda de Carlos Ghosn.

---
3. GHOSN, C. *Carlos Ghosn (21) Disaster strikes: Japan's March 11 earthquake*. My personal history Carlos Ghosn. Nikkei, 2017. Série autobiográfica publicada em janeiro de 2017.

Porém, na Renault, assim como na Nissan, sua estrela empalideceu com o caso dos falsos espiões. Pois, além de Pélata, outro número dois na hierarquia vai pagar o pato: é Toshiyuki Shiga. Em novembro de 2010, a *fonte* de Dominique Gevrey também o tinha citado como titular de uma conta *offshore*. Ghosn havia pedido a Rémi Pagnie para investigar o dirigente japonês, sem comentar com ninguém, nem mesmo com Pélata. A implicação de Shiga poderia ter consequências de uma proporção sem comparação com a dos espiões feita na Renault. Essa parte do caso vai, aliás, incitar o CEO da Renault e da Nissan a não recorrer à justiça francesa nem à DCRI e a não informar o governo. Ele quer gerir diretamente e sozinho tudo o que se referir à Nissan. O desmoronamento das acusações contra os executivos franceses da Renault traz forçosamente de novo à baila as acusações contra o dirigente japonês. Mas Carlos Ghosn não teria mais confiança total em Toshiyuki Shiga. Dois anos depois, ele o retira de funções operacionais e o coloca em uma sala com uma placa dourada com um título de vice-presidente da Nissan e um assento no conselho de administração. Uma função que ele só abandonará em junho de 2019.

De Pélata a Shiga, parece claro que Carlos Ghosn corta a cabeça de quem extrapola. E a forma não tem nada de gloriosa. "Quando ele quer se ver livre de alguém, ele não o evita, simplesmente. Essa pessoa não existe mais para ele. E a pessoa acaba por desabar", revela um antigo funcionário, alto dirigente da fabricante francesa. Patrick Pélata apresentou a demissão do cargo em abril de 2011, mas só saiu da Renault em 16 de agosto de 2012. Ghosn deixa que a situação fique insustentável, preferindo o desprezo às explicações francas, sem desconfiar da quantidade de rancores que ele contribui, assim, a criar no seu rastro. "Pelo que sei, só Carlos Tavares se demitiu", observa um antigo funcionário da Renault. É importante dizer que Tavares, dez anos mais novo do que Ghosn, antigo funcionário da Nissan, mas não da geração de 1999, esticou muito a corda. No dia 14 de agosto de 2013, enquanto sucedia Pélata na função de número dois na hierarquia da Renault, ele dá uma entrevista à agência Bloomberg durante a qual declara tranquilamente sua ambição de dirigir uma grande fabricante como a General Motors ou a Ford: "Em um dado momento, você tem a energia e a sede de se tornar o número um [...]. Minha experiência seria boa para qualquer empresa". A afronta a Carlos Ghosn é ainda mais massiva por ser totalmente deliberada. O CEO encurta as férias, se assegura do apoio de seu conselho e põe no olho da rua seu braço direito travesso. Mais um.

A CEGUEIRA

Outubro de 2018, Paris

Paris sufoca no período mais quente do ano e Tóquio se enlanguesce no abafamento do verão japonês. Na Renault e na Nissan, o ritmo é diminuído. O destino dos dois grupos é incerto. Na procuradoria de Tóquio, a unidade de investigações especiais abre confidencialmente, no meio do mês de agosto, uma investigação criminal a partir de elementos já obtidos na Nissan. O tremor de terra é para breve. A tectônica das placas o torna inelutável.

Nenhum sismógrafo, contudo, detectou a incrível acumulação de pressões, tensões, que se produz no outono. Carlos Ghosn é tomado por um turbilhão de atividades. Ele percorre o planeta a um ritmo ainda mais desenfreado do que de hábito, para cumprir múltiplas obrigações, muitas vezes de ordem privada. E o presidente da Aliança dá o último retoque em seu projeto de *holding*, e sua futura TopCo, que ele quer revelar, como previsto, em fevereiro de 2019, enquanto que a Nissan, fragilizada por seus resultados ruins, é minada em seu interior por uma investigação secreta.

Na cabeça de Carlos Ghosn, todas as peças do quebra-cabeça estão se juntando. Ele vai chegar lá, fazendo convergir as posições de todos os protagonistas de seu quebra-cabeça para a *holding*. Suas últimas discussões com os representantes do Estado francês, principalmente por ocasião de um almoço no final de julho com Martin Vial, o deixam confiante.

Ghosn faz com que o processo avance à sua maneira, de forma bem solitária. Ele compartimenta. Nenhum grupo de trabalho comum entre a Renault e a Nissan ainda foi organizado. Nenhum banco consultor ainda foi formalmente designado, apesar de que muitos assediam a Aliança para oferecer seus serviços, farejando o enorme negócio que se projeta. Nenhum dos conselhos de administração ainda foi acionado. Na Renault, houve apenas uma apresentação informal em setembro, durante um almoço em que o CEO convidou Philippe Lagayette, o administrador independente, Patrick Thomas, ex-CEO da Hermès e presidente do comitê de nomeações, e Marie-Annick Darmaillac, secretária-geral do grupo Bolloré, que preside o comitê de remunerações.

Ghosn escolhe algumas pessoas próximas que fazem as vezes de *sparring partners*, como Carlos Abou Jaoude, o advogado libanês que contrata no momento de seu divórcio e de quem ficou amigo. E, em Boulogne-Billancourt, organiza um pequeno grupo de trabalho chefiado por Mouna Sepehri. A equipe se constituiu na sequência da batalha dos direitos de voto duplo do Estado em 2015, que contribuiu para criar um fosso entre a Renault e a Nissan. Sua primeira obrigação é explorar a possibilidade de uma fusão total entre as duas fabricantes. Além de Mouna Sepehri, encontra-se em torno da mesa Thierry Bolloré, assim como a diretora financeira da Losango, Clotilde Delbos. Os banqueiros da Ardea Partners, um banco boutique criado por um punhado de antigos funcionários do Goldman Sachs, como Chris Cole e James Del Favero, os advogados de Sullivan & Cromwell e a inevitável agência Les Rois Mages, de Claudine Pons, completam o pequeno grupo confidencial. Mas ninguém, além de Carlos Ghosn, conhece de verdade o quadro final da situação.

Contudo, ele já previu várias coisas. Quando for lançar oficialmente o empreendimento, designará seus negociadores. Ele deverá se manter afastado, evitar mergulhar diretamente no conflito de interesses inerente à sua dupla função. Ele deseja que Greg Kelly retorne ao serviço ativo. Kelly revelou a algumas pessoas próximas, dentre elas José Muñoz, o diretor delegado ao desempenho da Nissan, no outono: ele vai "em breve ter um papel mais operacional", mais "*hands-on*", como diz o americano. Com sua senioridade e a confiança que lhe atribui Ghosn, ele supervisionará a negociação. Retomando seus papéis naturais, Mouna Sepehri e Hari Nada representarão cada um sua empresa. A escolha dos conselhos jurídico e financeiro virá em breve também. Ghosn tem um encontro marcado com Jamie Dimon, o CEO *superstar* do banco americano JPMorgan, no mês de janeiro. A todos os banqueiros que encontra ou que o contatam nesse estágio, ele diz a mesma coisa. Tudo estará pronto em fevereiro.

Uma *holding*, uma só ação cotada em Paris e em Tóquio, uma direção ágil e fabricantes autônomas. O esquema é simples. Restam três questões indefinidas para resolver. A primeira é o lugar do Estado francês. Carlos Ghosn disse claramente a seus interlocutores da APE e do governo que a saída do Estado do capital da Renault e, portanto, da futura *holding* da Aliança, era necessária para fazer o projeto se ancorar. "Eles não gostaram da ideia", conta uma pessoa implicada. "Eles se deixaram convencer obtendo da Renault vários compromissos restritos sobre a atividade e o investimento na França", revela outra fonte.

A segunda questão que não estava resolvida é a localização da sede da futura Aliança que, acessoriamente, se tornaria também a nova residência fiscal de Carlos Ghosn. A escolha deveria se fazer quase que por eliminação. Nem Paris, nem Tóquio, é claro, para que nem a Nissan, nem a Renault se sentissem sujeitadas uma pela outra. Emmanuel Macron recusará que seja fora da Europa; então estão fora os portos de ligação asiáticos muito valorizados como Cingapura ou Hong Kong. Na Europa, "pensamos em Londres, mas o Brexit acabou com esse projeto", explica uma fonte próxima do caso, "e a Irlanda, aí já começaria a ficar muito exótico". Por fim, a alternativa se situa entre Amsterdã e Genebra. Ghosn e seu grupo mais próximo pendem para a Suíça, mas, levando todas as variáveis em consideração, o Estado francês preferiria os Países Baixos que pelo menos têm o mérito de estarem dentro da União Europeia. A capital neerlandesa também é mais politicamente correta do que a Suíça que, apesar do fim do sigilo bancário, mantém ainda sua antiga reputação de paraíso fiscal. E a RNBV já está sediada em Amsterdã, então não daria a impressão de uma "mudança" da Aliança.

A terceira questão em suspenso é a amplitude da Aliança. Existe o plano A, aquele em que se mantêm três elementos: a *holding* controlaria a Renault, a Nissan e a Mitsubishi. E existe o plano B, com quatro elementos, ou melhor com cinco: a Aliança se estenderia ao grupo FCA, isto é, à Fiat e à Chrysler. Carlos Ghosn às vezes fala disso com brilho nos olhos. Essa Aliança seria de fato de muito longe a número um mundial, com um pé poderoso nos Estados Unidos, outro na Europa, um terceiro na Ásia. Para um CEO obcecado com a ideia de deixar uma marca na história, que consagração isso seria! Há meses, anos, Ghosn entabula discussões mais ou menos intensas com John Elkann, o jovem herdeiro da família Agnelli que controla a FCA (Fiat Chrysler Automobiles) e com Sergio Marchionne, o emblemático CEO da fabricante. Seu Gulfstream pousa regularmente em Turim, o feudo dos Agnelli, ou ainda em Milão, ou em destinos italianos mais originais, como Gênova, Nápoles ou Olbia, na Sardenha, ao sabor das peregrinações de seus interlocutores. Todo mundo sabe: a FCA quer se juntar para chegar ao tamanho que permitirá o bom nível de investimentos em indústria "viciada em capital", "*capital junkie*", como diz Marchionne. A Volkswagen, a Ford, a Renault-Nissan, a PSA... o grupo ítalo-americano discute com todo mundo e tenta fazer os lances aumentarem. O falecimento de Sergio Marchionne, no dia 25 de julho de 2018, deixa a indústria automobilística mundial órfã de um de seus maiores ícones e faz aumentar o peso sobre os ombros de John Elkann. E facilita também a realização do grande projeto de Ghosn, que teria tido dificuldade para fazer coabitar sob o mesmo teto dois monstros sagrados da história industrial moderna. O CEO da Renault-Nissan tem grandes esperanças de convencer o herdeiro italiano, criado nos Estados Unidos e na França — um cidadão do mundo, como ele! —, que a Aliança é uma boa parceira para a FCA. Um encontro potencialmente decisivo já figura na agenda dos dois: final de janeiro de 2019, eles marcaram um jantar em Paris.

 Uma *holding* e duas fabricantes, cada uma com seu CEO. Ghosn já escolheu seus homens-chave. Na Renault, Thierry Bolloré, que ele tornou diretor-geral adjunto alguns meses antes, será, enfim, nomeado diretor-geral da Losango a partir de fevereiro de 2019. Em nível da Aliança, que ele mesmo presidirá, é claro, Trevor Mann, um antigo funcionário da Nissan enviado à Mitsubishi como diretor de operações, se tornará diretor-geral. Mann tinha se casado de novo recentemente com uma europeia que não queria deixar o Velho Continente para ir viver em Tóquio. Já está previsto que ele assumirá, a partir de abril de 2019, um cargo operacional de *chief competitive officer* na Aliança, nos Países Baixos. Um tipo de missão de prefiguração. Quanto à Nissan, Ghosn só tem uma certeza — relatada por várias pessoas próximas dele — não será Hiroto Saikawa. O diretor-geral japonês acumulou, segundo seu presidente, maus desempenhos demais desde abril de 2017 e Ghosn não acredita na promessa que ele lhe fez de uma retificação no segundo semestre.

 Carlos Ghosn, que parece não só ter "demitido" Carlos Tavares, teria dito a Saikawa que ele deveria em breve deixar o cargo? Isso não é verossímil. Mas ele disse a outros. "Saikawa não podia ignorar que estava sentado em um assento ejetável", afirma uma pessoa próxima de antigo CEO

A cegueira

da Aliança, "Ghosn certamente disse isso a Jean-Baptiste Duzan, um administrador da Nissan, que teria repetido a Saikawa". O diretor-geral da Nissan teria revelado a lembrança de seu último encontro com Greg Kelly, em setembro de 2018. "Ele me disse: Sr. Saikawa, o senhor sempre diz não, não, não", em relação ao assunto da Aliança, "poderemos encontrar alguém que diga sim para substituí-lo".[1] Segundo o dirigente japonês, essa conversa o teria convencido que Greg Kelly pensava mais no futuro de Carlos Ghosn do que no da fabricante.

O plano de Carlos Ghosn está pronto. A tal ponto que ele não sacrifica nenhum de seus momentos de prazer particular. A Aliança Renault-Nissan é, sem dúvida, sua grande obra: ele prevê celebrar seu vigésimo aniversário, que será imortalizado por meio de um documentário e de um livro que as equipes de comunicação da Aliança encomendaram.

Mas, no início de outubro de 2018, Ghosn festeja outro aniversário importante para si: os dez anos da Ixsir, a propriedade vitícola libanesa na qual ele investiu com seu amigo Etienne Debbane. No dia 6 de outubro, no vale do Bekaa, em um dos três terrenos de vinhedos que a Ixsir possui de norte a sul do Líbano, seiscentos convidados de prestígio compartilham esse momento de festa ao longo de imensas mesas cobertas de toalhas brancas bem decoradas com cachos de uvas. Toda a alta sociedade do país do cedro se amontoa em torno de seu filho prodígio.

Alguns dias depois, outro evento está previsto em sua agenda. Carlos Ghosn casa sua filha mais velha, Caroline,

---

1. *Shukan Bunshun*, fevereiro de 2019.

com o jovem *startupper* Nicholas Flanders. No dia 14 de outubro, ele recebe para jantar uma centena de convidados no Automóvel Clube da praça da Concórdia em Paris. As núpcias dos cidadãos do mundo diferem das dos comuns dos mortais. O jantar da Concórdia é a última etapa de uma valsa em três tempos. O casamento já foi celebrado na Califórnia, em Palm Springs e no Japão, onde Caroline passou boa parte de sua infância. No início de julho, os dois jovens trocaram seus votos diante de cerca de cinquenta amigos escoltados por helicóptero para a ilha de Naoshima. Eles são os primeiros ocidentais a se casarem nesse local de sonho, verdadeiro museu de arte contemporânea a céu aberto. Caroline não usa véu, mas um magnífico penteado com folhagens que desce como em cascata pelas costas e continua como a cauda do vestido. Em Naoshima, eles celebram, na tradição xintoísta do *Kagami biraki*, a abertura, em golpes de martelo, de um tonel de saquê. Como se diz no Japão, isso atrai boa sorte e harmonia. No entanto, vai ser a má sorte que vai se abater sobre seu pai e sogro tão orgulhoso de casar sua primeira filha.

No momento em que ele se regala no Automóvel Clube, a investigação dos procuradores de Tóquio acaba de ter um avanço significativo. No dia 13 de outubro, Hari Nada assina com a justiça japonesa um acordo preliminar de admissão de culpa.[2]

Tudo se acelera. Hiroto Saikawa toma ciência oficialmente do que se trama em sua empresa há vários meses. A menos que se trate de um ato processual que mascare o fato

---

2. *Asahi Shimbun*, 23 de abril de 2019.

A cegueira 155

de que o diretor-geral já estava informado. O que quer que seja, Hari Nada tem, a partir de então, as mãos livres para acabar de juntar os elementos necessários para o Ministério Público. O homem de confiança de Ghosn sabe o que ele deve procurar e sabe perfeitamente onde poderá encontrar.

No dia 16 de outubro, ele escreve um e-mail a Eduardo Teixeira Quentel, advogado do escritório de advocacia brasileiro Gouvêa Vieira Advogados, encarregado dos negócios da Nissan no Brasil: "Caro Eduardo, preciso urgentemente de uma pasta contendo todos os documentos da compra e da manutenção do imóvel do Rio efetuados pela Hamsa [a subfilial da Nissan que comprou o apartamento em 2012]. Incluindo o registro no cartório público. Você pode me enviar isso imediatamente, por favor? Você pode fazer dois arquivos, um com os originais e outro com as cópias?" Hari Nada pressiona. Está apressado.

Uma semana depois, no dia 23 de outubro, ele chega ao Rio de Janeiro para pegar os documentos. Vêm também procurar outros documentos no escritório local de Carlos Ghosn. Questiona a assistente pessoal de Ghosn no Brasil, Vania Rufino. O encontro deixa nesta última uma sensação de desconforto. Comum pretexto de uma dor na mão que o impede de escrever, Nada grava a conversa. Bizarro. A ponto de Vania se abrir com seu chefe. Carlos Ghosn não leva em conta suas inquietações. Que problema pode lhe causar Hari Nada, esse homem a respeito de quem ele já disse "que ele não conta"?

No entanto, Hari Nada continua em sua estranha missão. Do Rio, segue para Beirute, onde chega na quarta-feira, 24. E repete seu esquema estranho. Com o pretexto de uma investigação de segurança, procura faturas, faz perguntas, faz cópia de documentos e grava conversas.

Nos dias 26 e 27 de outubro, o próprio Carlos Ghosn está em Marrakesh. Na sexta-feira 26, ele tem um encontro marcado com o rei Mohammed VI. Na saída da reunião, ele anuncia a decisão da Renault de duplicar a capacidade de produção da fábrica de Casablanca que fabrica Sanderos e Logans. No dia seguinte, ele está no palco da World Policy Conference, organizada todo ano por Thierry de Montbrial, diretor do Instituto Francês de Relações Internacionais, que foi seu professor na Escola Politécnica. Ghosn nunca tinha conseguido encaixar o evento anual do IFRI na sua agenda. Mas, dessa vez, decidiu honrar o convite. Ele discorre sobre seu assunto favorito: a Aliança Renault-Nissan e a globalização. "Somos empresas diferentes dotadas de culturas diferentes, com forças e fraquezas diferentes, o que nos permite, de certa força, evitar os ângulos mortos."

No ângulo morto do campo de visão de Carlos Ghosn, a Nissan prepara sua queda. A cegueira do dirigente diante do que se passa em seu entorno parece incrível quando visto *a posteriori*. "Ao nomear Hiroto Saikawa para a direção-geral da Nissan, ele se apartou das informações", explica uma pessoa próxima da Aliança.

Na sexta-feira, dia 26, no momento em que Hari Nada deixa o Líbano para voltar para o Japão, Hiroto Saikawa atravessa o planeta no outro sentido. A seu pedido, se reúne a Carlos Ghosn em Marrakesh. Impulsionado por um último elã de lealdade, ele pensou em preveni-lo? Ou, ao contrário, queria se assegurar de que o presidente da Nissan não levantasse nenhuma suspeita? "Nada de importante foi

A cegueira 157

dito naquele dia", afirma uma fonte, e Carlos Ghosn saiu do encontro se perguntando por que Hiroto Saikawa tinha querido vir de Yokohama.

No exato momento em que os dois se encontram em Marrakesh, em Tóquio, um segundo homem, no dia 26 de outubro, toma as providências oficiais para concluir, ele também, uma admissão de culpa.[3] Trata-se de Toshiaki Onuma, o responsável da Secretaria na Nissan. Um executivo que sabe demais também, principalmente sobre o tema das remunerações da direção-geral da empresa.

Em 31 de outubro, Toshiaki Onuma assina sua confissão e sua admissão de culpa. Hari Nada tinha feito o mesmo na véspera. Entende-se que o primeiro trouxe 87 elementos de provas, segundo o jornal *Asahi*. O segundo, 53. Para a procuradoria de Tóquio, está tudo pronto. A organização meticulosa da agenda de Carlos Ghosn lhes permite saber precisamente quando ele estará no Japão. Não será em 7 de novembro, mesmo que nessa data a fabricante reúna seu conselho para validar as contas — no vermelho — do primeiro semestre. Ghosn assiste à reunião com frequência por videoconferência, estando na França. No dia seguinte, de fato, é preciso que esteja em Mauberge. A fábrica da Renault foi escolhida como etapa da "itinerância memorial" do presidente Emmanuel Macron que, por uma semana, rende homenagem aos soldados da Grande Guerra ao mesmo tempo em que à França industrial. Na fábrica da Losango, o CEO e o presidente compartilham o palco. É a primeira vez desde a eleição de 2017 que os dois homens aparecem as-

---
3. *Ibid.*

sim juntos. A imagem assinala sua reconciliação, necessária à realização do projeto de Ghosn para a Aliança.

E Ghosn está confiante também no que se refere ao governo japonês. Hitoshi Kawagushi, o responsável pelas relações públicas na Nissan, com quem ele tem uma reunião por mês e que organiza todos os seus encontros com as autoridades, o tranquilizou. Seus contatos com os responsáveis governamentais, incluindo o poderoso secretário-geral do primeiro-ministro Yoshihide Suga, são bons. Em meados de novembro, Carlos Ghosn garante por telefone a Martin Vial: o governo japonês está pronto para acompanhar o projeto. E, em alguns dias, uma nova passada por Beirute, Carlos Ghosn poderá se tranquilizar também. No dia 19 de novembro, ele estará em Tóquio.

SEGUNDA PARTE

A QUEDA

O LAÇO

Os dois jatos de longo curso da Nissan convergem para Tóquio. O primeiro vem do Leste. Decolou de Nashville, Tennessee, a mais de 10 mil quilômetros da capital japonesa, com um único passageiro, o americano Greg Kelly. É a primeira vez que o administrador do grupo tem direito a esse tratamento privilegiado. Normalmente, ele viaja em voo comercial.

O segundo vem do Oriente. É o Gulfstream 550 último tipo comprado pela Nissan dois anos antes ao preço de catálogo de 65 milhões de dólares. O avião vem de Beirute. Distância: 9 mil quilômetros. A bordo, Carlos Ghosn. Esse voo é rotineiro para ele, tanto a aeronave quanto a tripulação.

Ghosn decolou do Líbano no domingo à noite, Kelly deixou o solo americano na segunda-feira de manhã. Eles vão aterrissar quase ao mesmo tempo, de tarde no fuso horário japonês, na segunda-feira 19 de novembro de 2018. Antes de voar, o presidente da Nissan enviou uma mensagem por WhatsApp para seus filhos. Como faz todos os domingos. "Indo para Tóquio. Amo vocês!" O grupo deles no aplicativo se chama *Game of Ghosn*, em referência à famosa série. E o espírito de clã que os reúne não arrefeceu.

"Os filhos dele são muito legais. São sociáveis e caem nos braços dele cada vez que se veem. Nem de longe do tipo dos que se sentem abafados pela personalidade do pai", testemunha um antigo funcionário da Renault. Ghosn deixa Beirute, o espírito ainda mais leve do que em Tóquio, seu primeiro encontro é com a filha caçula Maya, que vai lhe apresentar o namorado Patrick.

Greg Kelly, por sua vez, saiu de Nashville com os pés pesados ou, melhor, com as cervicais empedradas como concreto e os braços tensos. Ele sofre de uma estenose espinhal e vai se submeter a uma cirurgia no fim do mês. Nunca lhe ocorreria fazer uma viagem para Tóquio, mesmo para uma reunião do conselho de administração da Nissan da qual pode participar por videoconferência. Mas, de Yokohama, Hari Nada, seu fiel colaborador a quem cedeu seu cargo, insistiu. "É preciso que você venha para essa reunião. É importante", disseram-lhe no CEO Office. Importante a ponto de lhe enviarem, pela primeira vez, o avião do grupo. Você estará de volta aos Estados Unidos para o Dia de Ação de Graças", no dia 22 de novembro, foi o que lhe disseram.

Kelly aterrissa primeiro em Tóquio, no aeroporto de Narita, e se precipita imediatamente dentro de um táxi para alcançar a sede em Yokohama.

As rodas do jato de Carlos Ghosn tocam a pista de Haneda, o outro grande aeroporto da capital japonesa, às 15h30.

No momento em que os dois põem os pés em solo japonês, uma operação policial extraordinária, coordenada entre o gabinete do procurador de Tóquio e o grupo Nissan, é deslanchada.

O laço

Greg Kelly deveria ser interpelado na sede da fabricante. Mas ficou retido no trânsito. Ele conta: "Fui detido quando estava na autoestrada, no táxi que tinha pegado vinte minutos antes no aeroporto. De repente, uma van preta nos abordou e ordenou: 'Parem na próxima área de estacionamento.' Eu perguntei: 'Podemos falar disso mais tarde?' Mas é claro que eles recusaram. Fui levado ao centro de detenção de Tóquio".[1]

Carlos Ghosn, por seu lado, contará mais tarde sua prisão à sua mulher, Carole.[2] "Desci do avião e entrei no terminal. Na imigração, eles pegaram meu passaporte e me disseram: 'Você tem um problema de visto. Nos acompanhe à sala ao lado.' Nessa sala, tinha um homem sentado. Ele se apresentou: 'Sou procurador de Tóquio. O senhor está sendo detido. Por favor, me siga.'" O procurador não lhe pergunta nada, nem lhe diz mais nada. Carlos Ghosn só terá outras informações em 48 horas.

A notícia não é divulgada ao público imediatamente. Em Tóquio, no apartamento de seu pai, Maya se espanta com o atraso do pai, mas o motorista de Carlos Ghosn a tranquiliza. O avião deve ter se atrasado. Ela envia uma mensagem de texto para ele: "Me avise quando estiver vindo." Ainda sob o efeito do *jetlag*, ela aproveita para tirar um cochilo. Eles têm tempo. A reserva no *Jiro*, o restaurante de sushis de Ginza com estrelas no Michelin onde combinaram de jantar, é para as 19h30.

Em Yokohama, Frédérique Le Greves, chefe de gabinete de Ghosn, chegou como sempre um pouco antes de seu

---
1. *Bungei Shunju*, op. cit.
2. *Quotidien*, 27 de junho de 2019.

chefe e em voo comercial, e também Cléa Martinet, que redige os discursos de Carlos Ghosn. Ambas participam de uma reunião com as equipes de comunicação da Nissan. De repente, alguns executivos são chamados com urgência em outro lugar e a reunião continua sem eles. Depois voltam, com uma cara estranha, e ligam a televisão, como se esperassem alguma coisa.

E, de fato, por volta de 17h, uma faixa aparece na tela: "*Carlos Ghosn, chairman of Nissan, is said to have been arrested in Tokyo*".[3] As duas francesas empalidecem. As equipes da Nissan se separam. Um primeiro comunicado está pronto e será divulgado em seguida. "Eles desenvolviam um roteiro", lembra-se uma fonte.

A detenção ainda não é oficial, mas corre um boato como um rastro de pólvora de um lado a outro do planeta. Em viagem em Manila, Trevor Mann olha incrédulo o alerta na tela de seu celular. "Não se preocupe. Deve ser *fake news*", comenta seu colega japonês. Em Nova York, Carole, cujo avião acaba de pousar, é avisada por seu filho. Em Paris, a notícia aparece em todas as telas dos canais de informações contínuas, até aquele momento ocupadas em fazer o balanço da primeira grande mobilização dos coletes amarelos no sábado anterior. O Palácio do Eliseu, Matignon e Bercy ficam sabendo da mesma forma, pela imprensa. Emmanuel Macron e Bruno Le Maire estão em Bruxelas, em visita de Estado, e seus assistentes contam as notícias por celular. Em Boulogne-Billancourt também, são as equipes da comunicação que dão o alerta. Thierry Bolloré, que

---

3. "Carlos Ghosn, presidente da Nissan, teria sido preso em Tóquio."

está a caminho do aeroporto de Rossy, onde tem que pegar um voo para Tóquio, pede ao táxi para dar meia-volta. Como todo mundo, e mesmo tendo conversado na véspera com Saikawa, ele fica pasmo.

Em Tóquio, a notícia aturdiu os convidados do embaixador da França Laurent Pic, reunidos para um coquetel em sua residência nas alturas de Minami-Azabu. Que ironia! Nesse 19 de novembro, a fina flor da cooperação econômica franco-japonesa celebra o centenário da Câmara de Comércio e Indústria Francesa em Tóquio. De manhã, no centro financeiro, a alta sociedade está presente e há muitos discursos enfadonhos na CCIFJ. Há também veteranos da Aliança Renault-Nissan, é claro. Louis Schweitzer está lá. Hiroto Saikawa também. O CEO da Nissan conversa cerca de vinte minutos com Agnès Pannier-Runacher, secretária de Estado de Indústria há um mês. Ele evoca um vago "problema de governança", mas não diz nem uma palavra do que vai acontecer naquele dia mesmo.

Na casa de Carlos Ghosn, Patrick acorda Maya no momento em que vê no Twitter que seu futuro sogro foi preso. Bem a tempo. São 17h e já estão batendo na porta do apartamento. Dois homens de preto apresentam à moça uma notificação escrita em inglês: "O juiz de Tóquio nos concedeu o direito de vir fazer uma busca no apartamento. Preciso de uma testemunha. Agradeço sua cooperação".[4] Atrás dele, outros quinze homens entram no apartamento, depois de terem tirado os sapatos. "Eles revistaram tudo. Os armários, as fotos de família, as cartas pessoais, os documentos do

---

4. *The New York Times*, 30 de dezembro de 2018.

divórcio dos meus pais", conta Maya. Os homens de preto permanecem por cinco horas e meia na casa do industrial. Em pânico, Maya e Patrick se trancam no banheiro e, como em um filme ruim, discutem o que fazer em seguida deixando a água do chuveiro correr para encobrir o ruído de suas vozes, caso estivessem sendo escutados.

Em Yokohama também, os homens de preto do gabinete do procurador, engalanados de terno e gravata, se precipitaram nos escritórios da Nissan. Eles revistam prioritariamente o escritório de Carlos Ghosn. Mas uma lista inteira de executivos foi estabelecida antecipadamente e estes últimos intimados a ficar lá para poderem ser interrogados e seus computadores apreendidos. Na volta ao hotel, Frédérique Le Greves e Cléa Martinet são contatadas pela Nissan, que lhes pede para voltar à sede. Depois de uma ou duas ligações aos consultores jurídicos, as duas pulam em um táxi. Rumo ao aeroporto onde pegam o primeiro avião para Paris. Acabado de chegar a Tóquio, Jonathan Adashek, ex-diretor de comunicação da Nissan, que há seis meses ocupa o mesmo cargo, mas na Aliança em Amsterdã, também dá meia-volta e embarca em um voo de volta.

Na Renault, em um ambiente febril, todo mundo tenta entender o que se passa. Hiroto Saikawa e Hari Nada não atendem ao telefone. Depois de várias horas, o diretor-geral da Nissan envia uma primeira mensagem, muito formal, a Philippe Lagayette, o administrador independente da Losango, na qual explica rapidamente que o grupo japonês encontrou várias provas das malversações cometidas por Carlos Ghosn, inclusive dentro de sua filial comum, a RNBV.

"Essa história fede a manipulação", solta, de manhã, um administrador da Renault.

Várias horas passam sem informação oficial precisa. Um clima que favorece a eclosão das teorias as mais loucas. A hipótese que parece ser a mais factível é a da fraude fiscal. Que acusações dessa natureza sejam apresentadas contra Carlos Ghosn, notoriamente conhecido por sua determinação de ganhar o máximo de dinheiro possível, não é uma surpresa. Como se o industrial devesse cair onde pecou. Nos bastidores, as anedotas e testemunhos sobre a loucura dos excessos do CEO da Renault e da Nissan circulam a toda no rastro da notícia sobre sua detenção. No Facebook, é sua ex-mulher, Rita Kordachi, que crava: "Todos os narcisistas são hipócritas. Eles fingem ter uma moral e valores, mas, na realidade, não têm nenhum. Por trás das portas fechadas, eles mentem, insultam, criticam, faltam ao respeito, abusam [...] Eles têm um monte de regras para os outros, mas eles mesmos não respeitam nenhuma das regras que criam".

Nesse 19 de novembro, não são tanto as acusações contra Ghosn que chocam, mas sim que ninguém tivesse pressentido nada, nem mesmo ele. "Ele tinha uma confiança cega nos japoneses", lembra-se, perturbado, um de seus colaboradores. "Imagine o número de pessoas que devia estar a par que ele iria ser detido. Nada vazou. É uma prova da coesão da sociedade japonesa", analisa um bom conhecedor do arquipélago.

O que causa mais estupefação é sobretudo a brutalidade, a violência da operação desencadeada contra Carlos Ghosn. E ainda mais quando a procuradoria informa os fatos que lhe são censurados: "Durante cinco anos até o exercício fiscal encerrado no final de março de 2015, Carlos Ghosn recebeu cerca de 10 bilhões de ienes (89 milhões de dólares), mas a Nissan só declarou a metade". O problema não é nem mesmo fiscal. Ghosn é suspeito de violação da lei de instrumentos financeiros.[5] O que lhe é censurado é uma infração às regras de transparência... é desorientador! A acusação não parece compatível com o emprego dos meios implementados no dia, e menos ainda que possam justificar a detenção de dois homens.

O jornal *Asahi*, que teve a primazia da informação, põe *online* um vídeo que acrescenta a intensidade dramática do dia e viralizará. Suas câmeras captaram oportunamente as imagens do avião de Carlos Ghosn na pista do aeroporto de Haneda. A cabine da luxuosa aeronave reflete o brilho das luzes da pista. A escada de acesso do jato é abaixada. E seis homens de terno e gravata, em fila indiana, sobem os degraus em passo firme. Alguns segundos mais tarde, as cortinas e depois os postigos descem sobre as vigias, ocultando a visão interna de um avião no qual todos imaginam que Carlos Ghosn está sendo detido. O mundo inteiro acha que assistiu diretamente a interpelação do CEO. O mundo inteiro especula. Uns afirmam que Ghosn demorou mais de uma hora para se render; outros se lamentam: por que Ghosn não se recusou a deixar o avião? Os procuradores não poderiam forçá-lo! A verdade é que essas imagens noturnas eram uma encenação. Uma bela *fake news*, já que Carlos Ghosn já tinha chegado ao centro de detenção quando elas foram rodadas.

---

5. Lei FIEL, *Financial Instruments and Exchange Act.*

O laço

O último ato do drama da segunda-feira dia 19 de novembro é encenado às 22h. A Nissan convocou há uma hora uma coletiva de imprensa tardia. Hiroto Saikawa, que tinha tomado a palavra brevemente no hall do prédio diante do pessoal da sede da Nissan algumas horas antes, está sozinho diante de um mar de microfones e câmeras. O rosto do diretor-geral do grupo japonês está tão pouco expressivo como de hábito, mas suas palavras são pessoais e violentas. Ele evoca sua "raiva", sua "decepção" e até mesmo seu "desespero". Ele mal disse duas palavras sobre o processo judicial instaurado pela procuradoria de Tóquio. Mas atesta que sérias falhas por parte de Carlos Ghosn foram descobertas no âmbito de uma investigação interna realizada na Nissan. O presidente enumera as falhas: Carlos Ghosn teria ocultado sua remuneração aos mercados financeiros, seria culpabilizado por fraude devido à finalidade de determinados investimentos e teria feito uso pessoal de ativos da empresa. "Reconhecemos esses fatos. E são atos que não podem ser tolerados", descarrega ele, explicando que Carlos Ghosn e Greg Kelly eram os cérebros das falcatruas. Saikawa denuncia esse "lado obscuro do longo reinado" de Ghosn, marcado por "uma concentração excessiva de poderes". Ele começa a reescrever o balanço do antigo ícone da Nissan, lembrando-se que o grupo não deve sua ressurreição de 1999 a um único homem, mas aos esforços de todos os seus empregados, inclusive os que tiveram que deixar a empresa na época, fornecedores e clientes.

Enquanto o mundo inteiro permanece perturbado por esses eventos que aconteceram há apenas algumas horas, na noite de Yokohama, Hiroto Saikawa já depreende suas consequências. Esses fatos, diz ele, "justificam a demissão" de Carlos Ghosn de seu mandato de presidente e de mandatário. "É o parecer dos especialistas", acrescenta, sem mais precisões. Ele já promete um trabalho de introspecção profunda na Nissan em relação à sua governança. E ressalta que a concentração dos poderes de Carlos Ghosn estava também caracterizada pelo acúmulo das presidências da Renault e da Nissan. "Vamos discutir isso com nossa parceira e rever a maneira como trabalhamos juntas."

"É... muito louco!", exclama, diante da tela, um executivo da Renault. "Não creio nem por um segundo que Hiroto Saikawa tenha escrito esse discurso sozinho", comentará alguns dias depois um veterano da Aliança. Acontece que, sete horas após a detenção de Ghosn, seu diretor-geral acaba de pôr um ponto final, sem ter reunido seu conselho de administração. Ele parece tomar o poder e isso, afirma um bom conhecedor do grupo e do país, "com certeza ele não faz por iniciativa própria". E o especialista define: "Hiroto Saikawa é um executor. Um matador, uma arma de precisão, é bem verdade. Mas ele não é um líder."

O FOSSO

O céu está baixo, cinzento, carregado de uma umidade prestes a se transformar em neve pegajosa. Bem-vindo a Paris! Philippe Klein chega no dia 20 de novembro, vindo de Tóquio e seu humor está em uníssono com esse clima sombrio. O engenheiro, admitido na Renault em 1981, é um puro produto da Aliança. Ele estava na equipe de 1999 enviada à Nissan nas bagagens de Carlos Ghosn e, desde então, trabalhou sucessivamente para uma e outra empresa. Desde 2014, dirige o planejamento da produção da Nissan. E eis que, no fim de sua carreira, herda a missão mais difícil de todas. Na véspera, em meio ao caos criado pela detenção de Ghosn, a Nissan lhe pediu para partir imediatamente para a França. É ele que vai ter que explicar porque o chefe icônico passou, em algumas horas, do Capitólio à Rocha Tarpeia. Ele é enviado à trincheira inimiga, com informações a título de bandeira branca.

Em Paris, de fato, o estado de espírito de seus interlocutores potenciais, na Renault e no cerne dos poderes públicos, segue uma gradação que vai da rigidez à franca hostilidade, passando pela circunspecção e desconfiança.

Na segunda-feira, dia 19, à noite, na volta de Bruxelas, o ministro da Economia, Bruno Le Maire, se reuniu com seu chefe de gabinete Emmanuel Moulin, Martin Vial, Philippe Lagayette — o administrador independente da Renault que se torna líder do conselho de administração na ausência de seu presidente — e Thierry Bolloré, diretor-geral adjunto da Losango, brutalmente impulsionado a chefe da família Renault. Os cinco homens estão de acordo em relação a não precipitar nenhuma decisão. A urgência é apenas obter informação. Durante a noite, Martin Vial acaba se encontrando com Hiroto Saikawa.

Em Bercy, Vial está sozinho no caso. Ele sofre a praga da administração francesa em geral e da Agência de Participações do Estado em particular: o rodízio dos funcionários. O cargo de diretor adjunto está vago há meses e só será preenchido em março de 2019. E o diretor de participações na indústria, Jack Azoulay, deixou o cargo quinze dias mais cedo para assumir a chefia de gabinete de Emmanuelle Wargon no Ministério da Transição Ecológica. Em suma, fora Vial, ninguém mais tem conhecimento do caso Renault, e menos ainda a memória da Aliança.

Nessas condições, procura-se ter informações como possível. Os telefones não param. Louis Schweitzer, obviamente, é requisitado. Uma vez pelo Palácio do Eliseu, uma vez por Bercy, mas não mais do que isso. É preciso lembrar que o ex-CEO da Renault, sofreu críticas severas, em particular é claro, pelos embates contra Emmanuel Macron em 2015 e sua cruzada pelos direitos de voto duplo. Patrick Pélata, por outro lado, é muito escutado. O antigo número dois conservou de sua exclusão como detonador do caso dos fal-

O fosso 173

sos espiões em 2011 uma amargura em relação a Ghosn. Mas principalmente guardou bons contatos na Nissan. Para ele, o caso não deixa dúvidas. Os fatos acusados pela Nissan a Carlos Ghosn são graves e provados. Não existe um complô contra o CEO da Aliança, mas o desvelamento da degradação de sua relação com a Nissan, deterioração que, na França, ninguém percebera. "É preciso entender uma coisa. Ghosn não trabalhava mais", teria ele afirmado, por exemplo, a seus interlocutores.

Patrick Pélata consegue convencer mais no Palácio do Eliseu, onde ele tem o ouvido atento de Alexis Kohler, do que em Bercy. E o mesmo se dá com Philippe Klein que, no dia 20 de novembro, de sua base nos escritórios da Footprint Consultants, perto da Champs-Élysées, inicia sua turnê parisiense sigilosa. Por um lado, tem um encontro marcado na Renault, onde se reúne com os três administradores que contam — Philippe Lagayette, Patrick Thomas e Marie-Annick Darmaillac — assim como com Mouna Sepehri e Thierry Bolloré. "Foi um momento muito difícil para ele, conta uma pessoa próxima, ele foi recebido como um traidor." Na Losango, o exposto por seu antigo colega deixa seus interlocutores atordoados. "Eles se entreolhavam boquiabertos. 'Mas, Philippe, você tem certeza?'", relata uma pessoa próxima do grupo. Acompanhado de Kathryn Carlile, uma jurista bem conhecida na Nissan e antiga colaboradora do CEO Office, o emissário da Nissan também tem um encontro marcado em Bercy, com Martin Vial, principalmente. Lá também, ele suscita muita perplexidade. "Sejamos francos... não entendi nada do que você nos contou", solta um dos responsáveis presentes à reunião. No Palácio do Eliseu, onde o caso é acompanhado por Cédric O e seu chefe de serviço Alexis Zajdenweber, o tom é um pouco diferente. "Quem conhece o grupo diz que há uma ruptura entre Carlos Ghosn e a Nissan. Nós apostamos sobretudo que não há um plano oculto, achamos que não é preciso entrar na paranoia. Não compramos a teoria do complô", comenta-se entre os assessores do presidente da República. "Imaginávamos que Carlos Ghosn fosse a sustentação da Aliança. Agora percebemos que ele virou um problema." Após 48 horas da detenção do CEO franco-líbano-brasileiro, o Palácio do Eliseu não está longe de lançá-lo em uma conta de lucros e perdas.

O discurso oficial está forçosamente sobre uma corda bamba. Ao mesmo tempo é preciso respeitar a presunção de inocência e a justiça de um país amigo. É necessário, como disse Emmanuel Macron em Bruxelas no dia 19, "estar vigilante aos interesses da Aliança e da Renault", sem insultar o futuro nem com o Japão, nem com a Nissan. A soma das restrições torna o discurso público tão vazio quanto, nos bastidores, os debates são intensos.

A Losango passou precipitadamente para o modo crise. À moda da Renault, isso quer dizer, um pouco na paranoia. Os administradores importantes e os conselheiros de todo tipo convergem para a sede do grupo. O criminalista Alain Bauer, a diretora de comunicação da agência Les Rois Mages, Claudine Pons, advogados como o ensaísta Nicolas Baverez do escritório de advocacia Gibson Dunn ou Kami Haeri do escritório de advocacia Quinn Emmanuel são todos chamados para dar suporte. O ambiente lembra desagradavelmente as horas sombrias do caso dos falsos

O fosso 175

espiões. Um trauma que marcou os espíritos e "que nos vacinou contra as supostas investigações internas", como diz um executivo.

No dia seguinte da detenção do poderoso industrial, a Renault e a Nissan não estão de forma alguma na mesma sintonia. O grupo francês diz querer informações, todas as informações. A Nissan objeta que está sujeita ao sigilo do processo judicial em tramitação no Japão. Isso seria, como escreve no dia 20 de novembro Hiroto Saikawa, se tornar culpado "por obstrução de justiça". Daí a missão sigilosa de Philippe Klein. "Dizíamos: 'Deixe-nos explicar-lhes'." É isso que a gente queria. Mas a Renault fechou a porta", conta *a posteriori,* uma fonte próxima da Nissan. Em Boulogne-Billancourt, os juristas, Mouna Sepehri e Thierry Bolloré não permitem que a Nissan faça um *briefing* do processo ao conselho de administração do grupo francês sobre um assunto que o grupo japonês diz estar exposto a uma investigação criminal em Tóquio.

Em sua bagagem, Philippe Klein tem apenas informações esparsas. As que Hari Nada, Toshiaki Onuma e Hidetoshi Imazu reuniram nos últimos meses. O resultado das buscas lançadas pela justiça japonesa ainda não é conhecido. Nem o das investigações complementares lançadas pela Nissan no dia 19 de novembro, no momento da detenção de Carlos Ghosn. Pois a empresa japonesa parece ser a verdadeira auxiliar da procuradoria de Tóquio. Em vez de considerar enviar cartas rogatórias aleatórias para o exterior, o Ministério Público envia a Nissan para fazer o trabalho de investigação.

Desde o dia 19 de novembro, a Nissan tenta assim chegar a todos os escritórios de Carlos Ghosn e a todas as residências fora do Japão das quais o grupo é o proprietário ou o locatário por conta de seu presidente. No Rio de Janeiro, em Beirute, em Amsterdã, em Paris.

Em Paris, as fechaduras do triplex da avenida Georges-Mandel foram trocadas recentemente. Vão ser necessários meses de processo judicial para que o destino do apartamento seja definido. No Rio, a família de Carlos Ghosn e a Nissan se confrontam na justiça em relação ao acesso ao apartamento e ao seu conteúdo. A filha do industrial pôde, por fim, na presença de oficiais de justiça, entrar no apartamento para apanhar alguns objetos pessoais e documentos em uma pasta de plástico, assim como uma maleta que os Ghosn dirão estar vazia. Um presente, parece...

Em Beirute, em um primeiro momento, a Nissan obtém o que procura. O grupo consegue mudar as fechaduras da grande casa rosa. Recupera muitas pastas referentes aos negócios de Carlos Ghosn. O CEO da Aliança, com a vida estranha que leva, decidiu fazer do Líbano a sua base. Amal Abou Jaoude, que trabalhava para Fadi Gebran, seu velho amigo e advogado falecido recentemente, devia ser sua assistente e é contratada para essa função pela Nissan. Esperando que o escritório de Carlos Ghosn se torne operacional, ela ocupa as instalações apertadas da Nissan Líbano. O grupo japonês não tem nenhuma dificuldade de pegar as pastas. E seu computador. Será que eles sabiam naquele momento que haviam pegado o disco rígido do falecido Fadi Gebran e, com ele, uma mina de informações para os procuradores de Tóquio?

No dia 20 de novembro, essas novas investigações tinham acabado de ser lançadas e seus resultados estão longe

O fosso 177

de ser explorados. Philippe Klein ainda não tem elementos bastantes para traçar um quadro completo. Ele não dispõe de documentos suficientes. E, oficialmente, Carlos Ghosn caiu nas garras da justiça japonesa por uma falha na declaração de suas remunerações nos mercados financeiros... Em Paris, ninguém entende bem o que está acontecendo.

É cedo demais para ceder ao pânico e à palavra de ordem guerreira dos detentores da teoria do complô. Mas também é cedo demais para considerar a perfeita boa-fé da mão estendida pela Nissan, que propõe à Renault lançar imediatamente e em conjunto uma investigação sobre sua filial comum, a RNBV. "Nas diretorias convergentes da Aliança, a Nissan tem os recursos humanos. Os membros conhecem as remunerações dos duzentos executivos de mais alto escalão da Aliança. Se deixarmos, eles vão brincar de dez negrinhos", ressalta desde os primeiros dias uma pessoa próxima da Losango. Uma outra acrescenta: "Se a Renault participar disso, será como o comandante Nicholson em *A ponte do rio Kwai*. Subentendido: o grupo francês se arrisca, em nome da boa governança, a dar à Nissan os meios de atingir seu verdadeiro objetivo de guerra, que talvez não seja Ghosn, mas o poder dentro da Aliança.

Não, decididamente há um excesso de zonas sombrias nesse negócio para se precipitar na tomada de decisão. Ainda na terça-feira, 20 de novembro, no final do dia, a Renault reúne seu conselho de administração, sem seus membros japoneses. Constatando o belo eufemismo de que Carlos Ghosn está "impedido" de exercer suas funções, a Losango adota uma governança provisória. Philippe Lagayette assume, em caráter interino, as funções de presidente do conselho. Thierry Bolloré assume a direção-geral e se torna procurador. O grupo francês não tira Carlos Ghosn do barco.

No Japão, o conselho de administração da Nissan se reúne na quinta-feira, dia 22, três dias depois do anúncio de Hiroto Saikawa sobre o curso dos acontecimentos. Conselho muito estranho, na verdade. Se, em Paris, é uma assembleia pletórica na qual as personalidades mais fortes são fiéis a Carlos Ghosn, em Yokohama, é um pequeno grupo de nove pessoas — sete apenas, após a detenção de Ghosn e Kelly —, essencialmente formado por colaboradores e ex-colaboradores da Nissan.

Dentre eles, há dois franceses, Jean-Baptiste Duzan e Bernard Rey. Dois veteranos da Aliança, nomeados por sugestão da Renault. Duzan fez carreira na Renault, Rey era da equipe enviada à Nissan em 1999. Oficialmente, o primeiro é administrador independente, mas não o segundo. Mas todos os dois estão isentos de votar. Os acordos entre as duas fabricantes impõem esse funcionamento surpreendente que priva a Renault de ter voz no capítulo da votação que vai determinar o destino do CEO de uma empresa da qual o grupo francês detém 43% do capital.

Esse funcionamento, até esse 19 novembro, era confortável aos plenos poderes de Carlos Ghosn. "Se você quer covardes, covardes você terá", diz malvadamente um bom conhecedor da Aliança. Ghosn não queria pessoas fortes. Ora, Duzan e Rey não são daqueles que enfrentam uma guerra. Na Renault, conta-se principalmente com o primeiro, que tem uma reputação de ser próximo de Carlos Ghosn. Ele o chama de *você* o que é raro entre os profissionais que cercam o dirigente, representando quase um título de glória no grupo. Antes do conselho do dia 22, uma *call*, uma teleconferência, reuniu dois administradores franceses e dirigentes da Losango. A instrução, apesar de informal, é simples: é preciso se abster de votar a destituição de Carlos Ghosn. A menos que, é claro, os elementos trazidos ao conhecimento do conselho sejam tais que não haja escolha. No dia 22 de novembro, sem surpresa, a Nissan destitui Carlos Ghosn e Greg Kelly de suas funções. Por unanimidade. E isso, sim, é uma surpresa. Uma má surpresa, vista da perspectiva de Boulogne-Billancourt. Os dois franceses também votaram contra Carlos Ghosn. Eles dirão terem sido convencidos pelos fatos.

Por um acaso do calendário, nessa mesma quinta-feira, Hiroshige Sekō, o ministro japonês da Economia, está na França. Seu encontro marcado com Bruno Le Maire dura uma hora e, forçosamente, os dois falam do caso Ghosn e da Aliança. Mas o ministro japonês não quer evocá-lo publicamente. Bruno Le Maire força a mão improvisando um encontro com a imprensa no hall de Bercy durante o qual Sekō e ele demonstram seu compromisso com a Aliança. O japonês guardará do episódio uma má lembrança, seu *staff* ficará daí em diante atento para preparar de antemão toda a comunicação de cada um dos futuros encontros com oficiais franceses. De volta a Tóquio, ele declara no dia 27: "O governo japonês não é acionista. Não creio que ele deva falar desse assunto que diz respeito a empresas privadas". O episódio demonstra mais uma vez o intervencionismo do Estado francês do qual a Nissan sempre quis se precaver. O grupo japonês, na verdade, constata isso toda vez que Bruno Le Maire toma posição, toda vez que pede os elementos de provas retidas contra Carlos Ghosn. "Bruno Le Maire talvez tenha sido um pouco intransigente em suas declarações. Mas que o METI não venha nos dizer que ele não intervém!", comenta uma pessoa conhecedora dos meandros de Matignon. O Japão, em todo caso, se mantém na linha. Em lugar diametralmente oposto, em Buenos Aires, na Argentina, o primeiro-ministro Shinzō Abe se recusa a ser entrevistado por mais alguns minutos sobre o assunto da Aliança com Emmanuel Macron, quando os dois dirigentes se encontram na cúpula do G20 em 30 de novembro. A Nissan não substitui Carlos Ghosn. A empresa permanece sem presidente. A Mitsubishi demite, por sua vez, seu presidente no dia 26 de novembro. Os parceiros da Aliança se olham fixamente. A tensão é extrema, mas é preciso evitar cometer o irreparável.

Então, no dia 29 de novembro, as reuniões mensais da Aliança marcadas na agenda se mantêm, como previsto. "De maneira unânime e com convicção, os conselhos de administração dos grupos Renault, Nissan e Mitsubishi Motors reafirmaram nesses últimos dias sua ligação com a Aliança. Continuamos totalmente comprometidos com a Aliança", declaram as três empresas em um comunicado comum. Por trás das palavras, no entanto, a realidade é bem diferente. A prova: nem os principais dirigentes da Nissan, nem os da Renault se deslocaram para Amsterdã. Durante todo o dia, os jornalistas que acampavam diante do prédio austero de três andares de pedras amarelas que abriga a RNBV têm feito o cerco de um imóvel quase vazio. As reuniões são realizadas por videoconferência. "No último momento, Thierry Bolloré preferiu não ir, por cautela", explica uma pessoa próxima da Renault. O diretor-geral interino da Renault e, como tal, diretor-geral da RNBV onde recuperou a voz de Carlos Ghosn, evitará da mesma forma ir ao Japão durante várias semanas. Ele não tem nenhuma vontade de ter o mesmo destino que *o chefe*.

A PRISÃO

Carlos Ghosn e Greg Kelly, detidos, parece que se volatilizaram. A máquina judiciária japonesa os tragou, escamoteou. O rosto do CEO franco-líbano-brasileiro ainda está nas manchetes dos meios de comunicação do mundo inteiro. O do executivo americano, segundo envolvido no caso, retirado de uma única foto austera no site da Nissan na Internet, é rapidamente esquecido.

Durante 48 horas, nem Ghosn, nem Kelly verão quem quer que seja. Eles estão presos no mesmo lugar, sem um sequer saber que o outro também está lá, que eles foram detidos os dois no mesmo processo, no mesmo dia. Assim continua o processo criminal no Japão. O regime de custódia policial é um dos mais rigorosos do mundo democrático. Os suspeitos ficam primeiro detidos dois dias para interrogatório, sem nenhum contato com o mundo exterior. Depois os procuradores podem solicitar a um juiz duas vezes mais dez dias, o que normalmente é concedido. Vinte e dois dias no total. É muito. Na França, a custódia policial não pode exceder 48 horas, exceto nos casos de combate ao terrorismo, quando pode durar até 96 horas.

A prisão 183

E não para por aí. Durante esses 22 dias, os interrogatórios acontecem sem a presença de um advogado. Enfim, cada nova acusação pode justificar um novo ciclo de custódia policial. Carlos Ghosn vai ficar 108 dias, no total, atrás das grades.

No dia 21 de novembro, um pouco menos de 48 horas após sua interpelação no aeroporto, ele recebe enfim sua primeira visita. É o embaixador Laurent Pic, que obteve o direito, em nome da proteção consular, de se encontrar brevemente com o cidadão francês, que se tornou, nesse meio tempo, o detento mais célebre do Japão. Apartado do mundo desde segunda-feira às 16h, Carlos Ghosn lhe pede para contatar a Nissan, para que o grupo lhe envie um advogado, um exército de advogados, se for o caso. Cabe ao embaixador explicar ao industrial que a sua empresa não só não lhe ajudará como também participou ativamente da investigação que precedeu sua acusação.

Quanto ao advogado, a família e os amigos próximos de Ghosn já escolheram dois escritórios de advocacia, com a recomendação da Renault: o de Motonari Otsuru, que poderá começar a visitá-lo a partir do dia seguinte, além de estar presente nas sessões de interrogatório, e o de Go Kondo. O escritório de advocacia anglo-saxão Paul, Weiss & Rifkind, especialista em direito comercial, também foi contratado.

Otsuru não é qualquer advogado, assim como seu cliente não é qualquer detido. Ele é chamado de "raposa cinza", reconhecível por sua cabeleira prateada. Antes de começar a advogar privadamente em 2011, ele dirigia o gabinete de investigações especiais dos procuradores de Tóquio e tinha como adjunto Hiroshi Morimoto, o mesmo que agora estava na acusação do industrial. Do lado de cá no tribunal, Otsuru construiu uma reputação do tipo Eliot Ness. Ele perseguiu e condenou grandes criminosos de colarinho branco. É a marca de fábrica desse gabinete de investigações especiais de Tóquio, um dos três do país junto com os de Osaka e de Nagoya a assumir casos retumbantes. Criado em 1947 sob impulso de MacArthur para lutar contra a onda de criminalidade provocada pela desmobilização do exército imperial, ele se tornou o símbolo da luta contra a corrupção. Seus policiais divulgam grandes escândalos, como o da firma Marubeni. Em seu quadro de caça consta até mesmo um ex-primeiro-ministro, Kakuei Tanaka, condenado a trabalhos forçados em 1976 após o caso do suborno da Lockheed. Morimoto, que se envolveu, depois de nomeado, a "desencavar fraudes e golpes", se torna ilustre principalmente ao desmantelar um cartel no seio da construção do trem de alta velocidade Maglev, na linha Tóquio-Osaka. Ele parece destinado a um futuro brilhante.

São então superpoliciais do Japão, a nata da polícia. Um executivo da Nissan, interrogado no caso Ghosn, testemunha: "Esses caras metem medo de verdade. Eles marcam encontro com você no saguão de um hotel, descem de uma van preta com vidros fumê e levam você para dentro sem dizer uma só palavra...". Essa equipe temida, no entanto, tem uma reputação dúbia no Japão, revela um jornalista local. "Eles são, ao mesmo tempo, a elite e um bando de descontrolados." Um especialista do Japão explica: "Eles não podem perder a moral". Seria o que, na França, diz-se às vezes de determinados juízes de instrução, tão motivados pelo senso de justiça quanto pela preocupação com sua própria imagem.

A prisão

Otsuru, de qualquer forma, conhece o sistema. Ele é um homem do sistema. E tudo leva a crer que tem o perfil adequado para iniciar a discussão com os procuradores. Para explicar também a Carlos Ghosn o que lhe espera. "Alguém entende de processo criminal japonês?" Nas redações do mundo inteiro, nos escritórios da Renault, nos corredores das administrações francesas, todo mundo faz a mesma pergunta e, com alguns cliques e telefonemas, chega-se à mesma conclusão: vai ser longo.

Todos os sistemas judiciários têm sua maneira de fazer pressão sobre os acusados. Nos Estados Unidos, usa-se e abusa-se da detenção preventiva e não se hesita em lançar os suspeitos, incluindo os acusados de crimes de colarinho branco, no universo violento das prisões superpovoadas, no meio de meliantes e traficantes. No Japão, o tempo é que é a arma principal da justiça com seu sistema de prisão preventiva sem fim.

Um episódio já tinha marcado a comunidade estrangeira no Japão. Em 2015, a americana Julie Hamp, diretora de comunicação da Toyota, havia sido detida e ouvida durante três semanas sobre suspeitas de detenção de opioides, por ter levado a Tóquio medicamentos à base de oxicodona, prescritos nos Estados Unidos, mas proibidos no arquipélago.

A crônica judiciária japonesa é assombrada por essas longas prisões preventivas, que valem tanto para delinquentes comuns quanto para negócios retumbantes. Mark Karpelès, o jovem fundador francês da plataforma de *bitcoins* Mt. Gox, suspeito de ter desviado uma soma significativa em criptomoedas de investidores que confiaram nele, passa dez meses atrás das grades. Em março de 2019, é inocentado ao final do processo de uma parte das acusações apresentadas contra ele e não volta para a prisão.

O jornalista Jake Adelstein, feroz oponente do sistema japonês, fala nestes termos no livro que dedica a Karpelès: "Quando a polícia o prende, espera que você confesse. Se você não concordar, vai ficando preso indefinidamente. Quanto mais você espera, mais a lista de acusações aumenta e mais a polícia pode mantê-lo em detenção provisória para interrogá-lo. [...] A polícia e os procuradores fazem de tudo para arrancar-lhe uma confissão."[1] Esse sistema tem por objetivo fazer com que o suspeito assine uma confissão, que, como observa Adelstein, "vale mais do que todas as provas do mundo".

É o que associações no Japão denunciam com vigor, mas pouco impacto, como sendo a "justiça do refém". Esse aspecto reflete o pendor pouco glorioso de um país em tudo o mais excepcionalmente seguro. Como dizia Carlos Ghosn em seus primórdios na Nissan, Tóquio é uma cidade onde não se fica preocupado com o que pode acontecer com seus filhos. As ruas são limpas, os roubos raríssimos e você pode estar certo de que logo lhe devolverão seu celular, se você esquecê-lo em algum lugar, ou uma nota de 10 mil ienes, se você deixá-la cair.... A severidade da justiça é um dos elementos que contribuem para aturdir os estrangeiros no Japão, esse sentimento de desorientação captado no filme *Encontros e desencontros*. Os *gaijins*, independentemente do tempo passado no arquipélago, nunca entendem esse país capaz do refinamento mais extremo, ao mesmo tem-

---
1. *Capital*, op. cit.

A prisão 187

po da vulgaridade mais gritante, a violência mais brutal em busca do zen total. No Japão, prendem-se as pessoas durante semanas, mas os investigadores tiram os sapatos antes de proceder a um mandado de busca. No Japão, corta-se todo contato dos suspeitos com o mundo, mas se faz questão de pedir ao *New York Times* para vir buscar — ou pagar o custo da postagem de reenvio — o papel e os envelopes selados que os jornalistas tinham endereçado a Carlos Ghosn esperando que ele possa responder a suas perguntas.

Encontros e desencontros. O Japão não faz diferença entre crimes de colarinho branco e crimes de sangue. A justiça sanciona sem brandura os comportamentos individuais desviantes da norma social. Ela será mais dura em relação a um caso de enriquecimento pessoal, mesmo que mínimo, do que contra uma falta cometida em nome de um coletivo. Assim sendo, sete anos após a catástrofe de Fukushima, os dirigentes da TEPCO, a empresa que operava a central nuclear, ainda não tinham sido acusados por sua falha patente.

Encontros e desencontros. Carlos Ghosn se sente duplamente perdido quando passa brutalmente de sua vida hiperativa de CEO todo-poderoso para a de detento no Japão. Ele está preso desde 19 de novembro na prisão de Kosuge, um prédio cinzento em forma de X em Tóquio, que abriga 1.600 detentos: acusados como ele, mas também criminosos condenados a penas mais pesadas e condenados à morte, por enforcamento — estes últimos são os únicos que têm direito a televisão dentro do estabelecimento.

Carlos Ghosn está preso dentro de uma cela de não mais de 7m². Em detenção provisória, ele não tem que usar o uniforme dos prisioneiros, mas não pode usar cinto e tem que calçar chinelos de plástico verdes transparentes. O lugar é obviamente espartano, mas limpo. Uma estante, uma mesinha baixa, banheiro e uma pia ao fundo, sob uma janela fosca. Durante várias semanas, Ghosn terá que se acostumar com o conforto japonês, doloroso para um corpo habituado aos costumes ocidentais: se sentar de terno no chão e dormir sobre um *futon*. Depois, finalmente terá direito a uma cama com colchão. As noites são frias e a umidade escorre pelas paredes. Ele pode fazer compras, mas a lista de itens disponíveis é restrita. Não tem fio dental, do qual ele é um consumidor compulsivo. Não tem papel nem caneta. Carole terá que esperar o início de fevereiro para receber a primeira carta do prisioneiro de Kosuge. *"I do not pay to much attention to my surrounding. I live internally inside myself"*,[2] escreve ele então.

É preciso aprender a seguir o ritmo da prisão. Três refeições por dia, japonesas e insípidas, às 7h20, ao meio-dia e às 17h. Duas caminhadas de quinze minutos. Duas horas de sesta. Dormir às 21h. As lâmpadas de néon baixam de intensidade, mas se mantêm acesas durante toda a noite. Na prisão, Ghosn é como os outros, privado de seu nome para se tornar um número de prisioneiro. Ele tem direito a receber alguns livros, mas — e talvez seja isso que mais o perturba — não pode usar relógio e depende inteiramente da rotina dos guardas para, nesse lugar iluminado 24 horas por dia, ter a noção da passagem do tempo.

---

2. "Não presto atenção ao que se passa no meu entorno. Eu me concentro na minha vida interior."

A prisão 189

O tempo, contra Carlos Ghosn, principalmente, é a arma do sistema. A língua também, pois, apesar de todos os anos passados no Japão, ele não a domina, o que contribui para tornar exaustivos e frustrantes seus longos interrogatórios, de até oito horas por dia, com as equipes do procurador. É ainda pior quando não acontecem e quando, no fim de semana, a prisão de Kosuge se esvazia de uma parte de seu pessoal e, consequentemente, é preciso ficar na cela, sem direito a nem mesmo uma caminhada curta.

Encontros e desencontros. Em Kosuge, o tempo se alonga enquanto que, do lado de fora, o ritmo do caso Carlos Ghosn é trepidante. Em Kosuge, Ghosn tenta entender as acusações que pesam sobre ele, a partir das indicações que os interrogatórios lhe fornecem e das conversas com seu advogado. Ao passo que, no exterior, as revelações se encadeiam.

Do lado de fora, entende-se que o industrial está em maus lençóis. Do sistema judiciário japonês, uma coisa fica bem compreendida: um percentual de condenação de mais de 99%. Isso significa, portanto, que os procuradores devem ter elementos sólidos para ter instaurado o processo contra Carlos Ghosn. "No Japão, os procuradores só levam a julgamento os processos dos quais eles estão absolutamente certos de condenação, sem alegações. Eles devem se sentir muito seguros de si para tê-lo acusado. Senão não o teriam nem mesmo detido", analisa uma fonte próxima da Nissan. "A imensa maioria dos advogados japoneses nunca conseguiu obter um veredito de 'inocente' em toda a vida. O trabalho deles consiste principalmente em conseguir uma diminuição da carga de acusações e reduções de pena",[3] confirma Jake Adelstein.

No entanto, da prisão de Kosuge, seis dias após a prisão do CEO da Renault e da Nissan, um primeiro eco de Carlos Ghosn chega ao exterior. A cadeia nacional NHK afirma no dia 26 de novembro que o suspeito "nega os fatos que lhe são atribuídos".

---

3. Jake Adelstein, *J'ai vendu mon âme en bitcoins*, Marchialy, 2019.

O DOSSIÊ

Diz-se que tem quatrocentas páginas. Quatrocentas páginas que descreveriam em detalhes e documentos comprobatórios — e-mails, fotos, notas — as torpezas e até mesmo as malversações imputadas a Carlos Ghosn. Foi esse dossiê que teria sido apresentado ao conselho de administração da Nissan no dia 22 de novembro de 2018 e sobre o qual os administradores do grupo, inclusive os dois franceses, teriam se baseado para decidir destituir o industrial franco-líbano-brasileiro de suas funções de presidente.

Os administradores da Nissan são, em princípio, os únicos a terem acesso ao dossiê. A procuradoria negou o seu acesso até às outras partes do processo, sob pena, como escreveu Hiroto Saikawa à Renault, de tornar-se culpado "de obstrução de justiça". Poucas pessoas o viram na íntegra, mas todo mundo fala dele. "O dossiê é abominável", afirma um bom conhecedor da Aliança. "Ele merece apenas uma classificação vertical", revela um outro. Cada um tem sua própria opinião.

"Você ficaria surpreso com o que descobrimos", tinha dito, no dia 19 de novembro em uma mensagem interna à

Nissan, Hiroto Saikawa. Na falta de comunicados oficiais, as notícias extraoficiais da mídia se encarregam de informar o público. No contexto de um caso retumbante em relação ao industrial mundialmente conhecido, cada revelação repercute de imediato em todo o planeta. A caça por um furo jornalístico sobre as acusações que pesam sobre Carlos Ghosn é de uma intensidade rara. É uma maratona que se corre o dia todo, à medida que os jornalistas de cada fuso horário envolvido despertam. Em torno do caso Ghosn, a caixa de ressonância midiática produz enorme estardalhaço. É uma novela. A melhor do ano. E, como é a lei do gênero, um linchamento.

A imagem que se desenha da avidez por ganhos de Carlos Ghosn como sendo o segredo menos bem guardado do universo das multinacionais, é ao mesmo tempo coerente e escandalosa. Um quadro impressionista que se pinta aos poucos, no decorrer das revelações, em pinceladas que cada uma delas acrescenta. "Um verdadeiro suplício chinês, esse gota-a-gota midiático", suspira um antigo colaborador de Ghosn,

Os mais fiéis se perguntam. "A gente acreditava conhecê-lo", desabafa um ex-executivo da Aliança. "No início, não acreditei", diz outro veterano, "mas depois...". Mas depois, ainda não acabou. A Nissan divulga que ainda não terminou sua investigação. Os procuradores também não acabaram: eles com certeza irão além da primeira acusação de não-declaração de renda que apresentaram contra ele no dia 19 de novembro. "É a ponta do iceberg", explica a Nissan. "Tem mais coisa", confirma rapidamente uma fonte próxima do grupo japonês. "Existem milhões de documentos es-

O dossiê 193

perando para serem examinados. Será preciso um exército de advogados e de contadores para olhar tudo. De tradutores também." A investigação interna na Nissan e a instrução judiciária mobilizarão mais de uma centena de pessoas e o clã Ghosn estima que uma verba mínima de uma centena de milhões de euros será destinada ao caso.

Rio, Beirute, Amsterdã, Paris, Tóquio. Desde o dia seguinte à prisão de Carlos Ghosn, a NHK, a TV pública japonesa, revela que a Nissan comprou em segredo várias residências luxuosas para uso de seu CEO. Com o passar das semanas, as casas e apartamentos vão se tornar a prova da desmedida do homem, o símbolo mais evidente da sua corrupção.

Para abrigar Carlos Ghosn, o grupo japonês alugou um apartamento em Tóquio, em uma torre arquitetônica futurista, por 12 mil dólares por mês, e outra em Amsterdã por 8 mil dólares por mês. A Nissan também comprou um duplex, em junho de 2005, no terceiro e quarto andares de um prédio elegante da avenida Georges-Mandel no 16º *arrondissement* de Paris, no momento em que seu CEO se tornava também o CEO da Renault. Três anos depois, em julho de 2008, o duplex virou um triplex com a aquisição de um espaço suplementar no quinto andar. Tudo custou cerca de 4,1 milhões de dólares à Nissan, aos quais se acresce meio milhão em obras. O apartamento do Rio, na praia de Copacabana, foi comprado no dia 23 de janeiro de 2012 por 5,8 milhões de dólares. Quatro meses e meio depois, foi em Beirute que a Nissan se tornou proprietária de uma mansão no bairro histórico de Achrafieh, um casarão dilapidado que foi reformado de cima a baixo. O grupo japonês pagou 9,5 milhões de dólares e serão necessários 7,2 milhões de dólares em obras e consertos. O resultado é espetacular. Por trás dos muros altos restaurados, sob uma pintura rosa velho, a nova casa de Carlos Ghosn de 500m^2 em cinco andares é um casulo, organizado em torno de um jardim interno no centro do qual se ergue uma oliveira antiga. As obras valorizaram as passagens em arco, as pedras antigas e até mesmo as descobertas arqueológicas. Três sarcófagos de pedra foram descobertos durante as obras e ficarão expostos sob um piso de vidro, no vestíbulo. Um lustre os ilumina. A conta, emitida pela decoradora May Daouk, das duas imponentes luminárias encomendadas por Carole fará a volta ao mundo. Ela será paga no outono de 2017 pela Nissan e se eleva ao valor de 65 mil dólares.

Em novembro de 2018, as várias residências de Carlos Ghosn, os milhões de euros envolvidos e os pequenos caprichos da madame incendeiam mais a opinião pública do que as acusações dos procuradores. A desmesura, para não dizer indecência, do CEO deposto parece comprovada.

É verdade que todas as grandes empresas implementam disposições específicas para seus CEOs, principalmente quando são expatriados e para garantir sua segurança. Mas como a Nissan perdeu a noção das coisas? Como justificar que um grupo japonês se encontre proprietário de um pequeno palácio no Líbano? "Em 2011, Ghosn veio me ver e me disse: 'No futuro, gostaria de passar no Brasil e no Oriente Médio para tratar de negócios. Será que a Nissan poderia me fornecer uma casa, um lugar para ficar quando eu for para esses lugares?'",[1] conta Greg Kelly. "Para tratar

---

1. *Bungei Shunju*, op. cit.

O dossiê 195

de negócios?" No Brasil, ainda vai, mas no Líbano, todo mundo ri. A Nissan vende alguns milhares de carros do país do cedro e só tem um funcionário lá. A ligação de Ghosn com esses dois países se dá mais por seus passaportes do que pelo trabalho. "Beirute era uma casa de família, Rio, um apartamento de férias. Ponto final", solta uma pessoa próxima do dossiê.

Vida privada, vida pública. É a eterna ambiguidade de Carlos Ghosn, tão convencido com o passar dos anos de que sua empresa se encarna nele, que sua própria vida parece ser 100% consagrada a ela. "Todo mundo sabia que ele ia todo ano ao Brasil para as festas de fim de ano, para visitar a família e, principalmente, a mãe. De repente, todo mundo enchia a agenda com reuniões de trabalho nessa época para aproveitar a sua presença. Nessas condições, como se vai definir se as viagens de Carlos Ghosn ao Rio eram de ordem privada ou profissional?", observa uma pessoa próxima do industrial. Mesmo o luxo é considerado por alguns como uma ferramenta de trabalho. "O poder está associado à riqueza, para encontrar o ex-presidente brasileiro Lula ou o ex-presidente argentino Macri, para negociar em pé de quase igualdade com Putin, é preciso tudo isso", constata um antigo executivo.

Ghosn queria instalar seu campo de operações em Beirute para controlar a região do Oriente Médio. "É mais prático do que Dubai, onde estão majoritariamente instalados escritórios regionais das multinacionais, inclusive o da Nissan. O fuso horário lá é mais favorável", justifica uma pessoa próxima de Ghosn. E, é claro, ele está em casa. Ghosn, tão curioso quanto isso possa parecer, tinha toda a intenção de trabalhar com base em Beirute. Na primavera de 2018, no momento em que se preparava para se mudar para a casa, depois de seis anos de reformas, Carlos Ghosn está instalando seu futuro escritório onde pretende passar 22 dias úteis por ano.

Mesmos sendo escandalosas, as despesas imobiliárias da Nissan para Carlos Ghosn não foram lançadas como uma acusação pela procuradoria de Tóquio. "Eles não encontraram aí matéria para acusação", confirma uma pessoa próxima do caso. No final de 2018, um funcionário da Nissan achava que era "uma questão de tempo". "É complicado, com as filiais internacionais. Demora para encontrar tudo, passar tudo em revista", dizia-se então em Yokohama. Oito meses depois da detenção de Ghosn, suas residências ainda não foram incorporadas ao processo de acusação. E parece pouco provável que sejam um dia.

Apesar de não constituírem um delito penal, as residências foram, para a Nissan, a ilustração mais flagrante do descumprimento de regras éticas por seu antigo presidente e se tornaram o gatilho maior do caso e um motivo central de sua demissão. "A empresa descobriu que seu antigo presidente, Carlos Ghosn, havia desviado ativos da empresa e incorrido em despesas não declaradas, dentre elas a compra e a reforma de residências pessoais no Rio de Janeiro e em Beirute através de uma filial não consolidada", escreveu a Nissan nas correções aos documentos financeiros publicados na primavera de 2019.

"Carlos Ghosn e Greg Kelly mentiram!", exclama uma fonte interna na Nissan. Uma série de documentos vaza no inverno de 2018 e mostra como, segundo o grupo, Carlos

O dossiê 197

Ghosn e Greg Kelly organizaram a aquisição do apartamento do Rio e da casa de Beirute. E tudo se parece com um verdadeiro plano de ataque. No dia 21 de outubro de 2010, Greg Kelly submete à diretoria da Nissan o projeto de criação de uma empresa dotada de 73 milhões de euros de capital e principalmente destinada a investir em tecnologias promissoras. A ideia é de ter na mão uma estrutura ágil, flexível, que permita se movimentar rapidamente, enquanto a moda da caça às *start-ups* se apodera das multinacionais. Assim nasce a Zi-A Capital. A primeira característica dessa empresa é estar sediada nos Países Baixos, quatro andares acima da NML – Nissan Motor Company Limited, a matriz japonesa. A segunda é não estar consolidada pela Nissan, que, de fato, não aparece como proprietária em última instância, porque — e eis a beleza do direito neerlandês — o grupo japonês "só" detém 99%. "Ghosn afundou muito profundamente suas manipulações na organização da Nissan. O dinheiro saía e depois puf!... ninguém mais ouvia falar dele", resume cruamente um bom conhecedor do caso. E ao contrário do que Greg Kelly havia explicado à diretoria, o dinheiro da Zi-A não teria financiado sequer uma *start-up*. Na verdade, teria transbordado para duas empresas registradas nas Ilhas Virgens Britânicas, a Hamsa 1 e a Hamsa 2, que compraram, respectivamente, o apartamento do Rio e, via uma outra sociedade chamada Phoinos, a casa de Beirute. A Hamsa 1 e a Phoinos, da qual Hari Nada abriu as contas bancárias, pagarão em seguida as contas, as das obras e as das despesas correntes de gás, água e eletricidade.

Na leitura de um e-mail de 24 de setembro de 2011, desencavado dos arquivos da Nissan e tendo por destinatário Greg Kelly, a intenção de dissimulação ficaria evidente. "Esse memorando descreve as etapas recomendadas para comprar confidencialmente os imóveis para uso residencial e profissional no Brasil e no Líbano." O *modus operandi* proposto naquele dia — uma fusão da Zi-A com uma outra estrutura europeia da Nissan — não foi, por fim, mantido, mas a ideia geral, que visava "criar mais distância da NML", está escrita preto no branco. A Zi-A é uma microfilial na estrutura da Nissan, criada às margens do império, mas cujos administradores são, no entanto, personalidades do primeiro plano: Carlos Ghosn, Greg Kelly, Hari Nada e Toshiaki Onuma.

Mais tarde, Greg Kelly justificará as aquisições e a montagem. "Existia um exemplo de uma casa comprada na Suíça no passado por solicitação da administração, então Ghosn não era o primeiro a fazer isso", explica ele. "Apelei para um especialista e continuei a tratar desse assunto em sigilo. Se você é prudente em relação à ordem pública e à segurança, guardar o segredo é importante."[2] O segredo era de fato um segredo? Segundo Greg Kelly, Hiroto Saikawa e outros sabiam de tudo. "É claro que Hiroto Saikawa deu sua aprovação." Em 2018, quando ele começou a tomar providências para abrir o escritório profissional de Carlos Ghosn em Beirute, cerca de vinte pessoas na Nissan — inclusive Hari Nada, é claro, mas também o diretor financeiro —, participaram das negociações preparatórias. Residentes locais foram selecionados e contratados, um equipamento de videoconferência no valor de 180 mil euros e artigos de

---

2. *Ibid.*

O dossiê

informática foram comprados. Uma assistente, Amal Abou Jaoude, foi contratada por uma filial da Nissan nos Países Baixos enquanto a firma libanesa NHIFM estava sendo constituída, e foi provisoriamente instalada nos pequenos escritórios do agente local da Nissan. As discussões estavam então em curso para alterar as condições de trabalho de Carlos Ghosn, a fim de transferir 22 dias de sua remuneração anual para a conta da NHIFM. O segredo é uma condição necessária para a consecução de malversações, mas não é suficiente. E, se os imóveis do Rio e de Beirute estavam efetivamente resguardados muito longe da organização da Nissan, suas empresas controladoras Hamsa 1 e Hamsa 2 eram objeto de exame pela empresa de auditoria Grant Thornton, em ligação com a Ernst & Young, a principal empresa de auditoria da Nissan. Uma auditoria complementar estava prevista para avaliar o valor da casa de Beirute quando acabassem as obras.

No final de 2018, enquanto a imprensa faz a volta ao mundo em busca dos imóveis da Nissan, os acusadores de Carlos Ghosn afirmam nos bastidores que o CEO não pagava por nada. Pior, que ele continuava a se beneficiar de um auxílio-moradia incluído em sua remuneração em um valor, segundo as fontes, entre 300 mil e 500 mil euros. Essas afirmações, que nunca foram oficialmente declaradas, parecem, na realidade, tendenciosas. É bom dizer que a opacidade das remunerações japonesas favorece a confusão. Ao contrário dos relatórios anuais das sociedades anônimas ocidentais, os dos grupos japoneses não dão nenhum detalhe em relação aos benefícios em espécie concedidos a seus CEOs.

O caso do apartamento parisiense parece, no entanto, sintomático. Entre os e-mails manifestamente retirados do dossiê da Nissan e que circularam nas redações, apesar de bem editados, existe um, datado de 29 de junho de 2012, escrito por um executivo não identificado da Nissan Europe e endereçado à famosa Secretaria do grupo japonês, com cópia para Kelly. A pessoa informa ter recebido de Ghosn instruções em relação à moradia de Paris. "O pagamento do aluguel não será exigido ao CEO." Essa única frase, descontextualizada, parece indicar que Carlos Ghosn teria se aproveitado sem custos do triplex comprado pela Nissan. Contudo, existe um contrato de locação. Ele foi assinado em 2015 entre a NIF, Nissan International Finance, a estrutura proprietária, e o ex-CEO por um valor de cerca de 10 mil euros por mês. Uma fonte próxima da Renault atesta tê-lo tido entre as mãos. Pois, se a Renault durante muito tempo nutriu a cultura da nota de despesas opulentas para compensar as baixas remunerações próprias das empresas públicas, os tempos mudaram. "Moradias funcionais, nós não damos", explica um antigo executivo da Losango. "Sabíamos que a Nissan tinha alugado algum imóvel em Amsterdã. Deixamos isso de lado. Afinal de contas, existem vários apartamentos da Nissan em torno da fábrica britânica de Sunderland. Mas, em Paris, isso tinha a ver conosco, é claro. Então, fomos verificar." Ghosn pagou o aluguel à Nissan pelo triplex de Paris até 2015. Depois, isso virou um benefício em espécie no âmbito de seu contrato de trabalho, como explica uma pessoa próxima do caso. No início de 2019, quando a Nissan pede a Carlos Ghosn para deixar o local e devolver as chaves, o grupo japonês invoca o fim

O dossiê 201

do contrato de locação definido desde 2015 entre a NIF e a NML – Nissan Motors United, a matriz japonesa. De janeiro a 28 de abril de 2019, a família Ghosn pôde continuar a ocupar o imóvel, pagando um aluguel de 15 mil euros. A Nissan nunca argumentou que seu ex-presidente havia ocupado o triplex de forma abusiva.

Em Beirute, nada estava arrumado ainda. As formalidades haviam se atrasado até a casa tornar-se habitável por volta de maio de 2018. No entanto, como se lembra uma fonte próxima do caso, a Nissan previra que uma soma equivalente a um aluguel seria deduzida da remuneração de Carlos Ghosn ou então incluída em seu contrato de trabalho e assim ser declarada no Japão.

No Rio, por outro lado, Carlos Ghosn de fato não teria pagado nada. Segundo Greg Kelly e uma fonte próxima de Carlos Ghosn, o apartamento de Copacabana não custava mais caro do que acomodações em hotel e os custos de segurança pagos pela Nissan cada vez que seu CEO vinha ao Brasil, de quinze a vinte dias ao ano.

Para a Nissan, Carlos Ghosn, o cidadão do mundo, tinha um preço.

O DINHEIRO

Carlos Ghosn sempre teve uma obsessão: seu próprio valor, e um problema: a opinião. Um pouco como esses ambiciosos e emergentes que não nasceram em família rica, ele não dirigia o grupo certo! Se tivesse sido a estrela de investimentos e capitais em vez do setor automobilístico, ou se ele tivesse aceitado a oferta da Ford ou da General Motors, em vez de permanecer na Renault-Nissan, ou, ainda, se ele tivesse tido como primeiro acionista a família Agnelli, que cobriu de ouro Sergio Marchionne — o CEO da Fiat-Chrysler ganhava até 60 milhões de dólares por ano —, em vez de o Estado francês, ele teria ganhado muito mais dinheiro.

E teria obtido ainda mais vantagens se o Japão não tivesse decidido, em 2009, converter suas sociedades anônimas a um mínimo de transparência em relação às remunerações de seus dirigentes. Para não afrontar a opinião japonesa, nem, aliás, a opinião francesa, e consequentemente o Estado francês, Carlos Ghosn teve que dividir por dois ou quase seu salário na Nissan e passar de 1,75 bilhão para 891 milhões de ienes, ou seja, 7 milhões de dólares. O tipo de sacrifício ao qual um Carlos Ghosn não conseguia se conformar.

O dinheiro 203

Quando foi preso no dia 19 de novembro, foi o processo de sua ganância que começou, de sua *greed*, como dizem os anglo-saxões. O desafio é saber até onde Carlos Ghosn iria para encontrar meios de ganhar mais. A questão essencial é obviamente saber se ele infringiu a lei e, em caso afirmativo, se ele o fez de forma deliberada.

"Para dizer a verdade, depois que sua remuneração foi significativamente amputada (exercício encerrado no final de março de 2010), Ghosn me pediu: 'Verifique os métodos dentro da lei para receber remunerações'",[1] confessará Greg Kelly. A partir de 2010, uma busca sistemática, quase obsessiva, se iniciou, para que Ghosn recebesse complementações de salário sob todas as formas possíveis.

"A investigação da Nissan encontrou, por exemplo, um projeto de um novo programa de opções de ações. O montante global teria sido aprovado em assembleia geral para o conjunto de executivos dirigentes, mas, em seguida, o grosso teria sido atribuído a Carlos Ghosn", conta uma fonte próxima do grupo japonês. Os documentos preparatórios à criação da Zi-A, finalmente utilizada para comprar as residências do Rio e de Beirute, mostram também que Kelly teria primeiramente vislumbrado fazer dela um instrumento de remuneração.

A partir de abril de 2010, trocas de e-mails entre Greg Kelly e Mouna Sepehri — revelados pela Reuters no final de 2018 — mostram também que o homem da Nissan teria pressionado seu homólogo da Renault a considerar um sistema de remuneração na RNBV com base na realização

---

1. *Bungei Shunju*, op. cit.

das sinergias da Aliança. Mas, se uma remuneração desse tipo pudesse ser destinada a Ghosn sem que isso aparecesse nos documentos financeiros japoneses, a Renault, na França, teria, quanto a ele, que tê-la tornado pública. "Kelly insistiu, insistiu... Mouna Sepehri se apoiou no conselho de um advogado externo para confirmar que era preciso publicar", conta um antigo funcionário da Losango. Em julho de 2010, o projeto foi abandonado.

Em 2017, o assunto foi evocado de novo. A Reuters divulgou um documento de trabalho da Ardea Partners, o pequeno banco de investimentos que aconselhava Ghosn. O projeto, que se inscrevia no âmbito das reflexões sobre a integração da Aliança, considerava o pagamento de bônus pela RNBV. Ghosn desmentiu isso vigorosamente durante a assembleia geral de acionistas e denunciou um procedimento "lamentável". "Nenhum pagamento é efetuado via RNBV aos procuradores da Renault", tinha definido ele. Esse último ponto é correto, mas não por falta de reflexão.

Uma parte da solução virá em 2018, de uma outra *BV*, uma outra estrutura neerlandesa: NMBV, sigla para Nissan Mitsubishi BV. Com base no modelo da RNBV, as duas fabricantes japonesas criam uma sociedade comum após o salvamento da Mitsubishi pela Nissan. Uma estrutura ainda mais leve do que sua grande irmã, aparentemente sem empregados e dotada de um conselho de administração reduzido a três homens: Carlos Ghosn, que preside os dois grupos e os dois diretores gerais, Hiroto Saikawa e Osamu Masuko. Criada em junho de 2017, a NMBV contrata Carlos Ghosn no início de 2018 e lhe paga, sob a forma de um bônus de entrada e de um vencimento anual de 7.822.206 euros em menos de um ano. Esses emolumentos não tinham que ser publicados segundo as regras japonesas. A Nissan e a Mitsubishi hoje afirmam, por outro lado, que Carlos Ghosn infringiu as regras de governança da NMBV. Segundo as duas fabricantes, nem Saikawa, nem Masuko estavam cientes disso. O contrato de *managing director* da NMBV de Carlos Ghosn teria sido redigido por Toshiaki Onuma na Secretaria da Nissan e os fundos teriam sido desbloqueados por Hari Nada. A Nissan e a Mitsubishi afirmaram sua intenção de exigir de Carlos Ghosn a devolução dessas quantias. No final de junho, será a vez de o ex-CEO os atacar. Por seu lado, acredita-se que, na Nissan, assim como na Mitsubishi, a vocação de retribuição da NMBV não podia ser ignorada. Única certeza, o caso da NMBV não foi incluído no campo das acusações contra Carlos Ghosn e Greg Kelly.

"*Is it legally possible?*" Nas trocas de e-mails reveladas desde novembro de 2018 e que atestam a caça às fontes de receitas potenciais lançadas pelos colaboradores próximos de Carlos Ghosn, essa frase volta aos lábios. O objetivo é claro, mas a intenção de infringir a lei bem menos. "Kelly era um jurista, um tipo rigoroso que não imagino que tenha querido infringir a lei. Ele não era idiota o bastante para se arriscar", estima um antigo funcionário da Aliança.

O problema de Carlos Ghosn com sua remuneração, que ele julgava insuficiente aos olhos de seus pares e de seu desempenho, não era, aliás, um segredo. "Ele nos dizia outra coisa", testemunha um antigo conselheiro francês do diretor-presidente da Renault. "Ele nos explicava que a Nissan compensava isso com benefícios indiretos, mas que preferiria receber em dinheiro. Ele queria que a gente pensasse em um pagamento com base em uma cláusula de não-concorrência, depois que se aposentasse, por exemplo." Remunerações posteriores como alternativa a um salário imediato? A investigação interna da Nissan traz aos procuradores de Tóquio documentos que fundamentarão a primeira e a segunda acusações de Carlos Ghosn, de ter, de 2010 a 2014 e de 2015 a 2017, conscientemente dissimulado ao mercado remunerações que lhe seriam devidas após sua aposentadoria, isto é, um montante total de... 80 milhões de dólares! São esses documentos que mandam Carlos Ghosn e Greg Kelly para a prisão de Kosuge no dia 19 de novembro.

Duas versões, duas visões se confrontam. Segundo a justiça japonesa e a Nissan, Carlos Ghosn, a partir de 2010, separa, de alguma forma, a parte da sua remuneração que não recebe mais desde a entrada em vigor das obrigações de transparência. Um milhão imediatamente, um milhão mais tarde... E a massa incha, ano após ano, até atingir 86 milhões de dólares. Para o exercício encerrado no final de março de 2017, por exemplo, o salário declarado de Ghosn é de 10 milhões de dólares, mas com a promessa de receber 11 milhões a mais após a saída. Segundo os acusadores, essas quantias deveriam ter sido publicadas por duas razões jurídicas. A primeira é que eles correspondiam à retribuição de um trabalho já efetuado e não a uma previdência privada, por exemplo, daí o termo utilizado pela justiça de "remunerações di-

O dinheiro 207

feridas".² A segunda é que a assinatura de Carlos Ghosn, CEO e depois presidente da Nissan, vincula juridicamente a empresa. Funcionava assim, simples assim, ele autorizava remuneração de Carlos para Carlos!", brinca uma fonte próxima do caso.

Compreende-se que em Paris, quando Philippe Klein veio contar sua história na Renault e em Bercy, seus interlocutores tenham ficado espantados. A perplexidade deles se explica por uma má e uma boa razão. A má é que poucos entre eles deviam conhecer a improvável governança à moda da Nissan. Como explicou o Comitê Especial instalado pela Nissan,³ Carlos Ghosn detinha sozinho, por delegação do conselho de administração, o poder de determinar as remunerações dos administradores e dos principais dirigentes do grupo. A Secretaria pagava, "e nenhuma informação referente às remunerações individuais de cada um era compartilhada com os outros serviços". Após a nomeação de Hiroto Saikawa como diretor-geral, Carlos Ghosn, ainda presidente, teria conservado a tutela dos recursos humanos. Greg Kelly, quando ele acumulava o CEO Office e as funções de auditor interno, o departamento jurídico, a Secreta-

---

2. Segundo o documento de referência da Nissan, publicado no dia 14 de maio de 2019: "Se, depois de ter deixado suas funções executivas, um indivíduo recebe remunerações por serviços efetivamente prestados após sua saída (por exemplo, remunerações de participação no conselho) ou por obrigações (por exemplo, de não-concorrência), essas remunerações não precisam ser divulgadas. A empresa divulga as remunerações ou os pagamentos feitos após a saída da função executiva quando se constata que elas constituem de fato um pagamento diferido de serviços prestados como executivo".
3. Relatório do SCIG, *op. cit.*

ria e os recursos humanos, barrava as questões indiscretas, segundo a Nissan. "Ele limitava suas respostas ao mínimo e recusava perguntas extras, explicando que isso era determinado pelo CEO. [...] Isso permitiu o desenvolvimento de uma estrutura que circunscrevia a informação a um círculo muito restrito de pessoas."[4] Um funcionamento desse tipo, em circuito fechado, sem contrapoderes, seria impensável na França. É justamente essa organização muito *ghosniana* que dá credibilidade à acusação. "É preciso compreender como funcionava o CEO Office", conta um executivo da Nissan. "Era exigido daqueles que trabalhavam lá uma discrição total e não se falava do que quer que fosse. Ninguém fazia perguntas. Não ocorria a ninguém ousar fazê-lo."

Porém, há uma segunda razão que, em Paris, lança dúvidas à versão japonesa. Supondo que a assinatura de Carlos Ghosn bastava para validar uma despesa, inclusive em seu favor, então a soma em questão deveria ser aprovisionada, separada, nas contas do grupo. Essa regra contábil básica vale no Japão, assim como no resto do mundo. A Nissan, de fato, retificou suas contas *a posteriori*, em fevereiro de 2019, retirando delas 9,23 bilhões de ienes (cerca de 80 milhões de euros). Mas isso também parece estranho. "O interesse da empresa era contestar ter assumido um compromisso desse tipo. A Nissan preferiu dizer que ele estava contratado desde que assumisse as consequências financeiras. Isso não faz sentido. Exceto se quiser validar a acusação", comenta uma fonte francesa.

---

4. *Ibid.*

O dinheiro 209

"Carlos Ghosn não é um imbecil, ele sabia muito bem, mesmo no sistema Nissan, que não podia decidir por si só se pagar após sua saída!", diz um de seus colaboradores próximos. Mas, então, para que serviam esses documentos cuidadosamente registrados na Secretaria de Toshiaki Onuma? Tratar-se-iam de "referências", "itens que Carlos Ghosn conservava para a negociação das condições financeiras de sua saída, quando ocorresse", define uma pessoa próxima.

Carlos Ghosn explicou isso no dia 8 de janeiro de 2019 em audiência no tribunal de Tóquio. Tendo declinado as propostas principalmente da Ford e da GM, "[ele criou] um arquivo levantando as remunerações em vigor para um cargo como o seu". Os serviços da Nissan certamente serviram como contribuição para compilar as informações referentes às remunerações em vigor no setor, apoiando-se nos estudos realizados pelo escritório de advocacia especializado Towers Perrins. Mas, como ressalta Ghosn, era um registro pessoal que não vinculava a empresa. A prova? "O teste da morte: se eu morresse hoje, meus herdeiros poderiam reclamar o que quer seja à Nissan? A resposta é, obviamente, não."

Sem dúvida alguma que Carlos Ghosn pretendia se pagar uma remuneração polpuda após sua saída da Nissan. Segundo Greg Kelly, o grupo também devia tentar evitar que ele fosse assediado por outra empresa do setor. "Hiroto Saikawa e eu tivemos várias discussões em relação à forma como poderíamos minimizar o risco de que Carlos Ghosn pedisse demissão."[5] O resultado dessas discussões que ocorreram do verão ao outono de 2011 é um projeto

---

5. *Bungei Shunju, op. cit.*

de contrato, de *severance package*, que prevê que a Nissan está pronta a pagar pela aposentadoria de seu CEO, de forma que ele permaneça na empresa até lá e que se torne um tipo de presidente emérito depois disso. Esse documento foi editado duas vezes, em 2013 e 2015, submetido a consultores jurídicos externos, e, a cada vez, segundo Kelly, revisado por Saikawa. A Nissan é generosa: a empresa prevê pagar a Ghosn um montante fixo de 40 milhões de dólares, em seguida elevado para 60 milhões de dólares, assim como uma remuneração anual de 4 milhões de dólares, em troca de um acordo de não-concorrência e de prestação de consultoria, relações públicas e negociações com governos, assim como o usufruto — algumas fontes chegam a falar de transferência de direitos de propriedade — das residências de Paris, do Rio e de Beirute. As quantias em jogo são colossais. "Mas imaginem que a Ford lhe propusesse 30 milhões por ano. Como ele ganhava 15 milhões na Renault-Nissan, em cinco anos somaria 75 milhões de diferença. Era isso que era preciso combater", explica um especialista.

Esse projeto de contrato não tem valor jurídico restritivo. Ele seria tornado válido após aprovação pelo conselho de administração e no momento da saída por aposentadoria de Carlos Ghosn. Porém, a assinatura de Hiroto Saikawa semeia a dúvida. De repente, a imagem da conspiração entre um pequeno número de pessoas à frente da Nissan não parece mais evidente, o jogo não é mais tão maniqueísta como poderia parecer. Uma conspiração que Saikawa evocava designando Ghosn e Kelly como os "cérebros". O *severance package* de Ghosn e o que ele poderia significar em relação à política da Nissan para reter seus executi-

O dinheiro 211

vos-chave "interessava a outros além de Ghosn", conta um bom conhecedor do grupo. "Hari Nada estava muito curioso de saber se ele se beneficiaria também pessoalmente de um programa desse tipo." Quanto a Hiroto Saikawa, Greg Kelly afirmou que o tinha consultado em 2013 para saber se era possível que a Nissan lhe financiasse a compra de um imóvel em Tóquio. O que se passava de fato no 21º andar do prédio da Nissan de Yokohama, onde o imenso escritório de canto de Carlos Ghosn se localizava entre os de Kelly e de Saikawa e que era frequentado por Hari Nada e Toshiaki Onuma? Em novembro de 2018, dois desses cinco homens são presos e encarcerados durante longas semanas. Dois outros assinaram um acordo de admissão de culpa. O quinto, Hiroto Saikawa, não está preocupado. Ele assume sozinho o comando de uma empresa da qual já é o diretor-geral, responsável legal desde abril de 2017 de seus atos e de sua comunicação com o mercado. Empresa ela própria acusada, enquanto pessoa jurídica, na rubrica "remunerações" na investigação aberta pela justiça de Tóquio.

A CORTE DO REI

"Não houve nenhum processo iterativo interno na Nissan", constata um alto funcionário francês. "Em um grupo normal, o responsável pela auditoria teria pedido para ver as contas e o conselho de administração lhe teria mostrado a saída: 'Caro amigo, você vai embora e a gente não dá divulgação sobre o assunto'. Lá, o caso foi, desde o início, colocado nas mãos do procurador. E, sem dúvida, deliberadamente." "Com ele presente fisicamente, os administradores não teriam ousado demiti-lo", explica um antigo executivo da Aliança.

A exclusão de Carlos Ghosn no dia 19 de novembro é imediata e total. Ele é derrubado e destruído em poucas horas. É assim que os autocratas e os tiranos caem. Eles não abdicam, é preciso que capitulem. Com frequência, pela violência e pela mão de seus colaboradores mais próximos. A brutalidade da queda de Carlos Ghosn é proporcional ao extraordinário poder que esse admirador dos construtores de impérios acumulara.

"O todo-poderoso pervertido", lembra-se um cacique do capitalismo francês. "Na empresa, se você estiver cercado

A corte do rei 213

de pessoas que não ambicionem o seu lugar, mas dependam totalmente de você, você se tornará o rei da França. E você não fará mais a diferença entre o seu dinheiro e o do país." Uma intuição confirmada por outro grande senhor do setor automobilístico, americano dessa vez, Bob Lutz, 87 anos e uma reputação de mago do desenvolvimento de produtos, adquirida na Ford, Chrysler e GM. Perguntado sobre o caso Ghosn, em junho de 2019, Lutz afirma que "não ficaria surpreso se ele fosse inocente". "Mas, tendo observado Carlos durante vários anos e conhecendo o tamanho de sua importância a seus próprios olhos, eu também não ficaria surpreso que ele tivesse feito algo de discutível."[1] Lutz põe Ghosn na categoria de ícone da indústria, junto com Iacocca e Marchionne. "Eles são perfeitos? Não. Por um lado, todos eles têm imensas qualidades, com frequência acompanhadas, por outro, por um comportamento estranho. Alguns têm personalidades distorcidas. [...] Mas isso não é ilegal, a gente se acostuma a conviver com eles." Na Nissan, o comitê especial do SCIG que autopsiou "a concentração do poder" no grupo ressaltou que Carlos Ghosn era "endeusado".[2]

O poder, a personalidade e a reputação de Carlos Ghosn criaram em torno dele um clima de corte, onde o respeito se transforma em temor e o devotamento, em subserviência. Uma antiga colaboradora se lembra de uma viagem ao exterior onde não se podia dar um passo sem topar com tigelas de amendoins, "porque tinha sido dito que Carlos Ghosn gostava de amendoim. Só que ele não tocou em nenhuma

---

1. *Autonews*, 28 de junho de 2019.
2. Relatório do SCIG, *op. cit.*

delas!". Em cada uma de suas bases, uma assistente pessoal cuida de sua agenda e de lhe facilitar a vida, se ocupa de substituir aparelho com defeito em sua casa, faz reservas em restaurantes, compra, encomenda, manda entregar, organiza... "Ele era cuidado. Uma máquina rodava em torno dele", relata um amigo. Aqui, a colaboradora coloca açúcar em seu café, lá, outra lhe estende o cachecol. "Certa ocasião, o vi chegar a uma conferência e deixar cair o casaco dos ombros. O casaco caiu no chão. Porque daquela vez, por acaso, não tinha ninguém atrás dele para pegar o casaco quando ele o soltasse...", lembra-se antigo funcionário da Renault. Um amigo sorri lembrando-se que o tinha convidado a visitar sua casa no Líbano, quando Ghosn ainda não tinha assistente. Ele não podia chegar de mãos vazias, mas não sabia o que fazer sozinho. "Então mandou o motorista até uma padaria. E vi chegar na minha casa Carlos Ghosn carregando doces que não tinham nada a ver!" Carlos Ghosn, o hiper-CEO, não faz nada de banal. Jean-Dominique Senard, que o substitui na Renault no início de 2019, tem algumas surpresas ao chegar no sétimo andar da sede de Boulogne-Bilancourt. Seguranças posicionados em toda parte abrem portas para ele passar... até mesmo do banheiro! "Ghosn nunca abria uma porta sozinho", descreve um empregado. A legítima obsessão da segurança na Renault após o assassinato em 1986 de seu CEO, Georges Besse, pelo grupo terrorista Action Directe se transformou em uma subserviência banalizada.

Até onde os colaboradores de Carlos Ghosn foram para atender às demandas de seu chefe? Aos jovens diplomados da Escola de Ciência e Tecnologia *Arts et Métiers*, ele dá o seguinte conselho: "Cultivem sua unicidade. Na base do sucesso, é preciso se tornar indispensável. [...] Os que levam mais vantagem são os *problem solvers*".[3] Em torno dele, cada um se mostra forte na capacidade de ser aquele que resolve os problemas, traz soluções. É o que quer Ghosn, um resultado, qualquer que seja o problema apresentado. O método fica em segundo plano.

No verão de 2019, nenhum testemunho, nenhum documento foi produzido ou apresentado indicando que Carlos Ghosn teria deliberadamente solicitado ou sugerido que se infringisse a lei para resolver um de seus pequenos ou grandes problemas. Mas a inteligência do homem deveria tê-lo alertado, feito perceber que ele estava empurrando para longe demais os limites do sistema a ponto de pôr em perigo, se não de um ponto de vista jurídico, ao menos em termos de governança. "Quando se pensa que na Renault não se tem o direito de aceitar presentes com valor acima de 150 euros!", suspira um antigo executivo dirigente. "O pior é que ele era superduro com a gente, inclusive nos eventos que a gente organizava!", se irrita um outro.

A Renault não é a Nissan. Em Boulogne-Billancourt, vários executivos ou antigos executivos afirmam que era possível dizer não a Carlos Ghosn. Contrariamente ao grupo japonês que se deixou pressionar e nomeou um amigo do CEO como distribuidor na Índia, a Renault se recusou. "Ghosn chegou a fazer a proposta, nós dissemos não e ele passou para outro assunto", conta um antigo funcionário do grupo. "Ele perguntava às vezes coisas que não eram

---

3. Conferência na ENSAM, 8 de dezembro de 2016.

possíveis de aceitar. Nós lhe dizíamos, explicando que ali havia um problema de governança. Ele respondia que nós éramos uns chatos! Mas o assunto não ia adiante", confirma outro. "Isso o protegeu; Mouna Sepehri desempenhou um papel importante e com certeza o impediu de fazer não poucas besteiras", constata um bom conhecedor do grupo. A advogada era detestada na Renault, por causa de sua atitude considerada pedante e fria, por seu gosto pelo sigilo e pela forma como ela preservava com ciúme a relação direta quase exclusiva com Ghosn, correndo o risco de se isolar. Segundo várias testemunhas, Arnaud Deboeuf, diretor do CEO Office da Aliança, a teria impedido, após a prisão de Carlos Ghosn, de ter acesso ao cofre forte da Aliança em Boulogne-Billancourt. Contudo, Sepehri teria colocado mais barreiras aos desvios hoje censurados a seu chefe.

Pois desvios parece que não foram poucos. A máquina, ativada em 2010 após a saída do grupo de Louis Schweitzer e no momento em que a lei japonesa impõe transparência sobre as remunerações, acabou por se pôr em movimento. "Quanto mais o tempo passava, menos parecia haver limites ou prestação de contas", observa um dos que examinaram o caso. "Sua nova vida, após ter se casado de novo com uma mulher da mais alta sociedade, também teve uma influência", revela outra fonte. "Em seguida, ele caiu na ostentação. E se imaginou intocável. E começou a esbanjar. Foi também nesse momento em que a Aliança se tornou a número um mundial", resume uma pessoa próxima da Renault. "Ele me dá a impressão de ter perdido o controle", lamenta antigo funcionário do grupo.

Doações, viagens e eventos. Os serviços "*all inclusive*" da Aliança Renault-Nissan em benefício de Carlos Ghosn assumem várias formas. Na Nissan, a confusão dos gêneros remonta a tempos longínquos. O grupo japonês questiona assim seu antigo CEO por ter remunerado até a própria irmã mais velha, Claudine, que mora no Brasil. Foi ela que, em 2012, encontrou o futuro apartamento de seu irmão, comprado de um de seus amigos, segundo a Nissan. Para isso, Claudine Oliveira embolsa uma comissão. Além disso, de 2003 a 2016, também é paga por prestação de serviços de consultoria, em um total de 755 mil dólares em 22 prestações, em nome de um conselho de doações do qual a fabricante japonesa diz não encontrar traços de grande atividade... Essa remuneração não faz parte do processo judicial japonês, mas a Nissan faz disso um dos elementos principais da falta de ética da qual acusa Ghosn.

A Nissan também questiona as dádivas decididas em seu nome por Carlos Ghosn e cuja geografia e receptores combinam um pouco demais com o mapa dos centros de interesse do CEO e de sua família. O rei Carlos Ghosn distribuía seus favores.

Várias instituições libanesas se beneficiaram bastante da generosidade da Nissan, da Renault e da RNBV. Assim, a universidade Saint-Joseph, de Beirute, recebeu 1 milhão de dólares de 2011 a 2015. Sua gratidão está inscrita nas paredes: o primeiro andar de um prédio novo e a biblioteca foram batizados com o nome de Carlos Ghosn e quatro salas, com o nome da Nissan, Renault, Dacia e Infiniti. Durante quatro anos, a Nissan também doou 150 mil dólares ao ano ao Colégio Notre Dame, de Jamhour, que o jovem

Carlos frequentou, e a RNBV doou 50 mil dólares ao ano à Universidade Americana de Beirute.

A Escola Americana de Paris também recebeu ajuda para a construção de seu novo campus de cerca de 1,2 milhão de euros. Uma escola onde Anthony Ghosn estudou e que atualmente possui uma *Ghosn room*. Da mesma forma, a prestigiosa Universidade Stanford recebeu doações e a Nissan estabeleceu uma parceria com ela em 2005, quando Caroline estava lá cursando o segundo ano. Um fato revelado em março de 2019 no momento em que, nos Estados Unidos, estourava um escândalo retumbante sobre a forma como as doações dos pais pareciam influenciar a admissão de seus filhos nas instituições consideradas superseletivas. Os quatro filhos de Ghosn cursaram Stanford às expensas da Nissan, já que o pagamento da escolaridade fazia parte dos benefícios — dos *perks* — de seu contrato de trabalho de expatriado. O custo total foi estimado pela imprensa americana em 600 mil dólares.

Vida privada, vida pública... Conforme o tempo foi passando, Carlos Ghosn foi fazendo cada vez menos diferença entre as duas. As zonas de aderência se multiplicam. Quando a Renault patrocinou o Women's Forum em Deauville, Caroline Ghosn se apossa do *stand* da empresa para fazer propaganda da sua própria *start-up*. Quando a vinícola libanesa de Ixsir, da qual Ghosn é acionista, participou de um salão de vinhos em Tóquio, ele recorreu aos serviços da tradutora da Nissan. E por aí vai.

Carlos Ghosn custava também obrigatoriamente muito caro em custos de transferências. A RNBV assumia os custos de gestão de quatro aeronaves: duas de longo curso e duas de médio curso, uma das quais cobrada retroativamente à Renault, as outras três à Nissan. O Gulfstream 550, capaz de voar 12 mil quilômetros sem escala, com um quarto de dormir e poltronas de couro creme, era para uso exclusivo de Carlos Ghosn. Era muito raro que colaboradores do grupo o acompanhassem, mesmo quando percorriam o mesmo trajeto, mesmo tratando-se de Frédérique Le Greves que o seguia para todo canto ou quase. "Não era uma exigência dele. É um belo avião, mas não é um 747. Ninguém queria circular de pijama a bordo com Ghosn ao lado!", se diverte um antigo executivo.

A empresa de auditoria Mazars, que realiza em 2019 a auditoria das despesas da RNBV, identificará até cerca de 5 milhões de euros de custos de viagem não justificados. Uma conta que parece, no entanto, sobredimensionada e que foi calculada antes que Carlos Ghosn tivesse podido se justificar. "Dá a impressão de que eles contabilizaram todos os destinos onde a Nissan e a Renault não possuem escritórios. Até mesmo Washington", se irrita uma pessoa próxima do caso. "Se Carlos Ghosn faz um voo Paris-Beirute-Tóquio, com uma escala libanesa por razões pessoais, a auditoria julga controverso o custo do voo Paris-Beirute", explica um especialista. "Mas o avião teria mesmo assim vindo buscá-lo para levá-lo a Tóquio. Se há um custo adicional, não é o voo todo, é apenas a diferença eventual de custo de estacionamento entre Paris e Larnaca, em Chipre." Quando o CEO estava no Líbano, na verdade, o avião e a tripulação tinham que se abrigar em Chipre. Uma exigência das companhias de seguros.

Na RNBV, encontram-se também custos diversos, catalogados como injustificados. O tempo dirá se tinham ou não uma relação com o objeto social da empresa, se eram destinados a ser presentes entregues durante visitas oficiais ou se beneficiaram apenas Ghosn. As contas de Ermenegildo Zegna e Louis Vuitton foram deixadas de lado. Uma nota de 29.700 euros da Cartier também, paga com o cartão bancário profissional de Carlos Ghosn, sem que se saiba se ele mesmo utilizou o cartão, ou se foi um relógio ou uma caneta que foi comprado.

A empresa comum à Renault e à Nissan criada em 2002, essa caixa preta tão pouco e tão mal controlada, também pagou vários escritórios de advocacia e outros bancos consultores e consultores em geral. Em 2019, sob o efeito do escândalo, tudo se torna suspeito. Lá ainda, será preciso tempo para avaliar se todos os pagamentos correspondiam a um trabalho efetivo e, em caso afirmativo, se eram destinados à Aliança — o que justificaria que a RNBV tivesse pagado as contas —, e uma só das duas empresas... ou a seu CEO. Foi no âmbito da empresa holandesa que foram faturados os serviços do Ardea Partners, o banco de Chris Cole que trabalhava em projetos de integração, mas também os de consultores em comunicação Claudine Pons e em segurança Alain Bauer — de cerca de 1 milhão de euros —, contratados pela Renault no rastro do caso dos falsos espiões. Assim como as contas de Rachida Dati, a antiga Guardiã dos Selos que se tornou advogada — cerca de 600 mil euros no total. Tantos consultores cuja função consistia também em travar boas relações com redes importantes, indo do mundo político à franco-maçonaria, muito orgulhosa de sua influência na Renault. Dois advogados libaneses também foram remunerados pela RNBV. De um lado, Fadi

Gebran — 50 mil euros ao ano —, falecido em 2017, o qual a Nissan afirma ter sido advogado pessoal de Carlos Ghosn. De outro, Carlos Abou Jaoude — 890 mil euros —, que tanto trabalhou para a Nissan que apresentou despesas por conta da fabricante durante o processo de instalação do escritório libanês de Ghosn. Abou Jaoude se reuniu à equipe de defesa de Ghosn após sua prisão. Em relação aos consultores, Patrick Pélata, o número dois da Renault que Ghosn demitiu sem pensar duas vezes após o caso dos falsos espiões e que criou sua empresa, a Meta Consulting, também trabalhou para a RNBV de 2015 a 2018 — por cerca de 1 milhão de euros.

E ainda, é claro, existem despesas de recepção. O festival de Cannes e seus convidados, o Carnaval no Rio e seu programa de lazer... Esses eventos sempre organizados nos mínimos detalhes, principalmente por Claude Hugot, o mestre de cerimônia da Renault, e para os quais Carlos Ghosn parece convidar mais amigos do que clientes. Duas festas em Versalhes vão ser especialmente notadas entre os eventos patrocinados por Carlos Ghosn. Uma acontece no dia 8 de outubro de 2016 no Grand Trianon. É um evento privado, com cerca de cinquenta convidados que dizem que foi para comemorar o casamento de Carlos e Carole — celebrado um ano antes na prefeitura do 16º *arrondissement* de Paris —, mas que, na verdade, foi para comemorar o aniversário dela. A festa é pomposa, animada por figurantes vestidos em trajes de época e alegrada por uma refeição suntuosa. Os Ghosn pagaram tudo. Tudo, exceto o aluguel do local, que vale 50 mil euros. Presente! Na conta do casal, está escrito "gratuito". Na verdade, o aluguel foi coberto pelo contrato de mecenato da Renault ao Palácio de Versalhes, que dá direito à empresa um certo número de utilizações que, aliás, ela não esgota totalmente. "Ghosn tinha encontrado Catherine Pégard, a presidente do Palácio de Versalhes, que lhe disse que, se algum dia quisesse dar uma festa, ela ficaria muito feliz em fazer isso por ele. Quando Carole lhe falou do seu aniversário, Carlos se lembrou dessa conversa...", testemunha uma pessoa próxima. "Não fomos nós que reservamos a sala, foi alguém que trabalhava para meu marido. Ele não ligou para reservar a sala, ele não fazia essas coisas. E para nós, nos disseram que a sala seria gratuita. Nós teríamos pagado por ela! É ridículo pensar que não teríamos pagado o aluguel já que pagamos por todo o resto",[4] se justifica Carole Ghosn. Os Ghosn propuseram reembolsar a soma. A justiça francesa decidirá: a Renault entrega no início de fevereiro de 2019 esse processo ao Ministério Público de Nanterre, que instaura uma investigação oficial em março.

E, além dessa, tem outra festividade em Versalhes. A festa é dada no próprio Palácio no dia 9 de março de 2014, cujas imagens ficaram irremediavelmente associadas ao descontrole de Carlos Ghosn. Naquela noite, é a Aliança, criada em 27 de março de 1999, que desfruta da comemoração de seu aniversário de quinze anos. A data de 9 de março também é a dos 60 anos de Carlos Ghosn. Na Galeria das Batalhas, uma mesa imensa foi posta para acolher os duzentos convidados do "Sr. Ghosn", como indica o cartão. Música, figurantes, jantar de rei e fogos de artifício... o ambiente

---
4. *Quotidien, op. cit.*

faz lembrar o filme *Marie-Antoinette*, de Sofia Coppola, cujo pai, Francis Ford, está na lista de convidados. Mais uma vez, estes pareciam ser mais amigos ou pessoas da alta sociedade do que interlocutores-chave para a Aliança Renault-Nissan, que pagou a conta de 630 mil euros. Segundo pessoas próximas de Carlos Ghosn, o discurso que ele faz naquele dia é bem *corporate*; ele não teria feito menção alguma, nem mesmo uma piscadela, à Aliança em seu próprio aniversário. E mesmo que tivesse.

Essa festa de Versalhes fez estragos consideráveis. Os veteranos da Aliança receberam mal, na época, o fato de não terem feito parte de um evento que celebrava uma aventura da qual haviam participado. "Confesso que fiquei enojado. Era humilhante", reconhece um deles. "Mas, no final das contas, fico contente de não ter sido convidado", brinca em 2019. Pois, em 2019, a festa de março de 2014 em Versalhes se tornou uma mancha. "Para mim, foi a gota d'água que transbordou o cálice", confessa um executivo da Renault que permaneceu fiel ao chefe após sua prisão.

Divulgado no dia 9 de maio de 2019, o filme que ficou de lembrança do evento fez mais mal à defesa de Carlos Ghosn do que todas as acusações apresentadas até aquele momento contra ele pelas autoridades japonesas e a Nissan. É o poder das imagens, e a de Versalhes e seu luxo extravagante definitivamente fixou o retrato de um Ghosn hedonista coberto de privilégios. Privilégios que, desde a monarquia absoluta até a nova aristocracia do capitalismo moderno, parecem dar provas de uma insuportável resiliência.

TERCEIRA PARTE

JOGO DUPLO

O DESAPARECIMENTO

A queda de um déspota é, com frequência, sinônimo de caos. Sem Carlos Ghosn, a Aliança é um pato sem cabeça, com movimentos desordenados, até mesmo assustados. "Essa crise revelou uma falha escancarada na Aliança. A Renault e a Nissan não se reconhecem mais. Se restam alguns executivos na Nissan que passaram pela Renault, o contrário não é mais verdadeiro", comenta um especialista após a prisão de Ghosn. A Losango, quando volta o olhar para o Japão, está às cegas.

Na realidade, a Renault fica logo dividida em duas correntes. Uma é legitimista. A outra é legalista. A primeira está convencida de que Ghosn foi vítima de uma conspiração por parte da Nissan ou, pelo menos, que o grupo japonês tem um outro alvo de guerra que a simples queda de seu antigo CEO. A segunda, se não está totalmente convencida pelos argumentos vindos do Japão, quer em todo caso fazer as coisas dentro das regras, tomar o máximo de distância das ações imputadas a Carlos Ghosn e, nesse meio tempo, se proteger. De um lado, Mouna Sepehri, Thierry Bolloré e Claudine Pons, principalmente, se recusam a entrar no jogo da Nissan. De outro, no conselho de administração, Philippe Lagayette e Marie-Annick Darmaillac levantam a guarda.

No dia 23 de setembro, o conselho de administração da Renault decide, o que parece lógico, abrir uma investigação interna, sob a responsabilidade de Claude Baland e Éric Le Grand, para examinar os elementos da remuneração de Carlos Ghosn e depois de toda a diretoria, nos últimos dez anos. Essa consulta dita "ética e em conformidade com as regras" é evidentemente aplaudida de pé pelo Estado. Ela foi implementada "para verificar que não houve nada de estranho, de delicado, que nós pudéssemos encontrar", explica então, com palavras escolhidas com cuidado, Bruno Le Maire. Esse trabalho não revelará nenhuma irregularidade.

Na Nissan também, a unidade não passa de fachada. "Existe uma ala nacionalista, maximalista, no interior da empresa", comenta na época uma fonte francesa com dificuldades para contar as tropas desses elementos linha-dura. Na sede de Yokohama, alguns se detêm no caso Ghosn, outros fazem disso uma guerra contra a Renault.

Durante semanas, a Renault e a Nissan não se falarão mais, ou muito pouco, ou muito mal. Será preciso esperar um mês para que Thierry Bolloré e Hiroto Saikawa tenham um verdadeiro *tête-à-tête*. Nas semanas seguintes à prisão de Ghosn, os dois grupos irmãos dessa aliança decapitada se engalfinham. A desunião se instala oficialmente em relação ao assunto da governança. E, nos bastidores, uma batalha é travada sobre o caso Ghosn.

Quem substituirá Ghosn? A Nissan advertiu a Renault, antes mesmo de ter destituído seu presidente no dia 22 de novembro, que não é a Losango que decidirá. O grupo japo-

O desaparecimento 229

nês revela a um grupo de três administradores o cuidado de refletir sobre a questão. Lá se encontram Jean-Baptiste Duzan, antigo executivo da Renault, mas igualmente próximo de Hiroto Saikawa, Masakazu Toyoda, ex-alto funcionário do METI, e Keiko Ihara, antiga piloto de corrida e administradora independente da Nissan. Uma coisa é certa, como Saikawa apontou, no dia 19 de novembro, que "a concentração de poderes" é a raiz do mal que permitiu o escândalo Ghosn; portanto, o futuro presidente da Nissan não será alguém da Renault. A direção única, mesmo simbólica, das duas empresas da Aliança, terminou. A Nissan hesita em relação ao curso dos acontecimentos. No dia 4 de dezembro, o conselho de administração da empresa japonesa se reúne, mas não nomeia o novo presidente.

A Renault tenta limitar os estragos. Reivindicar a presidência da Nissan nessas circunstâncias é impensável. O grupo francês, no qual os mais radicais só veem no comportamento de sua parceira uma estratégia hostil, tenta neutralizar suas tentativas independentistas. Ele lança uma dupla ofensiva. De um lado, Thierry Bolloré escreve em meados de dezembro para Hiroto Saikawa para pedir a realização de uma assembleia geral extraordinária. Já que a Nissan decidiu se desvencilhar de Ghosn, é o caso de pôr fim a seu mandato de administrador — o que ainda não foi feito — e substituí-lo. Será o momento para a Renault de colocar um de seus homens no conselho. Pois, e este é o outro lado, a Losango não tem mais muitos direitos sobre a governança da Nissan, mas mantém algumas alavancagens. Em Boulogne-Billancourt, o Rama, o famoso acordo entre os dois grupos, foi de novo desencavado. A Renault não pode exigir a realização de uma assembleia geral, o que para uma acionista que detém 43% do capital é uma verdadeira incongruência. Mas tem direito a três, e até mesmo quatro, administradores na Nissan. E pode nomear o presidente, o diretor-geral ou o número dois operacional.

O que quer que aconteça, "a presidência da Aliança ficará com um francês", assegura Bruno Le Maire no dia 25 de novembro. Ele se refere à voz preponderante da qual o diretor-geral da Renault se beneficia na RNBV. Isso é factualmente exato. Mas o quanto pesa a RNBV em uma Aliança vazia de sentido? Quase nada. Sem Carlos Ghosn para se afirmar presidente da Aliança, a pequena empresa neerlandesa é reduzida ao que é: uma empresa de fachada. A declaração do ministro contribui para radicalizar a Nissan, onde se diz que, decididamente, os franceses não mudarão nunca e não querem entender nada do equilíbrio de forças e do funcionamento por consenso que os japoneses defendem. Eles continuam a pensar em termos jurídicos e se apoiando sobre o poder que lhes confere os 43% detidos pela Renault no capital da Nissan.

No dia 17 de dezembro, a Nissan põe a Renault no seu devido lugar. Oficialmente. Radicalmente. "Escutaremos a opinião de nossa parceira Renault. Mas, em última instância, somos nós os responsáveis pela governança da Nissan", decreta Hiroto Saikawa na coletiva de imprensa após uma reunião do conselho de administração. O grupo japonês não escolheu o presidente, nem por proposta da Renault, nem por encaminhamento do comitê de administradores que o grupo constituiu no dia 22 de novembro. Ele expande a problemática. Um novo comitê, de sete membros dessa vez, o

Special Committee for Improving Governance, é formado para rever de alto a baixo a governança da Nissan. E, pelo tempo que trabalhar, não terá nem nomeação, nem assembleia geral. O sistema permanece trancado. "Não vamos nos precipitar", garante Hiroto Saikawa. O grupo japonês usa de certas formalidades, mas dá uma banana para sua acionista de base, a Renault, tornada impotente pelos dispositivos do Rama revisitado em 2015. Em Boulogne-Billancourt, a afronta é recebida como tal. Um dirigente da Losango denuncia na época uma "falta de informação e de diálogo" e uma forma de negação na Nissan, onde nenhuma urgência parece ser sentida enquanto que "há quatro incidentes da maior importância [principalmente o escândalo das certificações], advertências sobre resultados e uma situação econômica que se degrada!".

Esse fogo cruzado público se desenrola enquanto que, confidencialmente, os dois grupos se enviam notificações. Após o fracasso da missão de Philippe Klein, no dia 20 de novembro, a Nissan solicita por várias vezes a apresentação de suas descobertas e de suas acusações contra Carlos Ghosn. "Os fatos falavam por si mesmos! A falta de ética! O pagamento de sua irmã!", lamenta-se uma fonte próxima da empresa japonesa. "Em um mundo ideal, a Renault e a Nissan teriam trabalhado juntas nesse sentido." No mundo real, é o contrário. A Renault desconfia dessa investigação, da forma como é realizada, da estranha colaboração entre a Nissan e o procurador de Tóquio que faz do grupo nipônico um tipo de detetive particular por conta da justiça. Mouna Sepehri e Thierry Bolloré recusam então qualquer contato direto sobre o assunto com a Nissan, e Philippe Lagayette, quando é solicitado, manda a batata quente para o diretor-geral. Bercy não é muito mais receptivo. Bruno Le Maire exibe uma postura marcial do outro lado do planeta. "Como acionista principal de base da Renault, o Estado pediu que as provas fossem disponibilizadas", afirma ele no final de novembro. "Reitero então essa solicitação."

Se o caso não fosse tão grave, daria até para rir da situação. É um dos escárnios de que a história tem o segredo. Em alguns dias, em algumas horas, a prisão de Carlos Ghosn fez do Estado o baluarte mais sólido por trás do qual os elementos mais radicais da Renault podem se abrigar contra o que eles pensam ser um ataque ostensivo da Nissan. E o Estado entra no jogo. Provar, nessa situação de crise, as virtudes do Estado acionista é a melhor maneira de justificar *a posteriori* e pelo exemplo o que aconteceu em 2015. Para o governo de 2019, nomeado por um certo Emmanuel Macron, é imperativo demonstrar que o controle adquirido pelo poder público em 2015 comprova na crise a sua utilidade. Que a manobra do ministro da Economia da época é uma solução e, é claro, não a raiz do problema. A política é também a arte de reescrever a história.

Nesse ambiente pesado, foi preciso esperar três semanas para que, enfim, o processo da Nissan chegasse à França. Na segunda-feira, 10 de dezembro, os advogados do grupo japonês desembarcam em Paris. Eles não verão as equipes da Renault, mas seus advogados. Os advogados do Lathan & Watkins fazem um *briefing* aos advogados do Quinn Emanuel. Este escritório de advocacia repassa as informações ao conselho de administração da Renault no dia 13 de dezembro. A reunião dura mais de quatro horas.

O desaparecimento

Quando termina, por volta de 14h45, os administradores mantêm silêncio em virtude da obrigação de confidencialidade lembrada por uma mensagem da procuradoria japonesa. As convicções pessoais não evoluíram muito após essa apresentação da qual muitos elementos já estavam na mídia. Na Renault, a operação *mãos limpas* lançada pela Nissan não cola. O conselho não tira daí nenhuma consequência e ressalta que "nesse estágio, não dispõe de informações sobre os elementos de defesa de Carlos Ghosn". O grupo francês continua a arrastar os pés para deslanchar a investigação no âmbito da RNBV. E, deixando a Nissan aparvalhada, continua a se recusar a demitir Carlos Ghosn, ainda, em termos oficiais, "temporariamente impedido" como se ele tivesse de licença para se submeter a uma intervenção cirúrgica!

O horizonte não cessa, contudo, de escurecer para o CEO impedido da Renault e presidente deposto da Nissan e da Mitsubishi. A máquina judiciária japonesa começou a moer seu célebre detento. No dia 10 de dezembro, a primeira prisão preventiva chega ao fim. Carlos Ghosn e Greg Kelly são oficialmente indiciados por terem minimizado a remuneração de Ghosn no patamar de 5 bilhões de ienes entre 2010 e 2015. "Esse tipo de declaração mentirosa constitui uma das faltas mais graves para a legislação imposta às empresas", declara o procurador adjunto Shin Kukimoto. A esse respeito, Ghosn e Kelly correm o risco de pegar uma pena de dez anos de prisão acompanhada de multa. Mas o pior ainda está por vir. Nesse mesmo 10 de dezembro, Carlos Ghosn e Greg Kelly são de novo detidos sem terem dado um passo para fora da cela de Kosuge. Os procuradores lançam um segundo ciclo de prisão preventiva com duração prevista de até vinte dias, sob o mesmo motivo de acusação, mas desta vez em relação ao período 2015-2017. Esse *ensalsichamento* processual é permitido pela lei japonesa e faz parte do arsenal que permite à justiça do arquipélago obter "confissões" de seus suspeitos. Para as pessoas próximas de Carlos Ghosn, a pressão se torna insuportável. O pesadelo parece sem fim e é ainda mais doloroso devido ao fato de que toda comunicação entre o interior e o exterior da prisão permanece impossível, exceto por meio de embaixadores, essencialmente Laurent Pic e advogados. Os quatro filhos do industrial, até aquele momento oficialmente mudos, gritam seu ódio. Em meados de dezembro, publicam um primeiro comunicado, de tom muito pessoal. "Há tanto tempo que já nem nos lembramos desde quando ouvimos a voz de nosso pai aos domingos. [...] Já faz quatro domingos que não conseguimos falar com ele. Ele nos faz muita falta." Nos bastidores, os *Game of Ghosn* usam de seu poder. É o reflexo do clã. "Sempre nos ajudamos uns aos outros", dizia Carlos Ghosn contando o dia em que sua filha Nadine, de 7 anos, tinha pulado na água para salvar o pai e o irmão que tinham caído de um jet-ski. "Dá para imaginar isso?"[1] Em dezembro de 2018, os quatro pulam na água. Principalmente Anthony que mexe céus e terras, se agita, interpela de forma um pouco descontrolada quando a estratégia de defesa de seu pai exigia rigor e

---

1. GHOSN, C. *Carlos Ghosn (28) Beyond the boardroom: Ghosn the family man*. My personal history Carlos Ghosn. Nikkei, 2017. Série autobiográfica publicada em janeiro de 2017.

O desaparecimento 235

coordenação. O jovem Ghosn consegue mobilizar Nicolas Sarkozy. Entre o ex-presidente da República e o industrial, o passivo da deslocalização do Clio em 2020 é esquecido. As grandes feras se reconheceram e se homenagearam mutuamente em seus respectivos papéis durante a crise de 2008. "Nicolas Sarkozy não é do tipo que tira o corpo fora. Carlos Ghosn é um cidadão francês em dificuldade e tem direito ao apoio de seu país", diz-se em seu *entourage*.

Contudo, em Paris, o ex-chefe de Estado está muito sozinho. O mundo patronal reage pouco à detenção do CEO da Renault. A AFEP escreve uma carta à sua congênere japonesa, o Keidanren, para relembrar os princípios de presunção de inocência e de *habeas corpus*. Uma mensagem que fica sem resposta e sem desdobramentos. O PDG da Orange, Stéphane Richard, que esperava naquela época a conclusão do processo Tapie no qual era um dos acusados e do qual sairá ilibado pelos fatos,[2] é um dos muito raros a quebrar o silêncio. Ele descreve Ghosn como "um Ovni na paisagem francesa". "Porque ele recebe uma remuneração fora do comum, porque tem uma trajetória profissional que o levou a acumular várias presidências, porque nunca se esforçou muito para atrair a simpatia de seus pares, é um dirigente sem dúvida admirado, mas com o qual os outros CEOs não se identificam especialmente. Isso não justifica, porque ele está de joelhos, participar da execução."[3] Um outro CEO não acredita na culpabilidade de seu cliente e amigo. É Maurice Lévy, dirigente histórico da Publicis, que

---

2. Sentença do tribunal criminal de Paris, 9 de julho de 2019.
3. *Le Figaro*, 27 de novembro de 2018.

seria encarregado principalmente, segundo uma pessoa próxima, de trazer à razão Rita, ex-mulher de Carlos, prestes a botar a boca no trombone. A diáspora libanesa é a mais ativa na busca de apoio. Na França, os Saadé ativam sua rede. No país do cedro, um cartaz é exibido em plena Beirute com uma foto gigante do CEO e o slogan *We are all Carlos Ghosn*. Um grupo de apoio é criado no Facebook. E, em tom lírico, o ministro do Interior declara: "O sol do Japão não queimará a fênix libanesa".

Em meados de dezembro, as pessoas próximas de Ghosn e Kelly elevam o tom. Elas dizem oficialmente o que sugeriam até aquele momento nos bastidores: esse caso é um complô. A família de Carlos Ghosn pronuncia a palavra pela primeira vez no âmbito do processo civil que a Nissan instaurou no Brasil contra eles, em relação ao acesso ao apartamento do Rio e ao seu conteúdo. "A verdade é que a prisão de Carlos Ghosn é o resultado de um litígio entre a Renault, de um lado, e a Nissan e a Mitsubishi, de outro. A detenção surpresa do Sr. Ghosn faz parte de uma estratégia sórdida por parte da Nissan para fragilizar a Aliança frente à Renault", escrevem os advogados da família em uma peça entranhada no processo.

Mas o fato mais espetacular é o de Donna *Dee* Kelly, esposa de Greg, que divulga, no dia 19 de dezembro, um vídeo no qual pede a libertação do marido. Nele, explica as circunstâncias nas quais ele foi preso, como a Nissan o atraiu ao solo japonês, sua doença que "exige uma intervenção". E ela também acusa: "Greg foi acusado injustamente no âmbito de uma tomada de poder por vários dirigentes da Nissan realizada pelo atual diretor-geral Saikawa".

O desaparecimento

No dia 20 de dezembro, como nas séries americanas que pululam nas telas nessa época do ano, o *happy ending* parece de repente possível. Por algumas horas, as duas famílias e os dois detentos acreditam na reunião para as festas de fim de ano. Contra toda expectativa e de forma totalmente excepcional nos anais judiciários japoneses, um juiz de primeira instância, imediatamente confirmado em segunda instância, recusou à procuradoria a prorrogação por mais dez dias a prisão preventiva dos dois homens. A reprovação dos procuradores é contundente. "O sistema se move", dizem entre si os defensores de Carlos Ghosn. Em Tóquio, um membro do governo dá um suspiro de alívio diante dos jornalistas. Para alguns oficiais japoneses também, esse caso já foi longe demais.

Somente Greg Kelly, no entanto, será libertado, no dia 25 de dezembro. Mas não Carlos Ghosn. No entanto, tudo estava pronto para organizar sua saída da prisão. A quantia para pagamento de uma caução putativa foi reunida — a Renault teria pensado em realizar esse pagamento antes de convir que talvez não fosse uma boa ideia. O avião estava pronto para o caso de o ex-CEO ter autorização para deixar o território. A França, segundo o embaixador, consentia em dar garantia de sua residência no Hexágono e de seu retorno ao Japão para comparecimento a audiências do processo. Em Boulogne-Billancourt, como relata uma pessoa próxima da Losango: "Eles realmente acreditaram que iriam ter seu chefe de volta".

Porém, *o chefe* não retornará. Não tão logo. No dia 21 de dezembro, Hiroshi Morimoto mostra sua determinação. Ele dá corpo à teoria segundo a qual a acusação de dissimulação de renda — e da qual Ghosn e Kelly são acusados uma segunda vez, no período 2015-2017 — não passa de um aperitivo, um pretexto para ganhar tempo. O tempo de reunir elementos mais convincentes sobre acusações mais robustas contra Carlos Ghosn. No dia 21 de dezembro, o ex-CEO da Nissan é acusado de abuso de confiança agravado. A justiça japonesa declara guerra definitiva. Uma guerra que, por um estranho fenômeno de mimetismo, é também deslanchada na Aliança Renault-Nissan.

AS ROTAS DO ORIENTE MÉDIO

Dessa vez é grave. Muito grave mesmo. A acusação apresentada no dia 21 de dezembro pela procuradoria de Tóquio promove uma reviravolta no caso Carlos Ghosn. Depois de um mês dedicado a interrogar o ex-CEO sobre uma falha na declaração de sua remuneração, quase uma omissão administrativa, o processo judicial se junta enfim ao processo instruído desde o dia 19 de novembro na mídia e no dossiê da Nissan. Os juristas falam de abuso de confiança agravado. Os leigos falam em desvio de fundos e enriquecimento pessoal.

Dois documentos confiscados, quando da busca na casa de Carlos Ghosn no dia 19 de novembro teriam, segundo a imprensa japonesa, colocado os investigadores na pista. Uma carta de garantia datada de 30 de janeiro de 2009, na qual o saudita Khaled Al-Juffali é fiador de Carlos Ghosn em até 30 milhões de dólares, e um contrato de crédito, também no valor de 30 milhões de dólares, assinado dez dias antes, em que o credor é Suhail Bahwan, um omanense. Esses dois documentos financeiros pessoais de Carlos Ghosn, celebrados com dois homens de negócios também parceiros da Nissan, vão orientar os procuradores em direção ao Oriente Médio, no que a imprensa japonesa chamará poeticamente de *rota saudita* ou a *rota de Omã*. No dia 21 de dezembro, a justiça abre a vertente saudita. Quando foi revelada algumas semanas antes, no jornal nipônico, a possibilidade não se mostrou factível de tão extravagante que parecia. E, no entanto...

Para entender esse assunto, é preciso recontextualizar o final do ano 2008, meados de setembro, quando o banco Lehman Brothers pediu falência. O fato precipita o mundo inteiro em uma crise financeira sem precedentes. Nos mercados, as paridades cambiais sobem e descem como um ioiô e as ações, inclusive as das empresas do setor automobilístico, despencam como pedras. Interrogado dez anos depois sobre suas lembranças dessa crise que, dizia ele, "nos atacou pelas entranhas, pelo coração e pelos nervos", Carlos Ghosn disse o seguinte: "Quem estava em cargo de responsabilidade importante sofreu um choque financeiro enorme. Porque a maioria tinha suas economias investidas em ações da empresa ou em opções. [...] Lamento por aqueles que pediram aposentadoria naquele momento. Houve casos bem dramáticos". Ghosn parecia falar de outras pessoas, mas, na verdade, ele devia estar se lembrando de sua própria experiência.

Carlos Ghosn era pago em ienes pela Nissan, mas sua vida, com filhos nos Estados Unidos e compromissos no Líbano, onde a moeda está vinculada ao dólar, era sobretudo em cédulas verdes. Nessa situação, desde 2002, ele fecha *swaps* com o Shinsei Bank. São contratos que lhe deixam coberto contra o risco cambial e para os quais ele dá suas ações da Nissan em garantia. Quando ele assina um contrato desse tipo em 2006, a taxa de câmbio é de 118 ienes para 1 dólar e o preço da ação da Nissan é 1.500 ienes. Em outubro de 2008, a taxa de câmbio caiu para 80 e a ação para 400 ienes. O banco pede garantias adicionais de que Carlos Ghosn não dispõe. Então ele recorre... à Nissan. O banco aceitará manter os contratos se tiver o poderoso grupo japonês como contrapartida em vez de um indivíduo, mesmo sendo Carlos Ghosn. Mas exige também que o assunto seja ratificado em reunião do conselho de administração do grupo japonês. Segundo ele, para não atrair a atenção para a sua situação pessoal no contexto de crise, Carlos Ghosn solicita a votação de um dispositivo geral por seu conselho, que autoriza a Nissan a fechar *swaps* para proteger os executivos expatriados contra o risco cambial. É lógico que ele é o primeiro a se beneficiar. No dia 31 de outubro de 2008, a Nissan assina o contrato e se mostra pronta a endossar a perda potencial de 1,84 bilhão de ienes. Como sempre, é a Secretaria, na Nissan, que faz o que é preciso. A jogada da transferência entre a carteira do CEO e o balanço da empresa parece loucura, mesmo se dois elementos atenuam a gravidade dos fatos. De um lado, não é aberrante que as multinacionais garantam o risco cambial de seus expatriados. De outro, a resolução votada em conselho estipula expressamente que a Nissan não pode perder dinheiro na transação. Para o grupo, trata-se de atuar temporariamente como fiador para evitar que Carlos Ghosn tenha que apresentar garantias durante a vigência do contrato, mas não de cobrir os prejuízos ao término deste. No entanto, é permitido se perguntar o que teria acontecido se, durante esse período, Carlos Ghosn tivesse entrado em falência pessoal... "É completamente disfuncional! Ele teria recorrido à Renault e a gente teria dito não, simples assim!", comenta um executivo da Losango.

Porém, o caso não para por aí. No dia 30 de janeiro de 2009, no término do contrato que, efetivamente não teria custado nada à Nissan, Ghosn fornece outra garantia a seu banco: a de Khaled Al-Juffali. O cerne da acusação dos procuradores está aí. Segundo eles, Carlos Ghosn teria devolvido o favor a seu amigo saudita que, de 2009 a 2012, em quatro parcelas, recebe 14,7 milhões de dólares de comissões como "remuneração de promoção" paga pela Nissan. A tese deles repousa sobre um conjunto de indícios. O primeiro é a proximidade entre Ghosn e Al-Juffali, unidos por suas memórias de infância no Líbano, e que se conhecem desde o período de Ghosn na Michelin, da qual o poderoso conglomerado é distribuidor. O segundo é a fonte das comissões pagas ao grupo de Khaled Al-Juffali: a *CEO Reserve* ou *reserva para CEOs*.

A coincidência das datas bota lenha na fogueira da acusação. A CEO Reserve foi criada "por volta de 2009", de acordo com a SCIG. Trata-se de uma rubrica orçamentária que escapa dos procedimentos clássicos de validações sucessivas pelos diferentes departamentos do grupo. Parte-se do postulado de que as despesas "foram aprovadas" pelo CEO, explica a SCIG. "Não é para ser um caixa à disposição do CEO, mas foi criada para cobrir despesas excepcionais, gastos não previstos no orçamento, como após um terremoto", sustenta uma pessoa próxima da Nissan. Carlos Ghosn a utiliza para despesas específicas, inclusive, conforme as contas devassadas pela Nissan, sacos de batata frita! Mas é sobretudo a partir desse orçamento que Ghosn paga alguns distribuidores no Oriente Médio, uma região com a qual, por causa de suas origens e de sua trajetória, ele detém uma relação direta. Para a acusação, a opacidade da CEO Reserve teria permitido pagamentos constitutivos da acusação de abuso de confiança.

"Em um grupo como a Nissan, essas despesas são uma ninharia. É também isso que justifica que elas passem pela CEO Reserve em vez de pela conta da região", observa uma fonte próxima do dossiê. Os advogados de Carlos Ghosn afiaram seus argumentos. Segundo eles, os pagamentos a Khaled Al-Juffali não têm nada a ver com a relação pessoal dos dois, nem com os contratos de *swaps* que colocavam Ghosn em risco em 2008-2009. O grupo Khaled Juffali Company negou qualquer malversação e afirmou que as comissões de 14,7 milhões de dólares que recebeu correspondiam a um trabalho realizado em benefício da Nissan. O grupo teria ajudado a resolver um conflito entre o grupo japonês e seu distribuidor saudita Alhamrani e obter o acordo do Reino para instalar uma *joint venture* no local e ali construir uma fábrica.[1]

O poderoso grupo saudita não parece nem um pouco intimidado pela justiça japonesa. Em meados de 2019, ele tinha reunido, de fontes anuentes, o equivalente a 11,5 milhões de dólares de notas justificando suas despesas contraídas por conta da Nissan em relação a 14,7 milhões de

---

1. Comunicado à imprensa da Khaled Juffali Company, em 8 de janeiro de 2019.

dólares pagos pela empresa. E, em maio de 2019, instaura uma ação em Dubai contra a Nissan, reivindicando mais de 380 milhões de dólares. É mais precisamente a empresa Al-Dahama — detida em 60% pelo grupo de Khaled Al-Juffali e em 40% por seu sócio Nasser Watar — que processa a Nissan, com quem Al-Dahama criou, em 2008, a *joint venture* Nissan Gulf FZ Co, intermediária entre a Nissan e seus distribuidores na região. Al-Dahama afirma que a Nissan rompeu a exclusividade e forneceu veículos diretamente a determinados revendedores. Aliás, o contrato ligando o grupo saudita e o grupo japonês em outra *joint venture*, a Nissan Kingdom of Saudi Arabia, criada em 2013 para relançar o mercado até aquele momento mal coberto pela empresa Alhamrani, venceria no final de junho de 2019. A empresa japonesa teria proposto uma renovação de apenas um ano em vez dos cinco anos habituais.

As comissões pagas a partir da CEO Reserve também conduziram os investigadores para a *rota de Omã*, que será, em abril de 2019, o objeto da quarta acusação de Carlos Ghosn, a mais perigosa para ele. O ponto de partida parece com o da rota saudita: um documento que atesta relações financeiras pessoais, ligações de amizade, um negócio lucrativo estabelecido com a Nissan e pago com recursos da CEO Reserve. Mas esse caso é bem mais nebuloso do que o saudita, ainda mais porque a acusação, como a defesa, está longe de ter posto todas as cartas na mesa. O documento de crédito encontrado pelos investigadores na casa de Carlos Ghosn permanece misterioso. Segundo várias fontes, ele dizia respeito à Rita, ex-mulher do industrial. E nada prova que o empréstimo tenha sido efetivamente consentido.

De 2012 a 2018, o conglomerado omanense Suhail Bahwan Automobiles (SBA) detido por Suhail Bahwan, signatário do documento de empréstimo, recebe 32 milhões de dólares de "bônus" por parte da Nissan, pagos a partir da CEO Reserve. Os procuradores circunscreveram sua acusação por abuso de confiança agravado a um desvio de 5 milhões de dólares sobre um total de 10 milhões de dólares pagos em 2017 e 2018. "Pode-se supor que eles limitaram a acusação aos pagamentos a respeito dos quais conseguiram acumular o maior número de provas", adianta um especialista. A justiça japonesa suspeita que esse dinheiro saído do caixa da Nissan acabou, ao fim da sinuosa rota de Omã formada por várias empresas, nos bolsos do próprio Carlos Ghosn.

Qual caminho o dinheiro teria percorrido? A primeira etapa é relativamente simples. A Nissan remunera seu distribuidor, ativo em Omã e em vários países da região como Iraque e Líbia. No processo, a acusação deverá demonstrar que o montante dessas comissões não era justificado, enquanto que a defesa tentará provar o contrário. A SBA não era, em todo caso, uma parceira negligenciável. Desde o início de sua colaboração com a Nissan em 2004 e, em menor medida com a Renault após 2010, escoou 486.273 veículos e registrou um faturamento que atingiu até 1,3 bilhão de dólares anual. A Aliança realizou 9,4 bilhões de dólares de faturamento no total com esse grupo ao qual ela atribuiu 55 recompensas por seu trabalho de distribuição.

O famoso bônus decidido por Carlos Ghosn tinha o propósito de estimular as vendas, conforme sustenta uma pessoa próxima do caso. "Ghosn queria mais volume, inclusive no Oriente Médio", lembra-se ele. "Também foi preciso redirecionar o escoamento dos veículos inicialmente destinados ao mercado iraniano que se fechou com o embargo", acrescenta outra fonte. A SBA, de toda forma, faz o trabalho e suas vendas passam de cerca de 20 mil unidades em 2012 para 67 mil em seu melhor ano, 2017. Além disso, o bônus, se sai da CEO Reserve, percorre, apesar de tudo, um percurso administrativo no seio da Nissan. O cúmulo é que, em 2018, a CEO Reserve não dependia de Carlos Ghosn, mas de Hiroto Saikawa. Assim sendo, ele validou os últimos pagamentos à SBA. Segundo uma pessoa próxima do caso, existem "pelo menos dezessete pessoas que endossaram o bônus, em três níveis do organograma do grupo: a direção-geral em Yokohama, a região África-Índia-Oriente Médio e a sub-região Oriente Médio". Esse bônus era objeto, a cada ano, de um contrato, um *Memorandum of Understanding*, que fixava os objetivos detalhados, semestre a semestre. Por exemplo, para o exercício de 2014-2015, esse MOU celebrado entre Suhail Bahwan e o CEO na época da Nissan Middle-East, no âmbito da política comercial da empresa, estabelecia como meta 43.500 carros vendidos e 9% de participação no mercado a ser atingida na categoria de veículos.

Essas explicações não parecem convencer nem os procuradores nem a Nissan, que suspeitam de uma segunda etapa na rota de Omã: a empresa Good Faith Investments (GFI). A GFI foi criada em 2015 e seu proprietário oficial e investidor é Divyendu Kumar, o diretor-geral de nacionalidade indiana da SBA. Qual a relação com Carlos Ghosn? Vários indícios.

O primeiro é que a GFI foi registrada no Líbano nos escritórios de Fadi Gebran, advogado que também foi remunerado pela RNBV, amigo de infância de Carlos Ghosn e visto em festividades organizadas pela Aliança, como o Carnaval no Rio de 2017. Fadi Gebran tem uma funcionária, Amal Abou Jaoude, que figura no conselho de administração da GFI e também da Phoinos, a empresa da Nissan proprietária da casa de Beirute. Ela será escolhida em 2018 para ser assistente pessoal de Carlos Ghosn no Líbano e contratada pela Nissan para ocupar esse cargo. O domicílio de Fadi Gebran é sede de cinco sociedades que têm Carlos Ghosn como administrador. Como a promotora de vendas imobiliárias CGI que promove o projeto de residências turísticas de alta classe, Cedrar, no qual Ghosn investiu. "O Líbano é um país pequeno. Todos aqueles que lá fazem negócios apelam para um punhado de advogados de grande reputação, como Fadi Gebran", adianta uma pessoa próxima do caso.

O segundo indício são os investimentos realizados pela GFI, inicialmente de 25 milhões de dólares por Divyendu Kumar. A empresa, por treze vezes, fez aportes na firma de investimento californiana Shogun, da qual o filho de Carlos Ghosn, Anthony, é um dos fundadores. Ela também garantiu, sob forma de empréstimo acionário, o financiamento da Beauty Yachts, uma sociedade registrada desde 2015 nas Ilhas Virgens Britânicas e que recebeu a encomenda naquele ano de um esplêndido barco para o construtor italiano Ferretti: o *Shashou*, um modelo Custom Line Navetta de 37 metros de comprimento, no valor de 12 milhões de euros. Ghosn, *a priori* um dos sócios da Beauty Yachts assim como Kumar, também seria acionista. O nome de Carole Ghosn também apareceu no caso. A Beauty Yachts até teria sido registrada durante um período em nome dela, de acordo com a imprensa japonesa. "Fadi Gebran colocou a empresa em nome dela para que o de Carlos Ghosn não aparecesse, o que foi um pouco idiota", explica uma pessoa próxima do caso. "Mas, na verdade, Carole não tinha nada a ver com isso, ela simplesmente fez a decoração do interior do barco." O terceiro indício são os e-mails encontrados pela Nissan. Os procuradores parecem achar que o acaso não tem nada a ver com a cronologia dos pagamentos de bônus à SBA e das transferências de Divyendu Kumar para a GFI. Sobretudo, eles teriam em sua posse e-mails indicando que Carlos Ghosn estava ciente e teria transmitido os dados bancários da Shogun, por exemplo, para Fadi Gebran por causa das transferências. Será que ele era quem tomava na realidade a decisão sobre os investimentos da GFI, como parece achar a acusação? Abuso de confiança agravado. Para essas acusações, que não se referem a Greg Kelly, Carlos Ghosn periga pegar até quinze anos de prisão, se a procuradoria de Tóquio conseguir convencer o tribunal. A rota de Omã passará também talvez por Paris. A SBA era também a distribuidora da Renault que lhe transferiu no total uma dezena de milhões de euros de comissões. Oficialmente, não há uma CEO Reserve na Renault, mas uma rubrica orçamentária dedicada aos projetos transversais e que dependiam diretamente do CEO Carlos Ghosn. Na Renault, muitos a chamam espontaneamente de "conta CEO". Foi sob essa rubrica que foram transferidos os bônus para a SBA, "que é, até onde sei, a única distribuidora da Losango a ser paga dessa forma", avalia um bom conhecedor da Losango. "Conosco, está tudo limpo. O processo de pagamento era perfeitamente respeitado", afirma um antigo funcionário do grupo. Pouco antes da prisão de Ghosn, a direção da auditoria tinha expressado,

As rotas do Oriente Médio 249

de acordo com uma fonte próxima do caso, dúvidas sobre o circuito contábil dos bônus da distribuidora omanense. "Isso não quer dizer que não fossem justificados, mas apenas que não saíam do bolso certo." No dia 1º de abril de 2019, a Renault efetuou um alerta ao Ministério Público de Nanterre e lhe transmitiu o resultado de suas investigações internas sobre sua própria rota de Omã.

Na Nissan, as relações com outras distribuidoras e outros parceiros passaram por um pente fino. Nenhuma outra foi objeto de uma ação judicial. Mas a fabricante japonesa se questiona bastante sobre sua relação com seu intermediário no Líbano. Também desencava um dossiê referente a uma desventura na Índia. Em 2008, a Nissan tinha escolhido como parceira no mercado gigante em pleno desenvolvimento a empresa Hover, dirigida por Moez Mangalji. "O processo de seleção tinha levado a Nissan a escolher outra distribuidora. Mas dois dias antes da decisão final, Carlos Ghosn impôs Mangalji. Acontece que ele é um de seus amigos. A filha de Moez Mangalji era, aliás, amiga de Caroline Ghosn. As duas são vistas juntas no baile de debutantes, em 2006", observa uma pessoa próxima do grupo japonês. A Hover acumula desempenhos fracos, provocando a raiva das concessionárias indianas do grupo. Será preciso esperar 2013 para que Ghosn se resolva a cortar os laços. De acordo com uma fonte próxima do caso, o ex-CEO teria reivindicado uma separação amigável e um cheque de 60 milhões de dólares em benefício de seu amigo. O divórcio finalmente seguiu as vias legais e a Hover recebeu 12 milhões de dólares ao final de uma arbitragem. Na Renault, um antigo executivo se lembra de que Carlos Ghosn também defendera a causa de Moez Mangalji, mas a Losango havia escolhido uma outra distribuidora. "Ponha na conta da velha cultura da rebelião da *Régie*!", brinca essa fonte.

Das rotas do Oriente Médio às recepções de Versalhes e de Cannes, os amigos de Carlos Ghosn parecem ter tomado bastante espaço na vida da Nissan e da Renault. "É uma característica constante em se tratando de Ghosn. Podemos encontrar razões semilegítimas para justificar cada um de seus atos, para ver neles apenas uma mistura de gêneros e não fatos repreensíveis. Mas ele trouxe amigos pessoais e conhecidos para circunstâncias que implicavam a empresa e frequentemente com despesas significativas em jogo. E ele fez isso vezes sem conta", comenta uma fonte próxima do grupo japonês.

Mesmo quem não acreditava na intenção desonesta de Carlos Ghosn tem que convir: o ex-CEO se meteu em situações de conflito de interesses intoleráveis em relação aos padrões exigidos nas multinacionais ocidentais de capital aberto. O caso da Beauty Yachts é eloquente. De acordo com uma pessoa próxima do caso, a empresa não passa de uma firma, cuja atividade é alugar o *Shashou*, principalmente para reuniões de negócios. Carlos Ghosn, que também investiu na vinícola de Ixsir, na promotora de vendas imobiliárias libanesa CGI e em seu projeto de residências turísticas de alta classe Cedrar ou ainda no banco libanês Saradar, fazia muitos negócios! E, às vezes com amigos que eram sócios dos grupos que ele dirigia. Em outros grupos, as equipes de *compliance* e as instâncias de governança teriam agitado grandes bandeiras vermelhas. Na Nissan, um sentimento manifesto de impunidade reinava.

As rotas do Oriente Médio 251

O grupo japonês, com as descobertas de sua investigação, tinha motivos suficientes para pôr Carlos Ghosn em dificuldade diante do conselho de administração e demiti-lo. Porém, lançou mão da justiça, para provocar a queda do presidente poderoso. Mas essa aliança efetiva entre a empresa e os procuradores periga também fragilizar o caso. Pois ela conduziu a curiosos métodos de investigação que a defesa de Carlos Ghosn não deixará de ressaltar. A procuradoria de Tóquio tem, de fato, utilizado a Nissan para conduzir pesquisas fora das fronteiras do arquipélago. "Não é o FBI! Eles não dispõem de meios suficientes para ir buscar informações em determinados países estrangeiros, principalmente no Oriente Médio", aponta um bom conhecedor do caso. "Na verdade, as chances de sucesso com as cartas rogatórias expedidas para países como a Arábia Saudita são bem fracas", sorri um especialista. Por isso, algumas peças poderiam ter sido obtidas de maneira litigiosa. E principalmente as que estavam no disco rígido do computador apreendido pela Nissan junto à Amal Abou Jaoude em Beirute, que pertencia não à fabricante, mas a Fadi Gebran. "Eles não tinham o direito de pegá-lo e levá-lo para o Japão", afirma um especialista. "Além disso, as pessoas que vieram do Japão após a prisão de Carlos Ghosn, que foram enviadas pela Nissan de Dubai, entraram no Líbano com um simples visto de turista, como, aliás, fez Hari Nada quando passou por Beirute." A apreensão de outros documentos considerados pessoais, principalmente documentos bancários, pela empresa também apresenta problema. Enfim, se a Nissan realizou interrogatórios ou até mesmo audiências com os funcionários, buscou ir mais longe questionando também os funcionários da Renault.

O GRUPO LARANJA

Os moradores de cidades sitiadas são às vezes tomados por uma loucura obsessiva. E é exatamente essa síndrome que espreita o estado-maior da Renault no final de 2018. No sétimo andar da sede de Boulogne-Billancourt, há excesso de estresse acumulado desde o dia 19 de novembro e falta de sono. O peso da responsabilidade de uma empresa de 183 mil funcionários decapitada de forma tão brutal é esmagador. As desconfianças, as raivas pessoais sedimentadas há anos entre a Renault e a Nissan se liberam em eflúvios corrosivos. A incerteza em relação às intenções reais da "sócia" japonesa vira medo. E todas as iniciativas vindas de Yokohama fazem tremer a Losango como o fariam golpes de aríete.

Pois a Nissan continua a insistir. O grupo japonês quer fazer uma boa faxina dentro dele e da RNBV e talvez até mesmo dentro da Renault. Por necessidade de sua investigação, mas também por exigência dos procuradores de Tóquio que não podem questionar as pessoas implicadas que não vivem no Japão, a Nissan quer realizar interrogatórios de funcionários da Aliança, incluindo aqueles da Renault que trabalharam na Nissan no passado. A equipe de investigação de Yokohama tenta recolher testemunhos de altos executivos da Losango, sem passar pela direção da Renault. "Trabalho sob a responsabilidade do diretor-geral [Hiroto Saikawa] e do conselho de administração da Nissan no âmbito da investigação interna sobre a falha presumida de Carlos Ghosn. Também estou encarregado de garantir a ligação com o procurador de Tóquio que prendeu e acusou Carlos Ghosn [...]. Durante as investigações do procurador, seu nome apareceu como de alguém suscetível de ajudá-los nas buscas. Eles estariam muito interessados em poder falar com você e pediram à empresa para fazer esta solicitação. Ficaremos muito gratos se puder colaborar com eles aceitando ser interrogado. Infelizmente, eles só podem fazer os interrogatórios presencialmente. Será preciso que você faça o deslocamento até Tóquio. Evidentemente cobriremos todas as despesas de viagem e hotel."[1] Imagine o que passou pela cabeça e todas as inquietações do executivo da Renault ao receber essa mensagem em meados de dezembro! "Várias pessoas já vieram e voltaram para casa após participar desta investigação", acrescenta o mesmo representante da Nissan alguns dias depois, para tentar convencer seu interlocutor. Este último recusa as solicitações do grupo japonês e se protege por trás da "via judicial oficial, isto é, o tratado de cooperação entre o Japão e a França". Ele não aceita em princípio ser interrogado no âmbito da investigação interna da Nissan e por videoconferência a partir do escritório de advocacia parisiense

---

1. *Le Journal du dimanche*, 10 de fevereiro de 2019.

Latham & Watkins que trabalha para o grupo japonês. "O procurador está a par dessa videoconferência e você não tem que se preocupar com a interferência na investigação deles", insiste, contudo, o funcionário da Nissan.

O grupo japonês solicitou assim a participação de vários executivos que tomaram conhecimento das atividades do CEO Office ou da CEO Reserve na Nissan ou ainda que trabalharam para a Nissan no Oriente Médio. Um deles escolheu outra via de resposta e enviou uma declaração juramentada, anexando uma cópia de seu passaporte, para fins processuais judiciais. Essa declaração, mantida no anonimato, foi produzida no dia 8 de janeiro de 2019 pelos advogados de Carlos Ghosn. Ela se refere à rota saudita. O antigo responsável pelas vendas na África, Oriente Médio e Índia "declarou que, durante o período durante o qual os pagamentos [à empresa de Khaled Al-Juffali] foram efetuados, [essa empresa] dava apoio para a reconstrução de uma rede de distribuição [da Nissan] na Arábia Saudita que sofria com vendas fracas e esse apoio valeu bons resultados para a Nissan em seu projeto".

O zelo da Nissan é evidentemente percebido como intrusivo na Renault. O grupo francês se sente constrangido e alguns executivos afirmam terem sido seguidos. Constata-se também que no organograma do grupo japonês, uma purgação começou. O diretor de recursos humanos Arun Bajaj está de licença. Trevor Mann pediu demissão. José Muñoz, ex-diretor de atividades americanas, também deixa a empresa depois de ter, como corre o boato, se recusado a colaborar com a investigação interna. A Nissan pede expressamente à Renault para que "nenhum funcionário ou dirigente da Renault entre em contato com ela para falar da Nissan ou da Aliança".

A Renault se preocupa com as intenções reais do grupo japonês quando os vazamentos começam a se referir a executivos da Renault, principalmente Mouna Sepehri, quando sua remuneração paga pela RNBV é revelada. A diretora-geral nomeada para a presidência da Renault é então o primeiro ponto de contato entre os dois grupos. E ela se empenha em fazer uma barreira às demandas da Nissan. No dia 10 de janeiro, a Losango denuncia "uma campanha de desestabilização deliberadamente orquestrada". Nos bastidores, os nomes que surgem se fundem em torno de Thierry Bolloré, que "os japoneses consideram filho espiritual de Ghosn", explica um bom conhecedor do caso.

Os advogados da Losango contra-atacam. Se a Nissan questiona manifestamente a legitimidade de Mouna Sepehri de continuar a ser sua primeira interlocutora, a Renault, por seu lado, se enfurece ao constatar que Hari Nada, que supostamente fechou um acordo de admissão de culpa, continua a ser seu funcionário. Em uma carta do escritório de advocacia Quinn Emanuel, enviada ao grupo japonês em meados de janeiro, os advogados da Renault questionam então "um comportamento [que] lança dúvida sobre as motivações e a objetividade da investigação da Nissan e faz parecer mais uma campanha política do que um exercício neutro de reunião de fatos". "A incapacidade da Nissan de revelar sua investigação em tempo útil, e seus propósitos unilaterais e vagos sobre as infrações na RNBV estão em contradição com o espírito do Rama e a longa colaboração entre a Nissan e a Renault", acrescentam eles.

O clima é certamente deletério entre os dois membros da Aliança. Por facilidade, por clichê, muitos em Paris comparam a violência da ofensiva realizada contra Carlos Ghosn no Japão a Pearl Harbor. O paralelo prova que o que a Renault teme nesse momento é um ataque, seja para fazer a Aliança explodir, seja contra a Renault.

No dia 13 de dezembro, quando a Nissan repatria de sua empresa chinesa 1,1 bilhão de dólares em dinheiro, sem razão aparente e ao preço de um *exit tax*, todo o mercado, principalmente a Renault, se pergunta por que o grupo japonês age dessa forma. Alguns suspeitam que a empresa esteja reunindo munição. "Se a Nissan comprar ações da Renault e transferir os 25% do capital, isso congelará os direitos de voto do grupo francês na Nissan", lembra-se uma fonte próxima do caso. "Trabalhamos todos os mecanismos de proteção possíveis", concorda uma fonte governamental.

A melhor defesa é sempre o ataque, como diz o ditado. Então, no final de dezembro, quando fica patente que Carlos Ghosn não será libertado tão cedo, Thierry Bolloré vislumbra uma contraofensiva. Ele reúne seu pequeno exército: o grupo Laranja. Laranja, isto é, a mistura do amarelo da logo da Renault com o vermelho da Nissan. Laranja é a fusão das duas empresas. No final de 2018, na Renault, diz-se que seria melhor virar a mesa e tomar a iniciativa. O período das festas de fim de ano será atarefado, pois é preciso achar um meio de forçar a Nissan a realizar uma operação que ela nunca quis fazer.

No sétimo andar do prédio de Boulogne-Billancourt, logo à saída dos elevadores, encontra-se, de um lado, protegidos por uma porta automática cuja abertura é ultra vigiada, os escritórios de Carlos Ghosn e da direção-geral, e, de outro, as salas de reunião e do conselho de administração. É em uma dessas salas que o grupo Laranja instala seu quartel-general. Os participantes são, em sua maioria, os mesmos que Ghosn tinha incorporado desde 2016 aos esquemas de integração da Aliança. Do pequeno grupo, que trabalha no maior sigilo, integram Thierry Bolloré, Mouna Sepehri, a diretora financeira Clotilde Delbos, o diretor jurídico e de negócios públicos Jean-Benoit Devauges, os banqueiros do Ardea Partners, Chris Cole e James del Favero, os advogados da Sullivan & Cromwell e Claudine Pons, pela agência Les Rois Mages. A agência americana de comunicação Gladstone também foi brevemente recrutada.

É preciso dizer que a comunicação poderia ser o nervo exposto dessa guerra caricata. O projeto Laranja supõe fazer pressão ao mesmo tempo sobre a Nissan e o diretor-geral Hiroto Saikawa. Os investidores do grupo japonês, cujas ações têm seu valor em queda livre devido à baixa das vendas e da rentabilidade e à crise instalada pela queda de Carlos Ghosn, poderiam ser aliados circunstanciais e incitar a Nissan a aceitar uma operação que criaria economias de escala. Quanto a Hiroto Saikawa, sua capacidade de dirigir a Nissan é duplamente questionada. Muitos se perguntam se o homem tem a força necessária para dirigir a Nissan, principalmente naquelas condições. A questão de seu grau de implicação nas infrações reputadas a Carlos Ghosn se apresenta. "Ou ele estava ciente, e isso é um problema, ou ele não viu nada, o que é também um problema porque isso quer dizer que ele não tem a firmeza de caráter que se deve esperar de um diretor-geral de multinacional do setor automobilístico", resume um especialista. Enfim, Hiroto Saikawa está fragilizado pelos boatos segundo ao quais ele também teria fechado um acordo com a justiça japonesa. Boatos *a priori* infundados. Mas ele está na linha de frente para responder em nome da Nissan que é acusada pela justiça japonesa no caso das remunerações diferidas de Carlos Ghosn e que é, em janeiro, objeto de uma investigação da SEC, a poderosa autoridade dos mercados financeiros nos Estados Unidos.

A contraofensiva não acontecerá. Em janeiro, as condições ainda não se encontram prontas para deslanchar as hostilidades. Ao contrário, cada um vai se empenhar, com mais ou menos sinceridade, para apaziguar os ânimos. O Estado francês, que tomou ciência dos cenários belicosos vislumbrados na Renault, "age como apaziguador", explica uma fonte pelo lado dos poderes públicos. "Na Renault, eles estavam um pouco em seu próprio mundo!", diz sorrindo um outro ator do caso. "Nossa prioridade era que nada de irreversível fosse cometido", certifica ainda uma fonte governamental.

Na Losango, a tensão baixa um pouco. "Levamos algumas semanas para entender o que estava acontecendo", relata um executivo da empresa. Seria um ataque? Sim, nós fizemos essa pergunta e não foram poucas vezes! Mas acho que na verdade os japoneses estavam na sua *trip*, focados em Carlos Ghosn, totalmente consumidos por esse aspecto das coisas." Uma outra fonte próxima da Losango afirma que "infringir o Rama para forçar a Nissan em seus últimos redutos teria sido muito perigoso. O Rama é o último elemento a manter a Aliança de pé. É melhor não se arriscar a vê-la desabar."

Em meados de janeiro, enquanto os advogados continuam a se arrancar os cabelos e os da Renault enviam um questionário de 82 páginas à Nissan para pedir uma prestação de contas sobre seus métodos de investigação, o grupo japonês tenta acalmar o jogo. Hiroto Saikawa refuta todo tipo de complô contra Carlos Ghosn: "Como se pode imaginar isso? É absurdo e não posso entender que se possa acreditar um segundo em um cenário desse tipo!", dispara ele em uma entrevista a *Les Échos*, quando então acrescenta: "Quero reiterar aqui que, acima de tudo, faço questão da Aliança com a Renault." Garantia em última instância de boa vontade: chega ao ponto de se dizer "muito reconhecido em relação a Carlos Ghosn por tudo o que foi feito"[2] na Nissan.

"O sistema japonês transmitiu uma mensagem no início de janeiro de que era preciso pôr fim às ideias belicosas", sustenta um bom conhecedor do caso. No dia 17 de janeiro, dois homens, dois franceses, aterrissam em Tóquio para contribuir para a volta à tranquilidade: Emmanuel Moulin, chefe de gabinete de Bruno Le Maire, e Martin Vial, presidente da APE, com encontro marcado no METI. No dia seguinte, Hiroto Saikawa, por sua solicitação, os encontra também. Eles saem convencidos de que os japoneses são tão apegados quanto eles ao bom funcionamento da Aliança e à sua perenidade. Esse caso, pelo menos no que concerne às empresas, vai poder se resolver, pensam eles. E ainda mais que, em alguns dias, como confirmaram a seus interlocutores japoneses impacientes para ouvir alguma notícia, a Renault teria um novo CEO.

---

2. *Les Échos*, 14 de janeiro de 2019.

A "DEMISSÃO"

A sala do tribunal é pequena, com decoração minimalista e iluminação sinistra. A audiência é restrita. Além dos membros do Tribunal, dos representantes do Ministério Público e dos advogados, dez jornalistas estão presentes, sorteados entre as centenas que acompanham o caso. Sem câmeras, sem máquinas fotográficas. Apenas os desenhistas da imprensa. E Carlos Ghosn só tem dez minutos. Mas trata-se de um acontecimento. Pela primeira vez em cinquenta dias, nesse 8 de janeiro de 2019, o ex-presidente da Nissan fala em público. Pela primeira vez há cinquenta dias, ele é visto por alguém que não seja seus advogados, embaixadores, guardas e interrogadores. Sua decadência não é mais uma abstração quando ele entra na sala do tribunal do distrito de Tóquio. Carlos Ghosn emagreceu, suas feições estão marcadas, a raiz do cabelo embranqueceu. Ele veste um traje passeio completo bem clássico, terno, sobre camisa branca, sem gravata. Mas ele é trazido com uma corda em volta da cintura, como se fosse um laço e os guardas só o soltam quando chega a seu lugar. Nos pés, ele teve que manter as sandálias de plástico verdes da prisão.

A "demissão"

"Sou inocente." A essência de sua mensagem está nessas duas palavras. "Fui acusado injustamente e detido com base em acusações infundadas", afirma ele. Contesta as acusações de dissimulação de receitas diferidas. Desmente ter arriscado a Nissan a perdas por causa de seus negócios pessoais. Sustenta que Al-Juffali forneceu um trabalho efetivo justificando sua remuneração pela Nissan. E toca no ponto sensível. Declara seu "amor" pela Nissan, à qual dedicou "duas décadas de sua vida".

Carlos Ghosn sabe que, em três dias, vai ser de novo acusado, pela terceira vez, em relação à rota saudita. Antes disso, aproveita uma possibilidade oferecida pelo direito japonês, mas raramente utilizada, que permite que um detento reclame uma audiência pública e explicações sobre os motivos de sua detenção. O que ele quer é sair da prisão, obter uma liberação sob caução. Seu advogado, Motonari Otsuru, não está muito otimista. "De maneira geral, nos casos de negação das acusações, a liberação sob caução não é concedida até o julgamento", diz ele no dia 8 de janeiro. Carlos Ghosn periga permanecer detido por meses a título de detenção preventiva.

Sua família suporá mal a situação. Anthony não hesita em pintar o quadro com tintas negras ao contar que seu pai "perdeu cerca de dez quilos por só comer três tigelas de arroz por dia"[1] e que a justiça japonesa exige que ele assine uma confissão "escrita exclusivamente em japonês", idioma que Ghosn não fala. Otsuru, a Raposa Cinzenta, tem que corrigir sua declaração para evitar confrontar o

---

1. *Le Journal du dimanche*, 6 de janeiro de 2019.

sistema judiciário. Ele evoca um "mal-entendido" e afirma que, é claro, todos os documentos apresentados a Ghosn lhe foram traduzidos palavra por palavra durante os interrogatórios e integralmente gravados e que deles participaram inspetores anglófonos.

Não importa. Ghosn quer sair. Seus advogados apresentam uma primeira petição no dia 9 de janeiro. Recusada. E uma outra no dia 11, depois que sua acusação foi pronunciada. Recusada. Suas condições de detenção não são suavizadas de imediato, apesar do fim da prisão preventiva. Carole se preocupa, quando sabe que o marido teve febre na prisão. Ela fica enraivecida, escreve para Emmanuel Macron e aciona a organização Human Rights Watch. "O que ele está passando é uma violência", denuncia ela. "Como uma democracia pode manter um suposto inocente por tanto tempo em detenção e em tais condições? [...] A vida em isolamento é uma camisa de força destinada a fazer que ele desabe."[2]

Porém, o sistema japonês não desaba. Na França, por outro lado, a evidência se impõe: já não é sem tempo substituir Carlos Ghosn à frente da Renault. O governo francês e a empresa têm consciência disso há semanas. A redetenção do CEO no dia 21 de dezembro acabou por convencer os últimos ingênuos que achavam que ainda seria possível a volta de Ghosn ao comando, ao estilo presidente pródigo. É certo que Ghosn vai deixar o cargo. Resta saber quando e como.

---

2. *Paris Match*, 20 de janeiro de 2019.

O "quem", por outro lado, é uma questão já resolvida. Na sexta-feira, 14 de dezembro, Bruno Le Maire recebeu Jean-Dominique Senard, CEO da Michelin, em seu escritório do 6º andar de Bercy. O industrial de 65 anos deixará na primavera a direção do grupo de pneus. Ele está quase disponível e tem muito orgulho desse último emprego. Ele não tem mais dúvidas no domingo, dia 16, quando Alexis Kohler, secretário-geral do Palácio do Eliseu, lhe confirma por telefone que ele será possivelmente o próximo CEO da Losango. Senard faz parte desse grupo de grandes CEOs para os quais o sucesso profissional não basta, é preciso ter também o reconhecimento da nação para se sentir de fato realizado. A Renault não será um emprego para Senard, mas uma missão. O industrial, já animado, tem um brilho radiante nos olhos.

Resta convencer a Renault a se separar de Ghosn. A direção do grupo e seu conselho de administração não terão muita escolha. O Estado só detém 15% do capital e não se espera que dite as regras na empresa. Mas, nas circunstâncias, as decisões são tomadas tanto entre o Palácio do Eliseu, Matignon e Bercy quanto em Boulogne-Billancourt. O conselho de administração da Renault pode muito bem fazer parecer que contrata empresas de *headhunting*, como Korn Ferry e Emeric Lepoutre, e seu presidente interino Philippe Lagayette se lembra que "é a governança da Renault que decide, e não o Estado",[3] mas acabarão se habituando à ideia.

---

3. *Le Figaro*, 18 de janeiro de 2019.

Com Carlos Ghosn, a situação é evidentemente mais complexa e não apenas porque os contatos ficam dificultados com sua detenção. Para o industrial, o fato de que a Renault ainda não o liberou, que a empresa declare-o apenas "impedido" de desempenhar suas funções e que a França se fixe da presunção de sua inocência é um elemento de defesa. No fundo da prisão de Kosuge, Ghosn não é apenas um sujeito de direito, ele ainda é o CEO de uma multinacional francesa.

Justamente. Durante o mês de janeiro, "os japoneses nos fizeram entender que seria mais fácil para Carlos Ghosn obter uma liberação sob fiança se ele não fosse mais o presidente da Renault", afirma uma fonte próxima do caso, pelo lado francês. "Seria preciso que ele não fosse mais nem poderoso, nem influente", confirma uma outra fonte. Nesse contexto, os interesses de todos se alinham. A Renault precisa de uma governança perene. Ghosn quer sair da prisão. A justiça japonesa obteria uma primeira vitória. E a Nissan também, é claro. Em janeiro de 2019, as trocas se intensificam para organizar a partida de Carlos Ghosn. O assunto está na pauta do encontro que Claudine Pons consegue ter na sala de visitas de Kosuge com o famoso detento. Também faz parte das discussões que Martin Vial e Emmanuel Moulin tiveram, durante sua estada em Tóquio nos dias 17 e 18 de janeiro, com responsáveis do governo japonês e Hiroto Saikawa na Nissan. Os advogados da Losango e os do diretor-presidente negociam as condições.

A cabeça de Ghosn vai rolar, para o bem de todos. A Renault, o Estado e o diretor-presidente pretendem fazer as coisas da forma mais limpa, "com elegância" dizem mes-

A "demissão" 265

mo várias fontes. Mas, para não causar agitação, é preciso encontrar o meio de não falar do assunto que incomoda: dinheiro, é claro. É um quebra-cabeça. Normalmente, quando uma empresa quer se ver livre de seu diretor-presidente sem fazer alarde, diz que ele vai sair devido a "divergências estratégicas". É o eufemismo ao qual se recorre para demitir um CEO, mas pagando o que lhe é devido. No caso de Carlos Ghosn na Renault, seria talvez possível aplicar o mesmo método, mas devido ao "impedimento". Exceto que o assunto das indenizações de demissão, incendiária na opinião francesa, é explosiva nesse caso. Para o governo francês, está fora de questão fazer um cheque com sete dígitos para Carlos Ghosn, naquele contexto. Porém, nem o Estado, nem a Renault querem mais demiti-lo. Isso seria contrário ao princípio de presunção de inocência defendido desde o início. Seria também pôr a Renault em situação de fraqueza em relação à Nissan. Resta a demissão. Mas se se demitir, Ghosn abre mão de seus direitos a uma parte das ações de desempenho que lhe foram atribuídas nos últimos anos. E, mesmo nessas circunstâncias, mesmo por trás das grades de Kosuge, "Ghosn não é do tipo que abre mão de seus direitos", diz um de seus amigos. Entre suas ações de desempenho, a cláusula de não-concorrência e sua aposentadoria, o que está em jogo são 30 milhões de euros.

No dia 24 de janeiro às 8h10 da manhã, o suspense chega ao fim. "Philippe Lagayette recebeu ontem a carta de demissão de Carlos Ghosn", anuncia à AFP Bruno Le Maire, no Fórum de Davos, onde, pela primeira vez em quase vinte anos, Ghosn não está presente.

Mais tarde, no mesmo dia, o conselho de administração da Renault se reúne para decidir o que já é conhecido: Carlos Ghosn não será mais CEO. Ele vai ser substituído pela dupla Jean-Dominique Senard-Thierry Bolloré. O primeiro é nomeado presidente do conselho, o segundo é promovido a diretor-geral. O instante é solene para esse conselho de administração que foi uma das muralhas mais sólidas da fortaleza do poder de Carlos Ghosn. Lagayette faz a leitura da carta de Carlos Ghosn, da qual cada administrador tem uma cópia sob os olhos. Depois recolhe todos os exemplares. A carta não será divulgada ao público. Ele pediu demissão? "Bem... sim", responde, mais tarde, envergonhado, um administrador. "Não de fato, afirma outro, o mínimo que se pode dizer é que sua carta não foi de um grande lorde." O comunicado à imprensa, publicado à noite pela Losango, não deixa dúvida: "O conselho aceitou o ato de demissão de seu CEO atual. Ele louva a trajetória da Aliança, que lhe permitiu se alçar à primeira posição dos fabricantes de automóveis mundiais".

"Devido ao prolongamento do meu impedimento em exercer minhas funções, eu, abaixo assinado, Carlos Ghosn, tenho a honra de lhes informar de minha decisão de pôr fim a meus mandatos de diretor-geral e de presidente do conselho de administração da Renault [...] com efeito imediato. Decido também pôr fim, com efeito imediato, ao conjunto de mandatos que exerço entre as empresas do grupo Renault, com exceção de meus mandatos de administrador. Minha decisão é ditada por um impedimento independente de minha vontade e por minha preocupação de permitir à Renault atualizar sua governança e garantir a

A "demissão" 267

continuidade dos negócios da empresa. É claro, sem que isso constitua uma condição para o fim dos meus mandatos, que a integralidade de meus direitos como reconhecidos nos documentos societários e pela lei será preservada e peço que façam valer, nesse aspecto, meus direitos à atribuição de ações de desempenho, fora a remuneração variável diferida, assim como qualquer outro direito que me advenha em razão do exercício de minhas funções e, ao final, meus direitos a aposentadoria. Meu compromisso de não-concorrência em benefício da Renault passará a vigorar quando do reconhecimento de meus direitos." A carta, firmada com a grande assinatura de Carlos Ghosn Bichara, em Tóquio, dia 23 de janeiro, coube em uma página. E, na mente de Carlos Ghosn, não é explicitamente uma demissão, e menos ainda uma desistência de seus direitos. "O governo prefere assumir o risco jurídico de um processo posterior entre a Renault e Carlos Ghosn a pagar o preço político imediato de assinar um cheque gordo", analisa uma pessoa próxima do caso.

No dia 13 de fevereiro, o conselho de administração decide não impor nenhuma cláusula de não-concorrência a seu ex-CEO e considera que ele perde seus direitos às ações de desempenho atribuídas de 2015 a 2018 e à parte diferida de sua remuneração variável para 2014 a 2017. Nos dois casos, a atribuição definitiva desses elementos de remuneração é submetida a uma condição de presença na empresa. No dia 23 de abril, ele vai mais fundo. Reduz ao máximo a remuneração de Carlos Ghosn para o ano de 2018 e recomenda — o caso é inédito — aos acionistas votarem a resolução que o conselho está juridicamente obrigado a apresentar para atribuir uma remuneração variável de 224 mil euros ao ex-CEO.

Carlos Ghosn parece ter-se deixado enrolar. Um dia, muito provavelmente, a Renault e ele se reencontrarão no tribunal. Mas, em 24 de janeiro, para o doravante ex-CEO da Losango, o importante não é isso. O que conta é que ele espera agora poder sair da célula de Kosuge. Mas se lhe deixaram pensar, assim como às autoridades francesas, que o fim de seu mandato na Renault permitiria desbloquear sua situação judiciária, lá também nada se passou como previsto.

Contudo, ele deu várias garantias para obter uma liberação sob fiança. Promete permanecer no Japão, propõe usar um bracelete eletrônico, ser vigiado por agentes de segurança às suas próprias custas/expensas. Não funciona. Ele permanece na prisão. E, pela primeira vez, Emmanuel Macron eleva ligeiramente o tom. Em viagem ao Cairo, em 28 de janeiro, o presidente da República diz ter telefonado ao primeiro-ministro Shinzō Abe no dia 15 à noite. "Inquieto-me que o destino de um compatriota respeite o mínimo de decência que temos o direito de esperar. Considero que a prisão preventiva foi muito longa e que as condições de sua prisão foram muito duras."

Ghosn não obtém a liberdade. Ele se beneficia apenas de um regime de detenção ligeiramente suavizado. No final de janeiro de 2019, tem direito de receber papel, caneta e pode enfim enviar cartas para o exterior. E agora pode receber mais visitas. Ele vai se aproveitar disso para fazer barulho. No dia 30 de janeiro, concede ao jornal japonês *Nikkei* sua primeira entrevista em que se diz vítima "de um

A "demissão" 269

complô e de uma traição". No dia seguinte, ele faz de novo. Os jornalistas do *Les Échos* e da AFP conseguem outra entrevista, de quinze minutos cronometrados por trás do vidro da sala de visitas, em inglês e sob vigilância de um guarda. O CEO demitido denuncia "uma distorção dos fatos para destruir [sua] reputação". Ghosn bate na Nissan e em Hiroto Saikawa. Porém, continua a se chocar contra o muro da justiça japonesa. No dia 4 de fevereiro, duas de suas filhas, Nadine e Maya, chegam a Tóquio. Elas vêm para aproveitar esses quinze minutinhos diários de visita a que seu pai tem direito. Todo dia, uma van preta da embaixada da França as traz até a prisão de Kosuge. Carole ainda não veio ao Japão. Carlos teme o que os procuradores poderiam fazer contra ela, como ambos pensam, para pressioná-lo ainda mais. O clã Ghosn pensa em uma forma de tirar o ex-CEO dessa camisa de onze varas. Como todas as tentativas do mês de janeiro fracassaram, Carlos Ghosn decide mudar de tática. Ele apela para Anne Méaux, fundadora da potente agência de comunicação Image Sept. A papisa das relações públicas na França se encontra em uma situação inédita, trabalhando para um cliente que ela não conhece e com o qual não pode falar. E Carlos Ghosn muda de advogado. Sai Motonari Otsuru, considerado por seu cliente como próximo demais do sistema, conciliador demais com este último. A Raposa Cinzenta é boa para negociar confissões sem muitas consequências, mas não está pronto para defender um cliente que se diz totalmente inocente. Ghosn recruta dois novos expoentes do direito criminal japonês: Junichiro Hironaka e Takashi Takano. Ele quer contra-atacar.

O DIPLOMATA

Alexis Kohler não se esqueceu de nada. Nem dos conselhos de administração da Renault, em que Carlos Ghosn o ignorava ou o desdenhava, deixando seus amigos em volta da mesa se encarregarem dos objetivos do Estado acionista que Kohler representava. Nem da batalha dos direitos de voto duplo que ele travou diariamente em 2015, como chefe de gabinete de Emmanuel Macron, em Bercy. Alexis Kohler não gosta de Carlos Ghosn e nunca gostou. Em Bercy, ele não suportava o insulto permanente ao poder público que representava esse CEO protegido por seu conselho, que recusava responder sobre sua estratégia e governança. Hoje, Kohler está no Palácio do Eliseu. Ocupa o mais poderoso dos cargos à sombra da República: secretário-geral da presidência. Aos 46 anos, seu rosto ainda pode assumir uma expressão surpreendentemente juvenil e maliciosa quando algo o diverte. Mas o peso das responsabilidades que agora são suas pode ser lido nas mãos de unhas roídas até o sabugo e o ritmo de trabalho que ele se inflige se mede pelo sacudir de perna durante reuniões. Desde que se trate de defender o direito do Esta-

O diplomata

do a ser acionista, Kohler não mudou: ele é sempre rígido, como a justiça, sobre esse assunto, principalmente quando se trata da Renault.

Quando Jean-Dominique Senard foi nomeado presidente no dia 24 de janeiro de 2019, as diretivas recebidas pelo *Castelo* se resumem a duas prioridades e uma nota de rodapé. A primeira é que é preciso consolidar e enraizar a Aliança Renault-Nissan. A segunda é que é preciso limpar a governança e a direção da Renault, uma empresa atravessada por redes e influências diversas e variadas. O *P.S.* diz que é preciso se lembrar que Emmanuel Macron sempre se opôs a Carlos Ghosn porque percebeu os potenciais desvios provocados pela megalomania do homem. Passo em falso. Mas essa afirmação contém um subentendido: o episódio de 2015 não poderia ser considerado como responsável, mesmo que parcialmente, pela crise atual. Justo ao contrário, os sitiados da Renault, se é que o são, só podem se felicitar por ter um acionista de referência, o mais poderoso de todos: o Estado francês, tendo entre as mãos uma minoria de bloqueio no capital da Losango adquirido por luta feroz em 2015.

Jean-Dominique Senard se apega principalmente ao primeiro ponto: a Aliança. Na Renault e com a Nissan, os primeiros passos são uma jogada perfeita. Como se, nas empresas confusas, o único fato de ver chegar um novo capitão bastaria para trazer de volta a serenidade. Na Losango, tudo vai bem. No dia 24 à noite, Jean-Dominique Senard e Thierry Bolloré dão juntos uma pequena entrevista à imprensa, todos sorrisos. Na verdade, serão necessários alguns dias para que os dois se ajustem. Bolloré, como é natural, será visto como o único capitão do navio. Ele tem que se entender com um novo presidente e, além disso, ao contrário do usual nessas situações de governança dissociada, ele não é nem mesmo administrador. A mensagem é clara: aquele que traz a marca de Carlos Ghosn ainda está sob vigilância.

Nomeado na quinta-feira, dia 24, Senard passa a tarde de sexta-feira com... o grupo Laranja. Ele tem seu primeiro contato com o estado de desconfiança entre a Renault e a Nissan. Mas acredita que consegue superar essa situação.

Afinal de contas, é chamado de *o Diplomata*, principalmente porque seu pai o era. A imprensa está sempre pronta para criar homens providenciais e, no contexto, ela tece elogios e prevê um futuro de milagreiro para Jean-Dominique Senard, que chega à Renault assessorado por um único conselheiro muito recentemente contratado, Clément Léonarduzzi, presidente da Publicis Consultant. Quinze dias antes, este último trabalhava com Marie-France Lavarini quando esta se viu encarregada da missão de conseguir a volta de Ghosn para a França.

O diretor-presidente da Michelin segue ticando os itens da lista de providência para a missão de alto risco que o espera. Ele conhece bem o setor, mesmo que dirigir uma fábrica de componentes não seja o mesmo que dirigir uma fabricante de automóveis. Conta com a confiança de Emmanuel Macron, que tencionou fazê-lo um de seus ministros em 2017. Tem a confiança de Bruno Le Maire, que lhe tinha encomendado um relatório sobre o objeto social da empresa que, redigido com a ex-presidente da CFDT, Nicole Notat, servirá como base para sua lei Pacte, examinada no Parlamento na primavera de 2019. E, sobretudo,

O diplomata 273

Senard é um *anti-Ghosn*. Um dirigente com reputação de patrão com preocupações sociais, emblemático de um capitalismo um pouco paternalista e provincial ao estilo da Michelin e muito afastado da imagem "ostentação em Davos" de Carlos Ghosn. Sua ética e seu comprometimento são suas cartas de crédito. A ponto de todo mundo, o Estado em primeiro lugar, olhar pudicamente para a situação de conflito de interesses na qual, até maio, Senard vai se encontrar: ele permanece na verdade até então diretor-presidente da Michelin, fornecedora da Renault. O grupo de Auvergne, sendo regido pela estrutura jurídica um pouco especial que é a sociedade em comandita, não quer demiti-lo antes do final do mandato, pois faria com que ele perdesse os direitos ao capital que acumulou. Ora, mesmo que se sinta investido de uma missão, Senard não quer ir até as últimas consequências!

Ele assume a presidência da Losango com um salário muito inferior ao de seu predecessor e ao do diretor-geral: 450 mil euros por ano, o que corresponde também à remuneração máxima nas empresas públicas como a Électricité de France (EDF) ou a Societé nationale des chemins de fer français (SNCF).

Quando chega na Renault, os rastros do culto da personalidade que marcaram a empresa ainda estão presentes. No hall de entrada, o rosto de Ghosn aparece ainda em várias tomadas do filme promocional que roda incessantemente em um telão. Senard não ocupa a sala de Ghosn, que é transformada em sala de reuniões. Ele não se incomoda em acessar seu novo local de trabalho passando pelo corredor ainda coberto de fotos do ex-CEO, apertando a mão de

Tony Blair aqui e de Vladimir Putin lá. Melhor ainda: causa impressão ao abrir aos outros funcionários as portas do elevador até então reservado ao presidente. Que ironia! Vinte anos antes, em Tóquio, Carlos Ghosn tinha ficado chocado que nenhum japonês ousasse sair do elevador antes dele... Justamente a Nissan reserva a melhor acolhida a Jean-Dominique Senard. Logo após sua nomeação, Hiroto Saikawa concede uma coletiva de imprensa. O diretor-geral da fabricante de automóveis japonesa se felicita pelo fato de que a página Ghosn foi virada. "Inauguramos um novo capítulo. Desde que o caso explodiu em novembro passado, a comunicação entre as duas empresas ficou dificultada. Pressinto que nossas relações vão melhorar."

Ninguém faz sequer um gesto. A Nissan estende um ramo de oliveira à Renault: ela aceita convocar uma assembleia geral extraordinária, o que fora rejeitado a Thierry Bolloré em dezembro. No dia 8 de abril, como promete o grupo japonês, ele cooptará Senard para fazer parte de seu conselho de administração. Em troca, a Renault aceita iniciar enfim uma auditoria conjunta nas despesas da RNBV. A auditoria é dirigida pelo escritório de advocacia holandês Van Doorne e conduzida por especialistas da Mazars. "Senard manda um recado para a Renault de que Carlos Ghosn não seria 'protegido'. E a Renault aceitou a auditoria, realizada sob a autoridade de Éric Le Grand que informará os resultados diretamente à Senard e não à Mouna Sepehri", orgulha-se uma fonte próxima da Nissan.

No dia 31 de janeiro, todo mundo toma o rumo de Amsterdã. Pela primeira vez em dois meses, as reuniões da Aliança Renault-Nissan na sede da RNBV vão se realizar completas, com participantes fisicamente presentes. "Senard vai ver o funcionamento da Aliança pessoalmente", diz uma pessoa próxima da Renault. A Aliança ainda não tem por que celebrar vitórias, apesar de que na véspera os números confirmaram sua posição de número um mundial nas vendas de automóveis (10,8 milhões) no ano de 2018. Embora o clima não seja maravilhoso, sente-se uma redução na tensão. O novo presidente da Renault assiste às reuniões apenas como observador, já que é o diretor-geral Thierry Bolloré que ocupa o assento de Carlos Ghosn. Mas isso tem pouca importância. Nos Países Baixos, Senard se encontra cara a cara com Hiroto Saikawa. Os dois entabulam duas conversas particulares, uma delas em um jantar. O novo presidente da Renault considera essas primeiras conversas muito encorajadoras.

No dia 14 de fevereiro, Senard desembarca em Tóquio. No aeroporto de Haneda, desta vez como todas as vezes seguintes, câmeras e fotógrafos japoneses estão lá para registrar sua chegada, e sua longa silhueta, que flutua um pouco dentro de seus ternos jaquetão, aparece na primeira página de uma das mídias do arquipélago. A Nissan o recebe. A Renault está de fato paradoxalmente surda e cega a Tóquio. Sua direção de assuntos públicos nunca se envolveu com os negócios japoneses, que eram na verdade domínio reservado de Carlos Ghosn. Desde sua detenção, é Claudine Pons, marcada na Nissan como fazendo parte do círculo mais próximo do ex-CEO, que se compromete em fazer contatos no arquipélago para avaliar as relações de força e procurar as portas certas para bater.

A Nissan acolhe perfeitamente bem seu novo interlocutor e lhe estende a incomparável cortesia japonesa que o faz sentir-se como um príncipe ocidental. Desde o dia 24 de janeiro, o grupo nipônico não economiza elogios ao diplomata da Renault. "Gostamos muito dele", diz um representante da fabricante de automóveis. "As pessoas ficaram de fato muito felizes de ver chegar esse homem inteligente, calmo, nada chamativo", confirma outro. Senard se atém mais a essas manifestações múltiplas de boa vontade do que aos sinais de desconfiança persistente entre os grupos. O clima continua tão denso que dava para cortar com faca, como testemunham os vazamentos recorrentes na imprensa, assim como os ataques à Aliança. Logo antes de o novo presidente da Renault chegar a Tóquio, as comunicações ácidas de dezembro e janeiro entre advogados são reveladas, agora que o assunto se esvaziou, com o lançamento da auditoria da RNBV. "Alguns se sentem ameaçados, revela uma fonte próxima do caso. E devem! Pois, da mesma forma que isso não foi o bastante para a justiça japonesa conceder uma liberação sob fiança, a cabeça de Carlos Ghosn não basta para a Nissan. Para Jean-Dominique Senard, o grupo japonês também quer as cabeças de Mouna Sepehri, é claro, e de Claudine Pons, Frédérique Le Greves, e até mesmo a da Thierry Bolloré. Por seu lado, a fabricante de automóveis promete que também porá ordem em seu organograma. Mais tarde, logo... Hari Nada? Sim, diz-se em Tóquio, ele ainda está nas paredes da sede em Yokohama, mas pelo tempo da investigação. Depois é provável que ele deixe a Nissan. Saikawa? A promessa é que ele não vai se agarrar ao poder, mas partirá quando terminar sua missão e uma nova governança se instalar.

Senard não mede de imediato a intensidade da raiva que mina a Aliança, que ele espera recolocar nos trilhos. Para ele, os sobressaltos que a agitam são as últimas réplicas do terremoto Ghosn. Acha que o peixe apodrece pela cabeça, então de que adianta oprimir os comparsas ou implementar logo a limpeza que a Nissan espera e que o Estado francês também deseja? No conselho de administração da Renault, os mandatos de Cherie Blair, a mulher do antigo primeiro-ministro britânico e advogada, e de Philippe Lagayette chegam ao fim em junho de 2019. Isso basta para Senard, segundo o qual, como revela privadamente, "não se pode julgar um grupo de pessoas sem levar em conta a forma como ele foi estimulado". A responsabilidade do conselho de administração da Renault é, contudo, esmagadora. E aí, e somente aí, Carlos Ghosn teria podido ou devido ser desafiado. "Na Nissan, a governança era fraca demais. Ghosn quis que assim fosse. Mas a Renault fechou os olhos. O conselho olhou para outros cantos. Porque era o melhor meio de garantir, através do poder de Ghosn, o controle da Renault sobre a Nissan", analisa uma pessoa próxima do caso. Mas, na Renault, em torno da grande mesa em U do conselho de administração, Carlos Ghosn se sentava no centro, de frente para a direção da Losango que prestava contas de seu trabalho. Ele dirigia os debates, sem propriamente responder por sua estratégia.

Onde se sentará Jean-Dominique Senard na mesa do conselho da Nissan? Esta é uma das perguntas que ele quer trazer quando chega-se a meados de fevereiro no Japão.

278 A armadilha

Como ele substituiu Carlos Ghosn na presidência da Renault, pensa logicamente herdar a presidência da Aliança também. Mas o que é a Aliança? A RNBV? Certamente que não. "A RNBV é uma filial e não uma *holding*. Não é o alto, mas o baixo!", julga ele rapidamente. E a Nissan aplaude essa posição em relação à empresa neerlandesa que os japoneses consideram como viciada, ao mesmo tempo pelo que é como estrutura e pelo que representa das vicissitudes da era Ghosn.

Para Senard, a presidência da Aliança não existe, senão por meio da presidência das duas fabricantes. É preciso, então, que ele seja presidente da Nissan. E lá, a coisa empaca. A fabricante japonesa se recusa. Ele só consegue propor a sua vice-presidência ao novo presidente da Renault. E a Nissan tem um bom argumento do qual se valer: o comitê criado para rever de alto a baixo sua governança ainda está trabalhando. É melhor esperar o seu término antes de tomar decisões. Senard, o diplomata, aceita não apressar o andar da carruagem. Ele acha que sua nomeação para a presidência da Nissan acabará por parecer natural já que ela vai no sentido da história, diz ele em particular.

Em fevereiro, a Renault adia de bom grado as discussões sobre a Aliança, pois compreende que a Nissan tem outros problemas a equacionar. No dia 13, o grupo japonês publica resultados ruins. Saikawa aumenta as críticas a Carlos Ghosn, cuja obsessão pela corrida aos volumes teria provocado um desmoronamento da rentabilidade. A situação do mercado americano, onde os estoques inflam enquanto a participação no mercado recua, torna-se francamente preocupante. E, para a Renault, essa situação

O diplomata 279

constitui um perigo real. A Nissan considera cortar dividendos, o que significa que a Losango não vai poder contar com seu "rendimento Schweitzer", a parte dos lucros da Nissan que caem em seu caixa desde 1999 com uma regularidade de metrônomo.

Os dias passam e Senard avalia a extensão da paralisia do sistema da Aliança. Ele decide contornar o obstáculo, mudar as estruturas em vez de forçar um lugar para si. E nisso, se apoia na Mitsubishi, o terceiro elemento da Aliança, que é ao mesmo tempo bem menor do que a Renault e a Nissan, mas continua poderosa no sistema japonês com o apoio tácito de seu *keiretsu* de origem. No dia 12 de março, Senard pega de novo o avião para Tóquio, acompanhado desta vez de Thierry Bolloré. No dia 3 de maio, pela primeira vez desde a prisão de Carlos Ghosn, os quatro homens fortes da Aliança vão participar de uma coletiva de imprensa juntos. Senard, Bolloré, Saikawa e Masuko anunciam a criação de um conselho da Aliança, uma instância simples que os quatro sediarão, mas que será presidida por Senard. As decisões estratégicas e operacionais serão assim mais rápidas, mais fluidas, como prometem as três fabricantes.

É uma saída pelo alto, na aparência. Em menos de dois meses, Senard conseguiu dar uma nova dinâmica à Aliança, da qual agora seria oficialmente o presidente. No dia 11 de abril, os japoneses, incluindo os administradores da Nissan e da Mitsubishi, estarão em Paris para uma reunião desse novo conselho.

Porém, o ganhador não é quem imaginamos ser. Esse novo conselho é, sobretudo, uma vitória para a Nissan. Pois a empresa japonesa conseguiu deixar em estado de hibernação a RNBV, isto é, a única estrutura em que a Renault tem uma voz preponderante, onde existe o famoso *casting vote*, o voto de minerva. No conselho da Aliança, a única regra que valerá é a do consenso. É de alguma forma um retorno às origens, à fórmula de 1999. "Nós aceitamos retirar do sistema tudo que, para os japoneses, trazia a marca do Sr. Ghosn", diz então um funcionário da Renault. A Nissan também ganhou uma outra batalha: como repete Hiroto Saikawa na coletiva de imprensa, Senard aceitou renunciar à presidência do grupo japonês. Enfim, um comunicado da Renault publicado no mesmo dia confirma que a Nissan marcou um terceiro gol. A Losango renova sua diretoria. Thierry Bolloré compõe sua equipe, o que é lógico. Quando ele fora nomeado número três no início de 2018, muitos responsáveis, às vezes rivais, haviam deixado a Losango. Vários dentre eles, como Thierry Koskas e Alain Raposo, se reuniram a Carlos Tavares na Peugeot S.A. Dessa vez, o novo organograma se caracteriza por uma ausência, a de Mouna Sepehri, afastada, encurralada em uma função de conselheira especial do diretor-geral.

No dia 12 de março, a Renault e a Nissan parecem reconciliadas, prontas, como diz Jean-Dominique Senard, para uma *nova partida*. Mas é outra batalha que começa. O novo conselho só é para a Losango uma versão degradada da Aliança e o ponto de partida de uma nova negociação mais estrutural, enquanto que para a fabricante japonesa é um ponto de chegada.

A QUEDA DE BRAÇO

O mundo inteiro se lembra de DSK, o poderoso presidente do FMI, Dominique Strauss-Kahn, rosto atordoado e punhos algemados, saindo da delegacia do Harlem, exibido diante das câmeras pela polícia de Nova York para uma *perp walk*.[1] Nos grandes processos judiciais midiáticos, a imagem conta. E Carlos Ghosn não quer que suas primeiras imagens ao ar livre desde sua detenção no dia 19 de novembro, após 108 dias dentro de uma cela, o mostrem em situação de fraqueza, em posição de suposto culpado. Em suma, não como Greg Kelly, algemado no dia de sua libertação sob fiança no dia 25 de dezembro.

Ghosn e seus advogados imaginam então um estratagema. É um fiasco. No dia 6 de março, as centenas de câmeras espremidas diante das grades da prisão de Kosuge para uma transmissão ao vivo capturam um espetáculo de circo. Primeiro, Carole e Caroline Ghosn passam pela porta e submergem dentro de um sedan escuro. Uma van preta com

---

1. *Perpetrator walk* ou encenação da saída pública de um criminoso para a mídia.

a mala aberta e cheia de objetos pessoais — travesseiros, cobertores — acumulados durante a prisão parecem esperar por Ghosn. Uma caminhonete Suzuki cinza também está lá. Alguns minutos depois, uma dezena de guardas vestidos com seu uniforme escuro, bonés enterrados na cabeça e máscaras sanitárias no rosto, saem por sua vez, ladeando um homem com roupa de operário, usando um macacão com faixas refletoras, um boné, óculos de proteção e uma máscara, e todos se dirigem para essa caminhonete. Carlos Ghosn acaba de ser solto da prisão, mas a ideia de sair incógnito fracassou. Bastam alguns segundos para os jornalistas entenderem que foram enganados. Muito rapidamente, os planos fechados nos olhos de Carlos Ghosn por trás de seu disfarce passam vezes sem conta nas telas do mundo inteiro. É grotesco, ridículo.

Takashi Takano, um dos novos advogados de Carlos Ghosn, se desculpará por ter tido essa ideia. "Se ele saísse sem disfarce, teria sido atacado por inúmeros *cameramen* de moto, carro, helicóptero." De fato, os primeiros dias de liberdade de Carlos Ghosn são um inferno midiático. Seu carro é visado pelas objetivas. Carole e ele têm que vencer uma multidão de jornalistas a cada vez que entram ou saem de casa.

Porém, o essencial não é isso. O importante é que seus advogados enfim obtiveram sua libertação, contra a opinião da procuradoria. A fiança foi fixada em cerca de 9 milhões de dólares. As condições são drásticas. O antigo presidente da Nissan está obviamente em prisão domiciliar em Tóquio. Câmeras filmam os acessos de um apartamento de cerca de 50m^2 que uma francesa aceitou alugar.

Ele não pode ter acesso à Internet, exceto dos escritórios de seus advogados que documentam suas comunicações em um registro consultável pelos procuradores. Carlos Ghosn só tem direito a um telefone "antigo", um modelo flip de segunda geração. Porém, está solto. O exército de especialistas em comunicação e advogados conseguiu tirá-lo da prisão. Os homens da lei, Hironaka e Takano em Tóquio, Jean-Yves Le Borgne e François Zimeray em Paris, Carlos Abou Jaoude em Beirute e os especialistas em comunicação Devon Spurgeon, da Sheridan Strategies e Anne Méaux, da Image Sept, venceram o jogo. Trabalham dia e noite, em contato pelo WhatsApp e reuniões online organizadas no Zoom, hesitantes em relação ao método. Era preciso fazer barulho o suficiente para que a detenção prolongada do famoso presidente se tornasse um problema para o sistema japonês, sem ultrapassar o limite a partir do qual se arriscariam a suscitar represálias contra seu cliente. Carole Ghosn fez a volta ao mundo no mês de fevereiro para alertar os tomadores de decisão, criar uma rede de apoio, dar entrevistas. François Zimeray, antigo embaixador de direitos humanos, instruiu publicamente o processo de um sistema judiciário japonês que, segundo ele, viola os direitos fundamentais e contradiz os compromissos internacionais e acordos da ONU assinados pelo arquipélago.

Carlos Ghosn está solto. Mas não está livre do processo. Ele recupera as forças ao lado de Carole, com quem pode "festejar" seus 65 anos em 9 de março. Começa a preparar sua defesa, às cegas, pois ainda não tem acesso ao processo de acusação. No dia 11 de março, pede para participar da reunião do conselho de administração marcado para o dia 13, na Nissan, do qual ele teoricamente ainda é membro até a assembleia geral de 8 de abril. A justiça recusa o pedido. A pressão continua forte. Carlos Ghosn sabe, sente. Hiroshi Morimoto e sua equipe ainda não acabaram com ele. O caso da rota de Omã, do qual as notícias de suborno continuam a vazar na imprensa, pesa como uma espada de Dâmocles.

Não é inócuo que Anthony, o caçula da família cuja empresa de investimentos Shogun foi, em parte, financiada pela Good Faith, a *holding* em nome de Divyendu Kumar, não ponha os pés no Japão desde 19 de novembro, mesmo agora que poderia ver o pai.

Aliás, na segunda-feira, 1º de abril, a 9 mil quilômetros do bairro de Shibuya, onde mora a partir de agora Ghosn, o dossiê omanense revive em Boulogne-Billancourt, onde o comitê de auditoria e de riscos — "o Caré" como é chamado na Renault — se reuniu durante toda a tarde. Trata-se de um balanço para avaliar o progresso, na presença de Jean-Dominique Senard, que sai de lá "lívido", segundo uma pessoa próxima. Na verdade, tudo já foi dito à justiça. Clotilde Delbos trouxe pessoalmente o dossiê para Nanterre na sexta-feira anterior. Especialmente os documentos referentes à dezena de milhões de euros de comissões que a Renault pagou ao grupo omanense SBA. O alerta dado pela Losango à justiça afunda Carlos Ghosn um pouco mais. E ilustra a estratégia doravante assumida pela fabricante de automóveis: ela está fazendo uma faxina. "Trata-se de *damage control*; partindo-se da constatação de que Carlos Ghosn está acabado, os outros se protegem", analisa uma pessoa próxima do caso. E sobre a rota de Omã, a Renault não dispõe de nenhum elemento sobre o destino final dos fundos para além da SBA — se é que esse destino existe — fora das peças fornecidas pela Nissan. "A Renault é incapaz, mesmo meses depois, de garantir sua autenticidade. É também por isso que a empresa coloca o assunto nas mãos da justiça", afirma alguém próximo do caso.

No dia 3 de abril, a Renault explica que sua auditoria interna não levantou nenhum problema referente à remuneração de Carlos Ghosn e da diretoria desde 2010. Mas aponta "despesas feitas pelo ex-CEO que são fonte de questionamentos, devido a práticas contestáveis e dissimuladas das quais derivam". O grupo francês recapitula os motivos que foram objeto de alertas específicos: os 50 mil euros da festa de Versalhes imputados ao contrato de mecenato da empresa, o pagamento do advogado Fadi Gebran e "elementos de alerta relativos a pagamentos efetuados em benefício de um dos distribuidores da Renault no Oriente Médio".

Desde 11 de março, a festa de Versalhes é objeto de uma investigação oficial. O Ministério Público de Nanterre e os policiais do Gabinete Central de Luta contra a Corrupção e Infrações Financeiras e Fiscais, ou OCLCIFF, só acelerarão suas investigações no verão. Primeiramente, com a busca na casa de Carlos Ghosn em L'Étang-la-Ville em meados de junho. Depois com a busca na sede da Renault. No dia 3 de julho, às 8h da manhã, cerca de trinta policiais reconhecíveis por sua braçadeira vermelha adentram o prédio de Boulogne-Billancourt. Na Renault, isso já era esperado, mas não deixa de ser um choque. Os escritórios de Carlos Ghosn, Thierry Bolloré, Mouna Sepehri, Claude Hugot, Clotilde Delbos, Anne-Marie Adroit, Frédérique Le Greves e Jean-Benoit Devauges são revistados. Os cofres dos escritórios de Ghosn, Bolloré, Sepehri, Anja Wernersbach, assistente de Carlos Ghosn, e Arnaud Debouef são abertos. Os documentos do andar da contabilidade são copiados. E, uma semana depois, no dia 11 de julho, o OCLCIFF está de volta para apreender o material de informática e os equipamentos de comunicação hiperprotegidos do ex-CEO, entregues a um técnico especialista em informática, e que tinham curiosamente escapado da primeira busca policial.

No início de abril, essas investigações da justiça francesa ainda não passam de probabilidades. Mas as acusações contra Carlos Ghosn já são uma realidade na imprensa, nos indiciamentos japoneses, nos comunicados das empresas. Seus advogados afirmam que "nenhum outro pagamento feito pela Renault aos distribuidores de Omã foi desviado de seus objetivos comerciais e que, em hipótese alguma, toda ou parte dessa quantia beneficiou Carlos Ghosn ou sua família". Mas esse tipo de declaração não basta. No dia 3 de abril, Ghosn cria sua conta no Twitter e publica uma única mensagem, em inglês e em japonês: "Estou pronto para dizer a verdade sobre o que está acontecendo. Coletiva de imprensa na quinta-feira, 11 de abril".

Trata-se de uma provocação? Embaixo dos escritórios dos advogados de Ghosn e na frente de seu prédio, os jornalistas se avolumam a cada hora que passa. A imprensa japonesa anuncia um novo indiciamento em relação a Omã e, pior, uma nova detenção. Carlos Ghosn fica desesperado e Carole, devastada com a ideia. Na quinta-feira, 4 de abril, às 5h50 da manhã, os policiais japoneses estão na porta de Carlos Ghosn. "Eram vinte. Pulamos da cama, ainda estávamos de pijama. Eles levaram Carlos imediatamente. Eu fiquei sozinha dentro de um apartamento de 50m² com vinte pessoas que vasculhavam tudo. Pedi para tomar um banho. Uma mulher me acompanhou e me apalpou como se faz no aeroporto. Ela ficou no banheiro mesmo quando usei o vaso sanitário. Ela estava lá para me estender a toalha quando saí do chuveiro."[2] Carole Ghosn ficou com medo. Os investigadores apreenderam seu telefone, seu computador, seu tablet, seu passaporte libanês. Contudo, passam ao largo de seu passaporte americano, escondido em um compartimento lateral da bolsa. No dia seguinte da nova detenção de seu marido, após uma noite passada no sofá de um casal de amigos, ela parte de Tóquio, acompanhada até o aeroporto pelo embaixador da França, rumo a Paris. Parece uma fuga.

A nova interpelação de Carlos Ghosn tem uma dimensão ainda mais dramática por ter sido esperada. E preparada, mesmo nas circunstâncias emergenciais. No dia 4 de abril de manhã, quando já se encontra de novo nas mãos dos procuradores, sua equipe publica um comunicado na primeira pessoa do singular: "Minha prisão é revoltante e arbitrária. Faz parte de uma nova manobra de alguns indivíduos na Nissan que visa a me impedir de me defender, manipulando os procuradores. Por que vir me prender quando eu não entravava de modo algum o processo em tramitação, senão para me destruir? Sou inocente". De noite, no fuso horário francês, o canal LCI divulga uma longa entrevista do industrial realizada por Skype na véspera. Ghosn também tinha previsto uma entrevista na Fox News, que não teve tempo

---

2. *Quotidien, op. cit.*

288   A armadilha

de dar. E um outro vídeo, gravado no dia 3 de abril nos escritórios do advogado de Carlos Ghosn, um anúncio é feito. A equipe do empresário previne: Ghosn vai citar nomes. "Se vocês estiverem me vendo hoje neste vídeo é porque não consegui estar presente à coletiva de imprensa marcada para o dia 11 de abril." Sobre um fundo branco e sem enfeites, sentado a uma mesa de madeira clara, mãos cruzadas na frente do corpo, o rosto pálido e o cabelo agora levemente grisalho, Carlos Ghosn parece falar da sua cela nesse vídeo de 7 minutos e 35 segundos divulgado no dia 8 de abril no YouTube. O efeito é impressionante. O industrial insiste em sua inocência e seu amor pelo Japão e pela Nissan. Ele se diz muito inquieto com o futuro da empresa nas mãos de uma direção "laxista" e da Aliança, que não tem "mais visão". Denuncia o retrato do ditador ganancioso que traçaram dele e se diz vítima de uma "conspiração" por parte de alguns dirigentes que "jogaram um jogo sujo". Mas não cita nomes. Os advogados recuaram e desistiram de elevar a pressão ainda mais um pouco. O vídeo foi cortado. Carlos Ghosn perdeu a queda de braço.

Em 19 de abril, Carole Ghosn pega um avião para voltar ao Japão. No dia 11, é interrogada por algumas horas pelos procuradores diante de um juiz e sai livre, sem muita preocupação. O episódio de sua "fuga" é encerrado. Resta Ghosn, de novo envolvido no ciclo da prisão preventiva. O calendário aterroriza as pessoas próximas do industrial. Dez dias e mais dez dias... isso significa que Ghosn ainda estará atrás das grades quando começar a Golden Week, uma sucessão de feriados durante a qual tudo para no arquipélago, inclusive a justiça. Nesse período, a vida na prisão é um inferno. Os efetivos penitenciários são reduzidos ao mínimo necessário; as saídas, visitas e os banhos também. E, nesse ano, a Golden Week será especialmente longa pois inclui os dias de festividades que vão marcar o início no Japão em 1º de maio da era Reiwa, a do novo imperador Naruhito, sucessor de seu pai Akihito, que decidiu abdicar.

Nessa prisão preventiva, Carlos Ghosn faz valer seu direito ao silêncio e não responde aos investigadores. Nessa prisão preventiva, o Tribunal mostrará um pouco de clemência: ela se encerra ao final de 18 dias, antes do início da Golden Week. No dia 22 de abril, Ghosn sai de novo da prisão, indiciado uma quarta vez em relação ao caso de Omã. Essa nova sequência de dias atrás das grades o afetou profundamente. E a saída é mais difícil do que na vez anterior. Primeiramente porque a perspectiva do processo, até aí anunciado para outono de 2019, ficou mais afastada. Já se fala em 2020, na melhor das hipóteses. E ainda, e sobretudo, porque as condições de sua liberdade sob fiança são ainda mais restritivas do que no mês anterior. Dessa vez, ele não terá direito de viver com sua mulher. Não pode mais ver Carole.

A CARNIFICINA

Na agenda de Carlos Ghosn, o dia 27 de março de 2019 estava marcado em vermelho. Vinte anos! Uma bela idade para a Aliança Renault-Nissan e as festividades prometiam estar à altura do evento. No dia 27 de março de 2019, a Aliança teria tido uma coroa, a de número um mundial em quantidade de automóveis vendidos, e um projeto, seu esquema de *holding*. E ele, Carlos Ghosn, teria sido o herói da festa, aquele que teria ao mesmo tempo tornado possível esse balanço e garantido a promessa de um futuro radiante.

É claro que nada disso aconteceu. A data de 27 de março passa despercebida. Para marcar o evento, de qualquer forma, os vinte anos da Aliança serão celebrados um pouco mais tarde, no dia 11 de abril. Senard convidou para vir a Paris todos os administradores da Renault, Nissan e Mitsubishi para um jantar, na véspera da primeira reunião formal de seu novo conselho da Aliança. O clima dessa época pós--Ghosn não é evidentemente de pompa. A piada do momento na Renault, da qual ninguém ri, é propor a organização de alguma comemoração em Versalhes!

A carnificina

A saída é se contentar com uma recepção no Atelier Renault, localizado na avenida Champs-Élysées, em Paris. O símbolo de um novo começo poderia ser bonito. No entanto, nesse 11 de abril, as pessoas perambulam sem alegria no meio dos modelos icônicos da marca. Uma foto é tirada só para constar, e para-se por aí. As núpcias de porcelana entre a Renault e a Nissan têm um nome que vem a calhar. A união continua muito frágil.

Contudo, é preciso que a Aliança avance. Logo no dia 12 de abril, Jean-Dominique Senard apresenta suas ideias a Hiroto Saikawa e Osamu Masuko. Não tem mistério quanto a suas intenções. Aliás, Isao Iijima, um assessor especial de Shinzō Abe, já as apresentara, preto no branco, no artigo publicado no *Shukan Bunshun* em 4 de abril: "A ideia da Renault é de criar um conselho da Aliança para discutir a estratégia da Aliança em pé de igualdade com a Nissan. Depois, fazer desse conselho uma *holding* comum [...] na qual os acionistas da Renault e da Nissan receberiam ações em partes iguais. E, é claro, a estrutura executiva entre os dois grupos ficaria perfeitamente equilibrada".

Tudo está dito. E é exatamente o que Jean-Dominique Senard decidiu propor à Nissan. O presidente da Renault encarrega um banco japonês, o SMBC Nikko, de entabular a discussão com sua parceira. "É a etapa óbvia após o conselho da Aliança. A que dá, pela fusão dos balanços contáveis, poder financeiro à Aliança", especifica uma fonte próxima da Losango. Senard certamente não esperava que seu projeto fosse aplaudido de pé, mas não imaginava que provocaria uma tal reação de defesa. Hiroto Saikawa não quer nem receber os representantes do SMBC Nikko. O mesmo acontece em relação ao METI, onde encontram a porta fechada.

Desde meados de abril, uma onda midiática se abate sobre o assunto do conselho da Aliança. É nas colunas dos jornais que o mau humor da Nissan, oficialmente muda há vários dias, se instala contra o novo projeto de "fusão" da Renault. O *Nikkei*, o *Japan Times* e outros jornais multiplicam os artigos sobre essa iniciativa da direção *pós-Ghosn* da Losango. Para a agência de notícias Kyodo, "esse gesto poderia deslanchar uma disputa no seio da Aliança". Diante de jornalistas que, como é comum no Japão, acampam diante de sua residência, Hiroto Saikawa declara que "não é o momento de pensar em uma coisa assim". Sua prioridade é se ater "a melhorar os resultados da Nissan".

Senard tenta retomar as discussões. Ele deve ter sido mal compreendido: nunca falou de *fusão*, é claro, mas de uma aproximação entre iguais. Por sua vez, deixa filtrar informações sobre a *holding* com participações iguais, a dupla cotação, a direção equilibrada. A hostilidade do Japão redobra. Esse projeto, visto de Yokohama, é o mesmo que aquele que propunha Ghosn. Senard se defende: a seus olhos, é justamente porque Ghosn fazia parte da equação que a *holding* era considerada como uma ferramenta de dominação da Nissan. Sem ele, tudo muda: a paridade pode ser uma realidade. A paridade? "Mas a Nissan é muito maior!", exclama uma pessoa próxima do grupo japonês.

Jean-Dominique Senard acaba virando alvo. O crédito que ele havia inicialmente acumulado na Nissan de repente é arruinado. "Você tem, de um lado, um Senard muito gentil, muito diplomata, que explica que vai recolocar as coisas nos trilhos, pelo consenso, e, de outro, o mesmo homem que quer forçar nos bastidores um novo esquema capitalista", aponta uma fonte próxima da Nissan. "Como dizer? Hiroto Saikawa fez valer, nos dias 11 e 12 de abril, que não queria falar desse assunto agora! Por que forçar a barra?" No Japão, tem-se a resposta, sempre a mesma: é o Estado francês que, por meio do novo presidente da Renault e de Thierry Bolloré, continua a fazer pressão. O espantalho é também igualmente eficaz. No dia 24 de abril, quando o *tour* europeu de Shinzō Abe faz uma parada em Paris, ele e Emmanuel Macron se limitam, nesse clima glacial, a reafirmar sua "ligação" com a Aliança. E a Renault é obrigada a repensar seu projeto. Mais uma vez, Senard volta à estaca zero.

E não é só em Yokohama que ele tem que sofrer as consequências. "Tudo foi retransmitido na França por pessoas muito mal-intencionadas e alguns executivos rancorosos, que se espalham por Paris depreciando o projeto", constata uma pessoa próxima do dirigente da Renault. "Houve uma campanha que foi orquestrada." Senard não aguenta mais o clima deletério no qual se move. O que acontece no conselho de administração da Renault aparece às vezes nos comunicados da agência antes mesmo do fim das reuniões. As decisões da Nissan estão também na imprensa antes que a empresa tenha sido informada. A Nissan está a par do que é dito à diretoria da Renault, cuja rede dos antigos parece ter um acesso ilimitado à informação interna mais confidencial. Seu percurso na sede de Boulogne-Billancourt é semeado de armadilhas mortais. Ele, que não quis desembarcar com suas tropas, não sabe mais em quem confiar. "Essa empresa está destruída por dentro", constata um frequentador da sede. "A Renault é um jogo bélico, ficamos o tempo todo nos perguntando de onde virá a próxima bala", descreve um antigo funcionário. O diplomata de modos requintados e educação irrepreensível às vezes perde a calma. Alguns até o viram xingar! "Merda!" Em Senard, a palavra estala, bate em seus maxilares mantidos serrados como em uma última tentativa de frear esse raro acesso de vulgaridade. "Merda! Eles estão me fazendo passar por idiota!" O presidente da Renault está furioso. Em maio, Hiroto Saikawa faz o jogo das "diferentes opiniões" na Renault, e afirma que o ponto em que Jean-Dominique Senard e ele estão de acordo "é que não é momento de discutir". Vai nessa! Eles não estão de acordo em relação a nada. Principalmente em relação ao conselho de administração da Nissan sequer receber para análise o assunto da integração com a Renault. Afinal de contas, é o dever fiduciário dos administradores, inerente à função. Entre Senard e Saikawa, um ponto sem volta é ultrapassado. Cada um censura tacitamente no outro o fato de ter sofrido um golpe enviesado. A comunicação entre os dois fica cada vez mais difícil. As ligações telefônicas são estéreis. Hiroto Saikawa parece evasivo a seu interlocutor francês, que tem a sensação de que o japonês um dia lhe diz uma coisa e, no outro, justo o contrário. Em Boulogne-Billancourt, uma ideia se impõe: é preciso que Saikawa vá embora.

E não apenas porque o diálogo estratégico parece impossível com ele. Mas também e principalmente, como alguns dizem cruamente na Renault, porque "a Nissan está indo em direção ao desastre". O caso da *fusão* se assemelha muito a uma manobra de desvio de atenção. No dia 24 de abril, a fabricante japonesa anuncia que não manterá seus objetivos para o exercício encerrado em 31 de março de 2019. No dia 14 de maio, a empresa publica seus resultados anuais: são os piores desde a crise de 2009. A Nissan está em uma situação muito difícil nos Estados Unidos e na Europa. Consequência: sua margem operacional está quase zerada, ao passo que excedia sem esforço 6% dois anos antes. Por muito tempo a melhor aluna da Aliança, a Nissan agora é um total descontentamento. "Nesse setor de ciclos longos, pagamos por decisões tomadas em 2015-2016", argumenta-se em Yokohama, pondo a culpa na política de Carlos Ghosn. José Muñoz e ele são acusados de ter mergulhado a Nissan em dificuldades no mercado americano. E Ghosn seria também responsável pelo excesso de capacidade de produção da empresa no Brasil e ainda na Índia, onde a fabricação do Micra, transferida para a Flins, "para agradar à Renault e ao Estado francês", nunca foi substituída.

    O desempenho da Renault está melhor. E até a Mitsubishi, que se reaprumou rapidamente desde sua retomada dois anos antes, vai melhor do que sua acionista.

    Acreditou-se por muito tempo, na Renault, que, no inverno e na primavera, o caso Saikawa se resolveria por si só. E que o indiciamento da empresa no caso Ghosn e a revelação dos diferentes documentos assinados de próprio punho por Saikawa — incluindo o projeto de pacote de saída de Carlos Ghosn no valor de 60 milhões de euros — teriam ocorrido em função de seu cargo de diretor-geral. Mas Saikawa fica firme. "Ele trabalha como um condenado", defende um de seus assessores. Ao que tudo indica ele não fechou o acordo de admissão de culpa com a justiça japonesa, como Hari Nada e Toshiaki Onuma, sem o qual a Nissan não teria podido ocultá-lo. Mas, no fim de abril, um pedido de diligências contra ele foi rejeitado. Contrariamente à intuição da Renault e em detrimento da equipe de defesa de Carlos Ghosn, Hiroto Saikawa não iria ser importunado pela justiça japonesa. E, a despeito de suas promessas iniciais, ele não parece pronto para testemunhar.

No entanto, o diretor-geral da Nissan sempre disse que sua primeira missão era recuperar a governança do grupo, para eliminar os erros do período Ghosn. No final de março, o comitê especial, o SCIG, nomeado para fazer propostas sobre essa reforma, entrega seu relatório. O documento critica violentamente Carlos Ghosn e o sistema de poder pessoal que ele instituiu e que lhe permitiu agir com toda impunidade em uma empresa onde ninguém ousava lhe dizer não. O comitê formula, então, recomendações para que a Nissan aja de acordo com as melhores práticas das sociedades anônimas. Que saiam os *statutory auditors*. Em seu lugar, no seio do conselho de administração serão criados três comitês: de nomeações, de remunerações e de auditoria. E os administradores serão, em sua maioria, independentes. A Nissan faz a faxina e isso é bem natural.

Porém, o relatório do SCIG é igualmente importante no que ele não diz. As 34 páginas do documento mencionam a Renault por alto. A Nissan está revendo de cima a baixo sua governança sem levar em conta, ou quase, o fato de que a Renault é uma acionista de referência com uma participação de 43%! Ela preconiza principalmente — o que Senard já teve que aceitar — que o presidente do conselho seja independente e não seja escolhido pela Renault. É Yasushi Kimura, um veterano do mundo japonês dos negócios e vice-presidente do Keidanren até maio de 2018, que é escolhido no final de junho. Mas há algo mais grave para a Renault. Primeiramente em relação ao número de administradores. A Losango tinha três, Carlos Ghosn, Jean-Baptiste Duzan e Bernard Rey, em nove. Não terá mais do que dois em onze. A perda de influência é patente! E a Nissan vai ainda mais longe: em relação aos dois representantes da Renault, ela aceita, é claro, Senard, o que é inevitável, mas recusa que Thierry Bolloré seja o segundo homem. O bretão é considerado como um adversário pela empresa japonesa, pois é censurado por ter apoiado Carlos Ghosn por muito tempo depois de sua detenção. "Thierry Bolloré ocupa um cargo executivo. Ele estará em conflito de interesses se entrar no conselho", lamenta-se uma fonte próxima da Nissan. "Espera-se que ele aja no interesse da Nissan, enquanto pensaria no da Renault e, presumivelmente, do Estado francês." Nesse ponto, e apenas nesse ponto, a Renault obteria ganho de causa.

De resto, ele está condenado a assistir à reforma da Nissan como espectador. Foi nesse momento que Senard tomou plena consciência da situação "inverossímil" que é a da Renault desde 2015, na incapacidade de se mexer para fazer o mínimo esforço diante dos acontecimentos relativos a uma empresa da qual é a primeira acionista. A título pessoal, o presidente da Losango vive mal esse momento. Ele não gosta dessa situação, em que, como diz uma pessoa próxima, "assume uma responsabilidade que não tem os meios para exercer". Em cada reunião do conselho de administração da Nissan, durante a qual ele descobre as decisões naquele mesmo dia, é uma afronta. "Se vocês soubessem como eles me tratam", solta ele diante de pessoas próximas. No dia 24 de abril, o grupo japonês reformula sua diretoria. A Renault não tem voz na questão. A empresa não designa nenhum titular para um dos três mais altos cargos como o Rama estipula. Várias pessoas próximas de Carlos Ghosn já abandonaram o navio ou foram postas para fora. Hiroto Saikawa prometeu a Yasuhiro Yamauchi o cargo de diretor de operações, isto é, o número dois na empresa japonesa. Essa nomeação é vista como uma boa notícia na Renault, onde esse homem de rosto expressivo, no qual ressaltam os grandes óculos redondos muito pouco convencionais, é estimado. E Yamauchi conhece a Renault, empresa na qual é administrador. O belga Christian Vandenhende se torna codiretor de operações e Hitoshi Kawaguchi, o homem que assegura a ligação com o METI, vê suas responsabilidades ampliadas. O diretor financeiro Hiroshi Karube e o diretor-presidente das fábricas Hideyuki Sakamoto, ambos considerados hostis à Renault, ganharam mais peso nos últimos meses. Para os sitiados da Renault, é a "facção" nacionalista da Nissan que começa a ser promovida.

 A Aliança deve se contentar em funcionar com esse "conselho" que supostamente avança para o consenso. Em face do estado das relações, não é mais apenas um modo degradado de governança comum. É uma mistificação. É certo que os subalternos conseguem ainda, às vezes, dar o troco. No dia 20 de junho, a Aliança anuncia um acordo que toma as manchetes das mídias econômicas: o celebrado com a Waymo, a filial da Google que é uma das líderes do setor dos carros sem motorista. Mas os anúncios dizem respeito às empresas externas à Aliança. No interior, não acontece mais nada. As funções convergidas, que permitem ter um só responsável hierárquico para o conjunto da Aliança, estão em ponto morto. Os presidentes só exercem suas prerrogativas na sua empresa de origem. Pior, a desconfiança se instalou entre as equipes que, diariamente, trabalham sobre as colaborações em curso. "É um pouco o inferno no Technocentre", constata um engenheiro francês, que aponta a resistência passiva dos interlocutores da Nissan.

Como diz Bruno Le Maire no dia 20 de maio, "o *status quo* não é possível, o *status quo* fragiliza o conjunto". Mas, para sair disso, será preciso dar prova de muita imaginação. E audácia. Senard, que é coronel da reserva da Legião Estrangeira, decide colocar em lugar de destaque em sua sala uma foto recente dele vestido com o uniforme que acabaram de lhe enviar. A diplomacia acabou. Chegou o momento de dar lugar aos militares.

O ITALIANO

A Nissan fecha metodicamente sua porta a Jean-Dominique Senard e à Renault, sua acionista com 43% de participação no capital. A presidência do grupo francês? Não. A implicação em sua governança? Não de novo. A fusão? Não, é claro. O casamento sob a égide de uma *holding*? Não, mais uma vez. O grupo japonês domina maravilhosamente a arte da poliorcética ao inverso. É ela que se entrincheira, mas é a Renault que se sente aprisionada. Ora, a arte do cerco depende da percepção que o sitiado tem do tempo e dos recursos que lhe restam. E em Boulogne-Billancourt, Senard observa o tempo passando. O tempo curto, que aproxima cada dia mais a Renault do dia 25 de junho, data na qual a Nissan reunirá sua assembleia geral e votará sua nova governança. A Renault estará presente de forma insignificante como já está seu presidente no conselho do grupo japonês. "Eles gostariam que eu me contentasse em olhar os trens passarem... Ora, não sou uma vaca", fulmina ele para uns poucos. E, além disso, ainda tem o prazo longo, o do ciclo do setor automobilístico. A Renault, como todas as outras empresas, observa perfilar-se a série de investimentos necessários para implantar as tecnologias elétricas, conectadas, mas autônomas, em todas as linhas de produtos. Ela deve se preparar para o tsunami que será o aumento da potência da indústria automobilística chinesa, como Senard está convencido. A Renault sozinha, sem a Nissan, não terá a envergadura suficiente.

Em Turim, John Elkann não perde nem uma migalha da saga. Para ele também o relógio gira, e muito rápido. Com seu mentor Sergio Marchionne, ele salvou o império familiar da Fiat, intervindo em 2009 na empresa americana Chrysler, que se tornou sua galinha dos ovos de ouro. Dez anos depois, a fabricante ítalo-americana que brilhava por seu virtuosismo financeiro vê chegar o momento em que vai ter que pagar o preço de vários anos de carência de investimento crônico. A FCA não está pronta para as novas normas europeias que impõem às empresas uma baixa drástica das emissões de CO_2 em suas linhas de produtos. Ela vai se expor a multas colossais a partir de 2020, se não encontrar uma solução. E a melhor solução é um novo casamento, para dividir os investimentos e rapidamente alcançar tecnologias que poderão ser implementadas nos veículos da FCA.

Para a Fiat-Chrysler, a noiva ideal se chama PSA. Pelo menos o mercado promete, há anos, uma união das duas empresas. A aliança de duas das grandes famílias do setor automobilístico europeu, os Agnelli e os Peugeot, faz sentido. Mas, na PSA, que Carlos Tavares dirige desde 2014, ele define padrões muito elevados para suas exigências. O antigo número dois de Ghosn na Renault-Nissan, que se desligou com estilo e impertinência, provou desde então que tinha razão em suas ambições. Em quatro anos, ele promoveu uma recuperação espetacular na Peugeot-Citroën. Redobrou a aposta em 2017, tendo êxito na recompra da empresa alemã Opel, a doente do setor, que voltou a ser lucrativa em alguns meses. Aos 60 anos, o ascético Tavares se sente em posição de força diante da FCA: é ele que detém a tecnologia, assim como a gestão, a começar por ele mesmo. Ele não quer que a PSA se case com a Fiat-Chrysler, ele quer que a PSA a recompre. No início de 2019, essa velha discussão chega a um impasse.

Em Bercy, o assunto é acompanhado de perto. Bruno Le Maire já ouviu Tavares lhe explicar suficientemente que o melhor trunfo da PSA se chama Tavares, por conhecer a rigidez do dirigente e ao mesmo tempo constatar a inteligência do industrial. É uma pena: esse casamento teria permitido ao Estado, que também é acionista da PSA desde 2014, por meio do banco público Bpifrance, sair por cima. Mas a FCA também pode ser uma oportunidade para a Renault. John Elkann já levantou essa hipótese diante de Emmanuel Macron, que ele conhece bem. No dia 13 de fevereiro, a alta roda do setor automobilístico mundial se reúne no pavilhão Cambon, no 1º *arrondissement* parisiense, para o jantar de gala dos cem anos da Organização Internacional dos Fabricantes Automobilísticos com a presença do presidente da República. Seguindo o conselho deste último, Bruno Le Maire incita Senard a se aproximar de Elkann.

Nos planos da Renault, o esquema já existe: é o projeto Macedônia. Nada a ver com Alexandre, o Grande. Esse codinome remete mais à salada de mesmo nome, uma seleta de legumes, mas só que aqui é de frutas. "Macedônia" é, na verdade, a *holding* sonhada por Carlos Ghosn, que juntaria *Ruibardo* (Renault), *Nectarina* (Nissan), *Manga* (Mitsubishi) e *Morango* (Fiat-Chrysler). Na primavera de 2019, quando John Elkann vê a Renault balançar e Senard bater com a cabeça na parede, ele aproveita a chance.

Aos 43 anos, Elkann já é quase uma lenda. Ele tem a pinta de um herói romântico, com seu rosto de criança emoldurado por uma espessa cabeleira escura e encaracolada. Traz nas costas o peso de um império construído por cinco gerações de industriais. A família Agnelli é uma dinastia, da categoria dos Kennedy ou dos Windsor, com uma história que mistura poder, glamour e dramas. Elkann, cidadão do mundo também — um pouco italiano, um pouco americano, um pouco francês —, se tornou muito jovem o chefe do clã, graças ao afeto do patriarca Giovanni, *L'avvocato*, mas também por causa do suicídio de um tio, do câncer precoce de um primo, do vício de um irmão e de uma batalha por herança ganha contra sua própria mãe.

Elkann e Senard têm uma diferença de idade de mais de 20 anos, mas se conhecem um pouco e compartilham da mesma boa educação, dos mesmos códigos da velha Europa. Quando o primeiro chama o segundo, no início de maio de 2019, eles se entendem de imediato. O presidente da Renault vê enfim uma abertura, uma escapatória para seu enfrentamento tóxico com a Nissan. Será que já está cansado, até ultrapassado, pelo ritmo e a amplidão da tarefa? Ele vai se transformar em chefe guerreiro. Para negociar uma operação com a FCA, o presidente da Renault, escaldado pelos vazamentos incessantes que revelam e deformam todas as suas iniciativas, limita ao máximo o círculo de pessoas envolvidas. Ele reativa o grupo Laranja, o amplia apenas internamente para acolher François Dossa, o diretor--presidente da Alliance Ventures, o fundo de investimento comum à Renault e à Nissan, e externamente, para incluir Clément Léonarduzzi, Armand Grumberg, do escritório de advocacia Skadden, um associado do Boston Consulting Group e o Société Genérale. Mas ele mesmo irá conduzir as atividades pessoalmente.

Elkann, ao contrário, está bem apoiado e preparado. Ele recrutou os executivos, a nata dos participantes de operações de fusão e aquisição. É aconselhado pelo Goldman Sachs no âmbito da FCA e pelo banco Lazard no âmbito de sua *holding* principal. Os advogados do escritório de advocacia Darrois estão envolvidos. Alain Minc está na roda, assim como o banqueiro Benoit d'Angelin. O primeiro goza da reputação desbotada de fazedor de reis e último visitante noturno do Palácio do Eliseu. O segundo, que distribui seus conselhos estratégicos a algumas figuras importante do CAC 40, é famoso por ser próximo de Emmanuel Macron, a quem ajudou nas campanhas de arrecadação de recursos para a campanha presidencial. Toby Myerson, um conselheiro de alto nível, se encarrega da parte japonesa, que ele conhece bem por ser administrador do banco Mitsubishi UFJ. E, na Image Sept, Anne-France Malrieu cuida da comunicação. O terreno está esquadrinhado.

Elkann e Senard avançam rápido, muito rápido. O jovem italiano faz várias viagens de ida e volta à França em três semanas, para encontros que frequentemente acontecem na residência parisiense do presidente da Renault e uma outra vez em sua casa de campo na Provence. O presidente francês lhe retribui a gentileza uma vez, indo a Turim. Os dois têm que encontrar a solução para o problema da Nissan. Está fora de questão que o casamento de *Morango* com *Ruibarbo* — que, na FCA, são chamadas de forma mais elegante como *Fermi* e *Rutherford*, a partir do nome dos dois cientistas — mate a Aliança. Ao contrário, para Elkann, esse projeto faz todo sentido com a Nissan, que lhe abre as portas da Ásia e permite vislumbrar sinergias nos Estados Unidos, com as marcas da Fiat-Chrysler, Jeep e RAM, famosa por suas potentes *pick-ups* tipicamente americanas.

Na Aliança, não se espera que a Renault negocie seu casamento sem falar sobre isso com sua parceira. Mas, devido ao estado da relação, pedir-lhe a bênção é ilusório. Então, Senard e Elkann vão usar de astúcia. Vão forçar a mão no grupo japonês, mas sem perder a face. No domingo, dia 19 de maio, no final da tarde, apresentam seu projeto a Bruno Le Maire e suas equipes em Bercy. Depois, os dois jantam com seus respectivos diretores gerais, Thierry Bolloré e o americano Mike Manley que já devem se medir de alto a baixo.

Uma semana depois, no domingo, 26 de maio, uma operação é lançada em um ambiente que se tornou febril por causa dos primeiros vazamentos na imprensa. Às 3h da manhã, a proposta da FCA é enviada à Renault. É o italiano que toma a iniciativa de pedir a fusão, a Renault limita-se a recebê-la. Formalmente, a carta dos acordos da Aliança é respeitada. No amanhecer de segunda-feira, Jean-Dominique Senard liga para Hiroto Saikawa e depois convoca o conselho da Renault, que aceita, obviamente, examinar o caso. Ao meio-dia, John Elkann envia cartas pessoais a Saikawa-san e Masuko-san. Emmanuel Macron e Bruno Le Maire reagem, cada um de seu lado, e saúdam, sobriamente, uma "oportunidade" para a França. Cada um interpreta o seu papel na coreografia.

Nos dias 28 e 29, Senard e Bolloré estão em Tóquio para a reunião do conselho da Aliança. Tudo é feito para amansar a Nissan e a Mitsubishi. Senard dá uma prova de confiança: retira publicamente qualquer projeto de fusão entre a Renault e a Nissan. O casamento da Losango com a FCA teria uma segunda vantagem: as duas empresas pretendem se fundir em paridade sob uma *holding* principal, certamente localizada nos Países Baixos. Os 15% da Nissan no capital da Renault se tornarão 7,5% da nova pessoa jurídica, mas, pelo menos e enfim, o grupo japonês terá direitos de voto. Os franceses e os emissários de John Elkann tranquilizam a Nissan: trata-se de uma "fusão na Aliança", insistem eles. A Nissan, como acionista e parceira, poderá arrecadar 1 bilhão de euros de sinergias sem ter que levantar um dedo.

No momento, a reação japonesa é enigmática, mas não francamente hostil. Então, é considerada encorajadora. Mas em Paris que as coisas se tensionam. A campeã europeia que seria a Renault-FCA vai mal. A operação é alvo de intensa artilharia. Para o governo, a sequência é delicada. Na assembleia, no momento das perguntas ao governo, outro caso industrial cria a polêmica: Alstom. Sua proprietária americana, a General Electric, se apressa em lançar um plano social massivo em Belfort. Ora, a Alstom-GE, corretamente ou não, é uma operação de 2015 que ficou na

O italiano 307

memória como tendo sido desejada por Emmanuel Macron e na qual o Estado francês se deixou enganar pelas belas promessas americanas.

Quatro anos depois, a França, a Renault e Jean-Dominique Senard estão se deixando enganar pelo jovem John Elkann? Patrick Pélata, entre outros, está convencido disso. O antigo número dois da Renault soa o alarme. No início de maio, ele participou de uma reunião no Palácio do Eliseu, quando fez um diagnóstico severo do estado da Aliança e da tática de Senard. Segundo ele, nada poderá ser reparado enquanto Thierry Bolloré, por quem não alimenta nenhuma estima, estiver no jogo, já que ele é um bicho-papão para os dirigentes da Nissan.

Quando o projeto com a Fiat é revelado, Pélata envia ao Palácio do Eliseu e Bercy uma nota assassina. Ele dá cinco tiros no coração do projeto. Um, a operação, segundo ele, é precipitada. Dois, as sinergias de 5 bilhões de euros prometidos pela FCA são falsas: nenhuma aproximação comparável no setor automobilístico permite fundamentar a quantificação. Três, o trato foi negociado em um círculo muito restrito. Nenhum trabalho em detalhes foi realizado anteriormente na cadeia hierárquica. A diretora de compras da Renault descobriu em 28 de maio que ela terá que arrumar 2 bilhões de euros! Quatro, a Renault e a FCA se abstêm em relação à propriedade intelectual detida pela Nissan. Para implementar as tecnologias elétricas, de bateria, de motorização da Aliança na FCA, será preciso que a empresa japonesa esteja de acordo e destine recursos de engenharia para isso. Vai custar caro, além da dúvida se a Nissan aceita ajudar sua grande concorrente nos Estados

Unidos, a Chrysler. Cinco, a FCA está se oferecendo o controle da Renault a um preço vil.

Sobre esse último ponto, em Bercy, os banqueiros do Crédit Suisse que apoiam a APE estão de acordo. O casamento vislumbrado em partes iguais intervém no momento em que o valor da Renault é enfraquecido pelo caso Ghosn e o marasmo da Aliança. Elkann talvez esteja tentando outra jogada após esta, genial, da recompra da Chrysler em falência. Quando percebemos que o principal consultor bancário da Renault, James del Favero, da Ardea, é também consultor da FDA, o círculo se fecha.

Nas novelas americanas, no momento de unir os noivos, o pastor se dirige ao público nestes termos: "Se alguém tiver motivos para se opor a este matrimônio, fale agora ou cale-se para sempre". Na semana de 28 de maio de 2019, parece que todo o público tem motivos para se manifestar contra as núpcias. Na PSA, Carlos Tavares descreve, em uma mensagem interna — evidentemente publicada na imprensa —, uma "tomada de controle virtual da Renault pela Fiat". Para o presidente da Peugeot, que espera que o tempo trabalhe a seu favor se a FCA continuar solteira, a operação com a Renault é obviamente uma péssima notícia. Na Nissan, a raiva surge como em uma esposa traída. A empresa japonesa bate por meio de seu banco consultor, Rotschild, em que Grégoire Heuzé, amigo de Bruno Le Maire, desmonta o procedimento da Renault em relação a sua parceira. Os advogados do escritório Bredin Prat acrescentam sua contribuição: a Renault se arrisca a infringir o Rama. Teria descumprido seu dever de lealdade. "Mas o que eles pensaram? Como puderam

O italiano 309

imaginar uma operação semelhante sem falar antes com a Nissan? Não se coloca assim um parceiro diante de um fato consumado", reage veementemente o lado japonês... onde não ocorre a ninguém que foi justamente o que fez a Nissan quando derrubou Carlos Ghosn. O apoio do governo vacila. E pressiona para subirem os lances a fim obter mais garantias de emprego, de investimentos na França, de governança. Elkann prometeu que Senard seria CEO do novo grupo, mas e depois? O jovem Elkann terá 15% do capital, a presidência da *holding* e o tempo diante dele, enquanto que Senard já tem 66 anos. O Palácio do Eliseu lembra seu roteiro original ao presidente da Renault: consolidar a Aliança. Não se trata mais de passar na força, ressalta-se ao mais alto escalão do Estado, enquanto que a operação supunha desde a origem assumir o risco da relação de força com a Nissan. Quando Bruno Le Maire insiste nas suas exigências diante de John Elkann, que reclama uma resposta o mais rápido possível, ele não está mais em uma encenação política. E hesita.

Senard acredita nisso, ele quer acreditar nisso. Thierry Bolloré e ele estão verdadeiramente convencidos desse projeto de união. As linhas, as marcas, as geografias são complementares. As cifras dão vertigem. A Renault-FCA valeria mais de 20 bilhões de euros na Bolsa. Ele alinharia Renault, Dacia, Lada, Alpine, Fiat, Chrysler, Jeep, Dodge, Lancia, Alfa Romeo, Maseratti... Em conjunto, sem a Nissan, elas se encontrariam na terceira posição mundial, com 8,7 milhões de veículos vendidos. E com a Nissan, o conjunto se torna incontestavelmente o número um com mais de 14 milhões de unidades na contagem!

Porém, a operação é natimorta. Esse tipo de transação gigante só tem êxito quando o anúncio cria um efeito de atração, um movimento centrípeto que une cada vez mais as partes componentes. Aqui, a bela construção de Senard e Elkann se desmonta aos pedaços. Em alguns dias. Na segunda-feira, 3 de junho, enquanto Bruno Le Maire e John Elkann aos poucos de aproximam de um consenso sobre os compromissos que o italiano aceitará assumir diante do Estado francês, Hiroto Saikawa dá um golpe de misericórdia. O projeto "alteraria significativamente a estrutura de nossa parceira Renault. Isso exigiria uma revisão fundamental de nossa relação atual", diz ele. O que quer dizer o grupo japonês? Ele diz não. Uma pessoa próxima da Nissan garante a decodificação: "Os japoneses nunca dizem não. Quando eles dizem que não têm certeza, isso quer dizer não". Depois de vinte anos de Aliança, a Nissan não sabe se fazer entender claramente. A menos que tivesse aprendido a tocar, de forma hábil e formidável, a partitura do fosso cultural... "Hiroto Saikawa não é um diretor-geral, um chefe, como há na França. Ele é o representante de uma coletividade. Pedir-lhe para tomar uma decisão dessas em tão pouco tempo significa colocá-lo em uma situação impossível", explica um bom conhecedor do grupo.

Na quarta-feira, 6 de junho, às 18h, o conselho de administração da Renault é convocado para dar sua opinião definitiva em relação à entrada em negociação exclusiva com a FCA. Na véspera, seus membros já tinham se encontrado uma primeira vez, mas Martin Vial pediu um pouco mais de tempo. Nessa quarta-feira, é preciso decidir. Os banqueiros do HSBC que apoiam os administradores e os advogados apresentam o projeto. Há um intervalo. Na retomada dos debates, Senard faz uma primeira rodada de comentários. A maioria dos administradores emite opinião positiva, inclusive alguns representantes dos empregados, exceto a CGT. Martin Vial pede uma nova suspensão. Entre ele, Emmanuel Moulin e Bruno Le Maire, o telefone esquenta. E isso dura. Os administradores mastigam pizzas e sushis. É a vez dos dois administradores japoneses se expressarem: eles se absterão. Um não-voto que quer dizer "sim, talvez" para Senard, mas "certamente não" visto de Bercy. Então Martin Vial surpreende todo mundo. Ele pede mais cinco dias. No momento em que Bruno Le Maire parte para o Japão onde é esperado para uma reunião de um G7 Finances durante o fim de semana. Novo intervalo. Às 23h15, Senard volta à sala. Ele está lívido. John Elkann acaba de lhe enviar uma mensagem: nessas condições, ele joga a toalha. A carta do italiano jaz como restos mortais sobre a longa mesa do conselho.

A tensão dessa longa noite é insuportável. "Era preciso pôr fim a essa reunião do conselho, e rápido!", testemunha um participante. Martin Vial pega o casaco e se despede dos outros, quando Senard o interpela: "Pare de sorrir. Você não tem razão para estar orgulhoso". "Mantenha a calma", responde-lhe o representante de Bercy.

O aborto do projeto não é apenas um fracasso. É uma carnificina. Senard perdeu a aposta. Volta à estaca zero, com menos credibilidade. No dia 7 de junho, Bruno Le Maire o apoia como a corda sustenta o enforcado: "Jean-Dominique Senard tem a minha confiança",[1] diz ele. Curto e grosso.

---

1. *Le Figaro*, 8 de junho de 2019.

Nos bastidores, o Estado denuncia uma falta de lucidez do dirigente. "Nos disseram, ao mesmo tempo na Renault e na FCA, que a Nissan não se oporia a essa operação. E, na véspera da reunião do conselho, Saikawa anuncia que realizará uma revisão completa dos acordos da Aliança! Não se pode chamar isso de neutralidade benevolente!" Mas, sobretudo, a Renault ainda perdeu a partida para a Nissan. Não apenas não conseguiu levar adiante seu projeto, como a atitude de Bercy, que recusou forçar a mão na parceira japonesa, significa que a chave para o futuro da Renault se encontra em Yokohama. A posição negociadora da Losango ficou consideravelmente enfraquecida.

Senard não é bobo. Se o governo tinha um nome para substituí-lo, não hesitaria mandá-lo embora. No Palácio do Eliseu, Emmanuel Macron permanece mudo. Ele não faz nenhum gesto para reter o presidente da Renault, e menos ainda para apoiá-lo. Senard está farto de tudo isso e pronto para desistir. Em alguns dias, em 12 de junho, a Losango reúne sua assembleia geral, que virará definitivamente a página Carlos Ghosn. E não haverá ninguém para ocupar a presidência.

Em Bercy, Bruno Le Maire assume. "Desde o primeiro dia, colocamos como condição que a Aliança fosse preservada", insistem no ministério. "Quando uma decisão é tomada, para saber se é boa ou má, é preciso ver o estado de espírito produzido um minuto depois. E, com relação a isso, me sinto bem, muito bem", diz ele no dia 7 de junho. O ministro aciona a mesma forma de orgulho político de ter dito não, nessas condições, à FCA, do que quando ele se retirou da campanha presidencial de François Fillon em 2017.

O italiano

Segundo o que se pensa em Bercy, o italiano quis forçar sua vantagem longe demais. Não se ditam suas condições ao Estado francês! Se a operação é tão promissora quanto Senard e ele dizem, ela será repetida. Sereno, o ministro pega um avião para Tóquio. Sua expectativa é que lhe darão crédito por sua "lealdade" em relação à parceira japonesa.

Porém, quando aterrissa, é um pesadelo, pelo menos um pesadelo para um político. "Você viu as manchetes na imprensa? Enquanto a delegação de Bercy estava em pleno voo, um e-mail ameaçador da Renault chegou à Nissan. O calendário, afirma a Losango, é um acaso, ditado pelas obrigações legais derivadas da assembleia geral da Nissan no 25 de junho seguinte. Senard exige um assento no futuro comitê de auditoria para Thierry Bolloré. Até o momento, a Nissan, na verdade, previu um só assento em apenas um de seus três comitês para a Renault, e este cabe a Senard somente.

Na falta de obter ganho de causa, como previne Senard, a Renault poderia se abster de votar a reforma da governança do grupo japonês no dia 25 e, assim, bloqueá-la. A jogada de xadrez é bem-feita: se o grupo francês tem as mãos atadas pelo Rama em relação à maior parte dos votos em assembleia geral, ele pode, nesse caso específico, em relação a decisões sobre a organização da governança e não sobre a designação dos administradores, votar como bem lhe aprouver. É uma possibilidade rara esta. Ele a utiliza.

A Nissan recebe muito mal a ameaça. A empresa denuncia a traição e um gesto de vingança pueril por parte de Senard. O que dá, no comunicado oficial: "A Nissan julga extremamente lamentável a nova posição da Renault que vai de encontro a esforços da empresa para melhorar sua governança." Esse novo fogo cruzado põe Bruno Le Maire em uma situação impossível. Ele chegava ao Japão pronto para defender a Aliança e acabava caindo em um campo minado. Entre Senard e ele, é certo, nada funciona mais. "Senard é muito desastrado! Ele se comporta com os japoneses como um terreno conquistado. Ele fez muitos estragos", ouvem-se rumores na delegação francesa. É a vez de o ministro da Economia se sentir em missão. Para Bruno Le Maire, é muito difícil colocar a teoria em prática. Desde sua chegada em Bercy, a antiga figura dos republicanos passada à República em Marcha expõe uma doutrina bem liberal em relação ao Estado acionista. Ele quer que o Estado saia do capital das empresas comerciais, mas não conseguiu concluir uma privatização sequer, e a dos Aeroportos de Paris está ameaçada pelo lançamento, inédito, de um referendo de iniciativa compartilhada deslanchado pelos parlamentares de esquerda e de direita. Ele defende um Estado que permaneça acionista sem se envolver na gestão, mas, no caso da Renault, o Estado está sempre com a mão na massa. O *gaullista* nele não resiste ao reflexo intervencionista, aqui justificado, na sua opinião, pelo desafio de soberania que a indústria automobilista francesa representa.

Em Tóquio, Le Maire tem dois dias para reconstruir um pouco a confiança mútua. E julga bem encorajadora a acolhida que lhe dão. Foi de fato difícil de conseguir um encontro com Sekō, o ministro do METI. O comunicado, redigido anteriormente, mas publicado ao final do encontro, é incrivelmente vão quando se gaba da "cooperação

O italiano 315

exitosa da Aliança". Mas Le Maire acha que obteve vários avanços. Ele recebeu sinais que lhe indicam que o Estado japonês se compromete efetivamente a recuperar a ordem nesse cafarnaum. "Caem as máscaras", afirma uma fonte francesa. No Japão, é deixado pensar ao campo tricolor que as autoridades têm consciência do problema, inclusive o que representa Saikawa. Caem as máscaras e talvez, em breve, rolem as cabeças.

Os tabus caem também. Bruno Le Maire faz várias concessões. Mal chegou ao arquipélago, declara publicamente que o Estado acionista está disposto, quando chegar o momento, a sair do capital da Renault. Nos bastidores, vai mais longe. Para fazer com que a Aliança recomece no passo certo, ele apoia a ideia de um acordo global e reconhece que a queda da participação da Losango na Nissan é de fato inelutável. "É o ponto de passagem. Todos estamos cientes", diz uma pessoa próxima do caso. A Nissan não esperava tanto. O reequilíbrio da relação capitalista que ela reivindica há anos está enfim ao alcance da mão.

"Não serei o presidente que conduzirá a uma redução suplementar da influência da Renault na Nissan." Na auditório do Palácio dos Congressos, na Porta Maillot, em Paris, no dia 12 de junho, Jean-Dominique Senard responde ao ministro mais severamente. Durante uma semana, após o naufrágio do conselho em 6 de junho e da operação FCA, ele quase abandona tudo e pede demissão. Mas, por fim, monta de novo no cavalo. E volta ao combate. Não se deve deixar enganar em relação à personalidade desse homem, ao mesmo tempo forte e suscetível, dissimulado por trás de uma aparente abnegação. "Não estou habituado a ser como um mexilhão. Isto é, simpático, mas comestível e mudo", solta ele com um sorriso diante dos acionistas. Pois, quando da assembleia geral da Losango, Senard se alvoroça. Em algumas frases curtas, ele arrasa com o Estado acionista! Faz elogios póstumos à negociação com a Fiat-Chrysler e conta a sua versão do fracasso. A atitude dos representantes do Estado? "Falando francamente: isso me deixa desolado!" Quanto desprezo está contido nessa pequena frase. Na primeira fila, diante de Senard, Martin Vial sofre um golpe desagradável. "É preciso que o senhor Senard não se esqueça de quem o nomeou", recebe-se com ranger de dentes as notícias em Bercy, onde se tem pelo menos a satisfação de constatar que o ministro conserva o domínio do caso, apesar da tentativa do presidente da Renault de apelar para o Palácio do Eliseu. "É má ideia querer criar uma dissensão entre o ministro e o presidente da República", diz-se no alto escalão.

Daí o ato. Mas Senard marca seu território e, de forma subentendida, as condições nas quais está pronto para perseverar na sua missão. "O conselho de administração da Renault é soberano para decidir a evolução das participações da empresa. De todo modo, enquanto presidente, preferia estar informado previamente das eventuais tomadas de posição de uns e de outros", declara ele em *Le Figaro*. E vai mais fundo: "Deve estar claro para todos que a Renault hoje não é mais a *Régie*! Era há um bom tempo, mas o mundo evoluiu". Na Porta Maillot, os acionistas aplaudem. Na Renault, mesmo a velha guarda órfã de Carlos Ghosn tem um sorriso nos lábios. O combate contra o Estado sempre arregimentou as tropas na Losango.

Em apenas cinco meses, a Renault e o Estado acionista estão de novo em conflito aberto. Senard, o diplomata de boas maneiras, e Le Maire, o político liberal simpático, parecem condenados pela maldição que envenena a relação entre a empresa e o poder público. Se Carlos Ghosn tiver disposição, deve estar rindo.

O EFEITO BORBOLETA

A onda de calor que se anuncia em Paris torna, excepcionalmente nessa estação, Tóquio mais agradável. Nessa última semana de junho um pouco úmida, a capital japonesa está cheia de franceses. Jean-Dominique Senard e Thierry Bolloré aterrissaram na segunda-feira 24, na perspectiva da assembleia geral da Nissan, prevista para terça-feira em Yokohama. Na quarta-feira 26, Emmanuel Macron também chegou, com Brigitte e a impressionante delegação francesa que acompanha o presidente para uma visita de Estado de dois dias. Bruno Le Maire, Emmanuel Moulin e Martin Vial estão na comitiva. Na quinta-feira, 27, Emmanuel Macron e Bruno Le Maire, entre outros, embarcam no Shinkansen, o trem de grande velocidade japonês, na direção de Kyoto, para uma etapa cultural antes da cúpula do G20 em Osaka, nos dias 28 e 29.

Diante dos acontecimentos recentes, um dos assuntos a ser tratado é, evidentemente, a Aliança Renault-Nissan. Mas também é preciso pensar em Carlos Ghosn, pelo menos esta é a esperança de Carole e do clã do industrial. O ex-presidente da Renault e da Nissan está calado desde a saída da prisão há dois meses. Ele publicou um breve comunicado no dia da libertação, afirmando que "ninguém deveria ser mantido em isolamento com o único objetivo de extorquir uma confissão". Mas, desde então, mais nada. Silêncio total. Falando em termos midiáticos pelo menos, Carlos Ghosn é um homem acabado. Ele suportou mal a segunda detenção e não se arriscará a voltar mais uma vez para trás das grades, onde já passou 129 dias no total. Ele se obriga a esse mutismo exigido abertamente dele. A coletiva de imprensa que ele tinha anunciado para o dia 11 de abril, antes de ser preso de novo, não acontecerá.

Agora é Carole quem faz barulho. E não é pouco. Por ele e por ela. Há dois meses, a justiça japonesa não cedeu nem um centímetro de terreno e recusou sistematicamente todas as demandas de flexibilização nas condições de liberdade sob fiança de Ghosn. Ele continua a não ter direito de vê-la, exceto por uma hora e sob vigilância. Cada providência nesse sentido apresentada ao Tribunal pelo advogado Takashi Takano, com fama de ser o ás das liberdades sob fiança, traz uma nova esperança. Cada fracasso mina o moral do casal.

Antes do G20, Carole aparece em todo canto. No *New York Times*, na CNN, na BBC. Ela defende a causa do marido, exige garantias de um "processo equitativo", denuncia o "golpe de Estado" organizado pela Nissan. No dia 21 de junho, em um programa da CNN, ela vai mais longe que de hábito e afirma em alto e bom som o que o clã Ghosn denuncia em voz baixa há meses: houve uma "conspiração entre alguns executivos na Nissan e no METI". Afirmação que provoca uma reação incomum no ministério, que alega que a acusação é "sem fundamento". Carole Ghosn espera que Donald Trump, capaz de tudo, aborde o assunto de seu marido com Shinzō Abe durante o G20. E faz mais um apelo a Emmanuel Macron, é claro. François Zineray escreve no dia 25 ao presidente da República. "Se não cabe ao Estado tomar o partido de uma pessoa, ele deve defender os princípios fundamentais nos quais a França se reconhece e, quando é necessário, denunciar com veemência a violação", aponta o advogado. "Vocês terão consigo os defensores japoneses dos direitos humanos e todos que sabem que se ater a "onde tem fumaça tem fogo" ou "ninguém 'vai, apesar de tudo, se queixar", essas formas comuns de se habituar ao inaceitável, abriria caminho para a arbitrariedade e a selvageria do mundo".

A denúncia de Zimeray encontra pouco eco, pelo menos por parte do público. O Palácio do Eliseu tinha prevenido, antes da partida do avião presidencial para o país do Sol Nascente: o chefe de Estado permaneceria discreto em relação ao assunto. Emmanuel Macron só fala disso uma vez, quando é perguntado na coletiva de imprensa no dia 26 de junho, ao lado de Shinzō Abe. "Não cabe ao presidente da República francês vir se imiscuir publicamente em um processo judicial", declara ele, lembrando simplesmente os princípios "da presunção de inocência e respeito aos direitos de defesa".

O presidente da República está, no entanto, um pouco mais eloquente sobre o caso da Aliança Renault-Nissan. Mal põe os pés no solo japonês, logo expressa sua "ligação" com o país. Na terça-feira dia 25, na véspera da visita de Estado do casal Macron, o casal Renault-Nissan conhece,

O efeito borboleta 321

enfim, uma forma de apaziguamento. A assembleia geral do grupo japonês, tão importante para ele já que deveria simbolizar o fim da era Ghosn, correu bem. Antes da reunião, a Nissan cedeu às últimas exigências da Renault e concedeu um assento para Thierry Bolloré no seio do comitê de auditoria. A Losango votou todas as resoluções apresentadas pela direção do grupo japonês a seus acionistas. Como disse Senard no dia 12, "não havia por que despertar os vulcões de Auvergne nem mesmo o Fujiyama". Entre as duas parceiras, as armas sacadas oito meses antes ainda não atiraram; o Rama foi preservado.

Contudo, o clima permanece tenso. Na manhã do dia 25, Senard, admitido em uma empresa de transportes, chegou à assembleia geral da Nissan em um... Toyota! Esse erro de organização vira um escândalo, explorado em todas as mídias. Para alguns, isso parece uma provocação do francês, para outros, um golpe montado para desacreditá-lo. Mais tarde, o presidente da Renault é perguntado por uma televisão japonesa sobre seu pai, feito refém no dia 13 de setembro de 1974 quando do ataque de sua embaixada, em Haia, nos Países Baixos, por um grupo terrorista do Exército Vermelho... japonês. Os jornalistas se perguntam se isso influencia sua relação com o Japão. Alguns o acusarão de ter evocado o episódio por sua própria iniciativa. As armadilhas estão em toda parte no seu caminho.

Em Yokohama, ele é confrontado pelos acionistas do grupo japonês. Tira da manga a carta da humildade: "Imploro que acreditem em mim", diz por duas vezes, "não havia nenhuma agressividade nas minhas intenções", quando o projeto com a Fiat-Chrysler foi negociado. Ele foi eleito para o conselho de administração da Nissan com 99,1% dos votos. É muito mais do que Hiroto Saikawa, que só angaria 78% dos votos dos acionistas, que grandes empresas anglo-saxãs de consultoria em governança tinham pedido para votar contra a permanência do diretor-geral.

Respira-se fundo. Todo mundo respira mal nesse caso arfante, desgastante. Está na hora de deixar a poeira baixar. Pelo menos é o que se pensa pelo lado francês. Na verdade, a pressão acaba de mudar de lado. Agora é a Nissan que pede mudanças, e rápidas. "Temos que encontrar uma estrutura que torne a Aliança perene: devemos rever as participações cruzadas? Talvez sim, talvez não", declara Hiroto Saikawa na assembleia geral. O recado dado pela Nissan na saída da reunião é mais claro: "Não podemos mais recuar em relação a esse assunto. É preciso discutir agora sobre a estrutura e a governança da Aliança." A Nissan reclama de uma vez por todas o rebalanceamento das participações.

Emammnuel Macron, que tinha se contentado com os acordos sobre a Aliança, esse *carro-chefe*, volta à carga. Ao largo de um encontro com a comunidade francesa em Tóquio no dia 27, ele apita o fim do recreio. A estrutura da Aliança tal como existe é "um resultado da história". "Não vamos retomá-lo agora, não é esse o assunto, não será isso que fará com que a Nissan se comporte melhor", afirma o chefe de Estado.

O presidente contradiz seu ministro, Bruno Le Maire, que vislumbrava há poucos dias essa grande renegociação como uma parte da saída. O locatário de Bercy afirma, contudo, que a estratégia francesa foi elaborada em consenso entre Emmanuel Macron e ele, principalmente no avião presidencial que os levava para o arquipélago dois dias antes. O Palácio do Eliseu queria fazer com que as coisas retornassem à sua justa medida. Parece inconcebível para o presidente e suas equipes que o caso individual de Carlos Ghosn provoque tais consequências para a Aliança. Emmanuel Macron recusa o efeito borboleta. Ele quer parar o jogo, as participações e "principalmente, a do Estado na Renault".

É um apelo à calma e à razão dos industriais. "As participações são assunto de banqueiros, é preciso frisar menos as finanças e mais a indústria e a tecnologia", diz-se no Palácio do Eliseu. A Renault respira. A Losango receou que o Estado francês quisesse partir rápido demais para a faina, soltasse demais o lastro e aceitasse o rebalanceamento da Aliança sem contrapartida.

A Nissan conhece doravante perfeitamente bem a contrapartida que pode oferecer à Renault: sua fusão com a FCA. Nem John Elkann, nem Jean-Dominique Senard renunciaram a seu projeto. Mas a posição tomada no início do mês pelo Estado francês deu à Nissan um direito de vida e morte sobre o projeto. Quinze dias depois que Emmanuel Macron pediu uma pausa, as discussões já são retomadas. Entre a Renault e a Fiat-Chrysler e entre a Renault e a Nissan. Na Losango, Senard muda de equipe. O grupo Laranja é desintegrado. Os contratos da Les Rois Mages e da Ardea Partners são suspensos. Mouna Sepehri deixa definitivamente a Renault. *Headhunters* são contratados para preencher os cargos vagos na diretoria. Cabeças rolaram.

Mas não na Nissan. Hiroto Saikawa permanece como primeiro interlocutor da Renault. O conselho de administração trabalha oficialmente na sua sucessão, mas, em dois ou três, talvez quatro anos, para fazer nascer uma nova geração. Por ora, o diretor-geral da Nissan tem uma missão: obter o rebalanceamento das participações que já exigia em nome de sua empresa em 2015, junto a Emmanuel Macron. Como na época, Hari Nada continua lá para apoiá-lo. Ele não está mais na primeira linha na comunicação com a Renault, mas, na Nissan, o jurista coordena os trabalhos. Ele é um interlocutor-chave na primavera, quando a Nissan se contrapõe à proposta de fusão de Senard, depois se posiciona em relação ao dossiê Fiat-Chrysler. O METI não está implicado oficialmente, aliás Hiroshige Sekō não achou um tempo para ver Bruno Le Maire nos dias 26 e 27 de junho em Tóquio. Mas, no conselho de administração, a voz de Masakazu Toyoda, o influente ex-alto funcionário do ministério, se eleva. Nas comunicações reveladas pelo *Wall Street Journal*, ele estima que a Renault deveria reduzir sua participação a um nível de 5 a 10% do capital da Nissan.[1] Uma exigência inaceitável que ilustra a que ponto algumas pessoas no Japão desejam ver a influência da Renault reduzida vinte anos depois da Operação Pacífico. Seria preciso sempre um objetivo tático, acompanhar com um investimento nas coligadas, a fim de mostrar que a Aliança não está morta [...] sem o quê Senard não estará em condições de se mexer".

"É o sentido da história, a época não está mais para grandes fusões transnacionais. Não funciona mais", analisa uma pessoa próxima do caso. Um outro especialista

---

1. *The Wall Street Journal*, 2 de agosto de 2019.

O efeito borboleta 325

confirma: "A Renault e a Nissan podem avançar projeto a projeto, criando empresas comuns dedicadas por exemplo ao veículo autônomo ou ao veículo elétrico, que alinharão efetivamente seus interesses tão bem que constituiriam uma operação capitalista pelo alto." Seria isso que Emmanuel Macron tinha em mente quando adverte em Tóquio que era preciso tratar mais das indústrias do que das finanças na Aliança Renault-Nissan? Um veterano da Losango ressalta: "A Renault pesa na Aliança graças às finanças, graças a seus 43%". Nas aproximações por baixo, o grupo francês se arrisca a estar menos bem servido, pois as competências de engenharia e a propriedade intelectual são uma vantagem da empresa japonesa.

No dia 27 de junho, essas discussões ainda não foram retomadas. Emmanuel Macron fecha a sequência referente à Aliança e não pretende voltar a ela. Parte para Osaka, onde outros assuntos explosivos — o Irã, a guerra comercial — aguardam os grandes dirigentes mundiais. Durante esse G20, contrariamente às esperanças de Carole, a sorte de Carlos Ghosn não é evocada. Não é ele o desmancha--prazeres da cúpula, é Ivanka Trump, filha do presidente americano, que se mete nas fotos e nas discussões oficiosas.

Na sala de imprensa, por outro lado, fala-se muito de Carlos Ghosn, na sexta-feira, dia 28. O antigo presidente da Renault e da Nissan gera naquela tarde o que parece ser um movimento de pânico, versão jornalística. Para surpresa geral, uma coletiva de imprensa dada por Ghosn em pessoa é anunciada para aquela mesma noite, às 21h em Tóquio. É um acontecimento, que todos os jornalistas mobilizados em Osaka a 500 quilômetros de lá vão perder. Alarme falso. Ao final de algumas horas, a coletiva é suspensa. No entanto, Carlos Ghosn teve de fato a intenção de mantê-la. Danem-se as consequências. Foi preciso que suas filhas interviessem para dissuadi-lo.

Foi um movimento de exaltação, de raiva. Na casa em Tóquio, Ghosn está furioso. Pela quarta vez, a justiça japonesa acaba de rejeitar um pedido para poder ver a esposa. "Carole é o calcanhar de Aquiles dele", explica um amigo. "Ele suporta cada vez menos essa separação." As filhas e irmãs de Carlos Ghosn fazem rodízio para não deixá-lo sozinho, no Japão, "para manter seu equilíbrio". Mas o tempo se estende. Desde 23 de maio, o indiciado mais famoso do arquipélago e seus advogados têm um encontro marcado quase todos os meses diante do juiz com os representantes da procuradoria. Aos poucos, estes últimos revelam suas acusações, suas provas, os testemunhos de que dispõem. O lento levantamento processual é estressante. Porque dura. Ghosn espera a cada uma dessas audiências o fim próximo dessa etapa prévia do processo. Mas, a cada vez, o calendário deste último parece ser adiado. Tinham lhe dito outono de 2019. Depois 2020. Agora começa-se a falar em 2021.

No dia 28 de junho, Carlos Ghosn está tão furioso que, na véspera, foi ouvido pelos especialistas da Mazars. Eles vieram a Tóquio para lhe pedir explicações sobre as conclusões deles na auditoria da RNBV. Ghosn, o hiper-CEO que cruzava o mundo várias vezes por mês e cuja unidade de trabalho diária era de bilhões de dólares, se encontra obrigado a se explicar sobre cada um de seus deslocamentos. Paris-Vancouver-Tóquio. Por que Vancouver?

O efeito borboleta 327

Paris-Beirute-Tóquio. Por que Beirute? Etc. Foi preciso justificar notas fiscais datando de anos. Mas, pelo menos, enfim vieram lhe fazer perguntas. Essa auditoria provoca raiva em Ghosn após meses. A imagem do ex-presidente é esperada a cada vazamento da imprensa sobre as despesas pagas pela empresa neerlandesa. E Ghosn assiste, impotente, à destruição de sua reputação. Ele ficou possuído de ódio quando a Renault informou no dia 4 de junho sobre as "conclusões definitivas" dessa auditoria. Ele nem teve a oportunidade de se explicar! A raiva se deve também ao fato de que o grupo francês e a Nissan decidiram em conjunto recorrer à justiça holandesa.

Elas não foram as únicas. Uma outra queixa foi apresentada nos Países Baixos ao tribunal do distrito de Amsterdã: "Carlos Ghosn Bichara contra Nissan-Mitsubishi BV e Nissan International Holding BV". O ex-presidente da Renault e da Nissan contesta as condições nas quais a Nissan e a Mitsubishi finalizaram seu contrato na NMBV, sua empresa comum nos Países Baixos, graças à qual ele recebeu 7,8 milhões de euros em menos de um ano, enquanto que a NIH, que lhe pagava uma pequena parte de seu salário, pelo menos o declarado, na Nissan por causa de seu domicílio fiscal. Os advogados de Ghosn estimam que a ruptura de seu contrato de trabalho foi insuficientemente motivada. O ex-presidente reclama assim cerca de quinze milhões de euros à Nissan e à Mitsubishi. Que coragem! A defesa de Carlos Ghosn tem um outro objetivo: implicar uma outra jurisdição além dos tribunais japoneses, obter peças e testemunhos, inclusive o de Hiroto Saikawa, e demonstrar que este último, entre outros, estava a par da remuneração de Ghosn na NMBV, em especial. Essa intimação foi registrada em Amsterdã em 28 de junho. Naquele dia, Carlos Ghosn desiste da coletiva de imprensa em Tóquio. Mas vai pedir autorização para testemunhar pessoalmente no tribunal holandês. Ele dá o pontapé inicial para sua contraofensiva.

EPÍLOGO

Carlos Ghosn, cuja agenda ultraorganizada construiu uma lenda viva, perdeu o domínio sobre seu destino. Ele era protegido, rodeado de seguranças, agora está vigiado a todo instante. Nem livre, nem prisioneiro. Não controla mais sua própria vida. A justiça japonesa continua a recusar que Carole se junte a ele, censurando-a por sua campanha de difamação do sistema judicial do arquipélago. Ele se restringe cada vez mais ao silêncio. Ghosn reflete. Fiel a si mesmo, calcula. Compara as dezenas de milhões de euros, que representam as acusações contra ele, com o prejuízo da Nissan decorrente dos custos das investigações realizadas para fazê-lo cair e, sobretudo, com os quinze bilhões de euros de perda no valor das ações na bolsa da Renault e da Nissan que evaporaram desde o mês de novembro. Para a Aliança, sua detenção foi um abalo sísmico cujas réplicas não param de balançá-lo. Uma demonstração pelo absurdo e na dor da posição inescapável que ele ocupava.

Despossuído pela crônica judicial de suas realizações, Ghosn não escreverá a continuação da história da Renault nem a da Nissan. Ele não está mais no centro do jogo. Aos poucos seu personagem se apaga. Os milhares de quilômetros que ele percorria todo mês eram motivo de orgulho. Contribuíam para sua importância de presidente excepcional. Ei-lo restrito à sua residência em Tóquio. Nessa cidade que ele sinceramente amou e que deve ter se tornado odiosa agora que não pode mais deixá-la. Nesse país no qual tinha total confiança. Mesmo se tivesse sido mais lúcido em relação aos riscos que corria, nunca teria imaginado que o perigo contra ele viria do Japão.

Ele se mudou para uma casa mais confortável no bairro de Minato. O exercício físico se tornou o escape para suas frustrações. É muito visto em uma academia. É uma sombra, irreconhecível. Quem diria que esse homem de agasalho preto, óculos pretos e boné preto, de bicicleta nas ruas de Tóquio é Carlos Ghosn.

POSFÁCIO

8 de janeiro de 2020, Beirute

Ele se agita, cospe injúrias, descarrega a tensão, caçoa, esbraveja, brinca. Enfim, pode falar! Em inglês, em francês, em árabe e até mesmo em português, Carlos Ghosn participa da mais estranha coletiva de imprensa de sua carreira, diante de uma centena de jornalistas vindos dos quatro cantos do mundo. O evento é retransmitido pelas televisões do mundo inteiro ao vivo de uma sala de imprensa sinistra do *press club* de Beirute. É um show, porém um pouco confuso. Ele fala como alguém impedido de fazê-lo há meses, e ninguém o detém. São muitas contas a acertar.

No final de dezembro, Carlos Ghosn fugiu do Japão, muito provavelmente escondido em uma mala embarcada em um avião particular por uma equipe de especialistas de segurança privada que ele havia recrutado. Essa fuga espetacular humilhou a justiça japonesa. Para uns, é a fuga de um covarde, de um homem que sabe ser culpado e que seria em breve condenado, decidido a se esquivar dos juízes.

Para outros, é o gesto corajoso e um pouco desesperado de um homem acossado por um sistema judiciário iníquo. Em Tóquio, ele dava voltas como um leão enjaulado. "Tirem-me daqui!", dizia a seus familiares que pensavam que ele estava falando de estratégia jurídica e não de um plano de fuga. Ghosn se sentia aprisionado na rotina da liberdade condicional marcada pelo ritmo das reuniões de trabalho no escritório dos advogados e, uma vez por mês, nas sessões no tribunal, com os procuradores. A última, no dia 25 de dezembro, correu mal: o cronograma do seu processo, que Carlos Ghosn esperava começar na primavera, tinha sido de novo adiado.

O processo de Carlos Ghosn nunca ocorrerá, pelo menos não na sua presença. Em Beirute, ele não corre riscos, e com certeza não o de extradição. Mas os processos civis ou as informações judiciais estão em tramitação, por iniciativa das justiças locais, da Nissan, da Renault ou do próprio Carlos Ghosn, em onze países: Japão, Países Baixos, Estados Unidos, Suíça, França, Ilhas Virgens... O tentacular dossiê Ghosn prosperou antes e depois de sua evasão.

Esta, no final das contas, não mudou radicalmente o curso dos acontecimentos. Mas acrescentou um pouco de tensão à Aliança Renault-Nissan. De um lado e de outro, as cabeças continuaram a rolar durante todo o outono. Hiroto Saikawa foi demitido. Thierry Bolloré também. O casamento da Renault com a FCA nunca acontecerá. A Losango foi ultrapassada por sua grande concorrente francesa, a PSA. E foi condenada a entrar em acordo com a Nissan.

POSFÁCIO

Em Beirute, Carlos Ghosn voltou para casa. Hoje mora na grande casa rosa de janelas azuis, no bairro Acrafieh, cujas aquisição e reforma foram financiadas pela Nissan, essa casa que sempre foi o símbolo dos atos que lhe foram censurados. Que provocação!

https://www.facebook.com/GryphusEditora/

twitter.com/gryphuseditora

www.bloggryphus.blogspot.com

www.gryphus.com.br

Este livro foi diagramado utilizando a fonte Times New Roman
e impresso pela Gráfica Edelbra, em papel off-set 75 g/m²
e a capa em papel cartão supremo 250 g/m².